돌로레스 캐논

죽음과 삶 사이의 세계

돌로레스 캐논

죽음과 삶 사이의 세계

BETWEEN
DEATH
AND LIFE

돌로레스 캐논 지음

정순임·윤나진 옮김

일러두기

* 이 책에서는 영어 단어인 'Karma(카르마)'를 인도어 '까르마'로 번역했다.
* 단어의 영문 표기는 맨 처음에 나오는 단어에 표기했다. 간혹 뒤의 문장에서 혼돈이 올 수 있거나 애매한 의미를 가질 경우, 다시 표기한 단어가 있다.
* 또한 문장에서의 특정 단어의 의미를 더 분명히 할 필요가 있을 경우에는 앞 원칙과 상관없이 필요 문장에서 사용한 영문 표기가 있다.

한국어판 서문
낸시 버논[*]의 서문

    돌로레스 캐논(Dolores Cannon)은 미지의 세계에 대한 끝없는 갈망을 품고 있었습니다. 나는 이것이 수많은 사람들이 그녀를 찾았던 이유라고 믿습니다. 그녀는 우리의 세계와 다른 사람들에게 숨겨진, 그리고 아직까지 알려지지 않은 잊혀진 세계를 밝히기 위해 그들과 작업하는 동안 어떤 질문을 해야 할지 정확히 꿰뚫고 있는 사람이었습니다. 돌로레스 캐논은 2014년에 죽음을 맞이할 때까지, 그녀의 최면퇴행 작업의 결과물인 자신의 저서들과 수많은 시술자들로부터 얻어낸 놀라운 정보에 대해 많은 이들과 대화를 나누고 싶어 했습니다. 그리하여 수많은 나라를 방문하여 많은 이들과 서로 소통했습니다.

    공식적으로 '영혼과의 대화'라고 불리는 이 책《죽음과 삶 사이의 세계(Between Death & Life)》는 1993년에 출판된 이래 재쇄를 거듭하며 전 세계 여러 언어로 번역되어 세계적인 인기를 얻은 책입니다.

---

* 돌로레스 캐논의 셋째 자녀인 낸시 버논은 현재 오작 마운틴 출판사의 총괄 매니저로 일하고 있다. 돌로레스 캐논이 설립한 오작 마운틴 출판사는 뉴에이지 장르의 책을 출판하며 전 세계적으로 다양한 작가들과 함께하고 있다.

저자 서문

이 책은 원래 1990년대 초반에 집필되었으나 시대적 시간의 시험대에 서 있었다. 그 당시 죽음^{death} 이후의 삶에 대한 주제는 이와 관련된 두려움으로 인해 공개적으로 논의되지 않았다. 이제 사람들은 그것에 대해 이야기하고 그 숨겨진 차원을 탐험하려는 좀 더 열린 마음^{mind}을 갖고 있다.

2013년에 나는 수년간 사람들로부터 받은 질문들과 드러난 부가적 정보들을 더하기 위해 이 책을 보완하려고 결심했다. 1968년에 이 주제를 처음 발견한 이래로 내가 집필한 글들에서 상호모순적인 내용은 없었다. 이 분야를 끊임없이 탐구해온 45년간의 여정에서, 잃어버린 정보를 찾기 위한 탐사자로서의 나의 작업이 계속됨에 따라 새로운 정보들이 더해졌을 뿐이다.

돌로레스 캐논

옮긴이의 말

우리가 돌로레스 캐논과 그녀의 책을 한국 독자들에게 처음으로 소개하게 된 것은 그야말로 큰 영광이 아닐 수 없다. 2000년대 초, 성철 스님의 삶의 여정에 관심을 갖고 있던 역자는《나를 바로 봅시다》라는 저서 속에 언급된 영국의 알렉산더 캐논*의 전생에 대한 기록을 접한 후, 캐논의 저서를 인터넷에서 찾아보게 되었다. 그 과정에서 우연히 성이 같은 미국인 돌로레스 캐논의 전생 기록에 대한 자료들을 보게 되었다. 이후 나의 게으름으로 그녀의 저서들을 찾아 읽으려는 노력을 하지 않았는데, 2021년 코로나19 바이러스가 세상을 바꾸고 있는 동안 건강상의 문제를 안고 있던 나는 돌로레스의 책들을 원서로 접하고, 강의들을 경청했다. 이후 한국어 번역본이 궁금하여 찾아보았으나, 단 한 권도 한국어로 번역되지 않았음을 알게 되었다. 미국에서는 마이클 뉴턴(《영혼들의 여행》과《영혼들의 운명》등의 저서를 통한 전생 연구로 한국에 잘 소개되어 있다)과 함께 전생과 영생에 대한 연구의 선구자로 알려진 그녀가 한국에는 전혀 소개되지 않았다는 사실을 알게 된 것이다. 충격적이었

---

* James Alexander Cannon, 1896~1963. 영국의 정신과 의사. 최면 치료사. 9천 여 건의 환생 사례를 수집하여 소개한《캐논 보고서(The Power Within)》로 유명하다.

다. 마이클 뉴턴이 전생과 영생의 공간에 대한 정신의학적 관점의 접근과, 의학 박사로서의 날카로움, 논리적인 전개로 독자들을 설득하고 있다면, 공식적으로는 고등학교 과정까지 수료한 돌로레스는 자신의 전생퇴행요법을 통해 알게 된 진실을 있는 그대로, 어떠한 선입견도 없이 밝히고 있다. 시간의 유한성이 인간세계의 한계이자 착각임을, 그리고 무한의 공간에서 지구인으로서의 삶의 의미와 그 존재의 가치를 밝히고자 그녀는 연구 결과를 어떠한 가감 없이 발가벗겨 세상에 던져 놓았다.

이에 역자는 고심 끝에 그녀의 책이 한국에 소개되어야 한다는 결론에 도달했다. 역자 역시 다른 차원dimensions의 삶과 미래에 대한 그녀의 저서들을 있는 그대로 소화할 수 있는 삶의 단계에 있는 것은 아니지만, 그녀의 삶의 여정에 대한 고찰과 강의를 경청한 후 그녀의 연구에 대한 진정성과 한결 같은 의지에 대한 경의를 표하고자 한다.

한편 현재 전 세계적으로 일어나고 있는 환경적, 사회적 변화에 대해서도 이 급격성을 예언하고 어머니로서의 따스한 설득력을 통해 그것을 긍정적으로 받아들이며 삶을 이어갈 것을 알려준 그녀의 저서들이 올바른 시대성을 보여주고 있다고 역자는 말하고 싶다.

또한 이 책을 옮긴 나의 전생과 영생에 대한 깊은 관심은 20대에 접한 나 자신의 임사체험Near Death Experience, NDE(죽음을 체험하고 깨어난 경험들)에 대한 경험으로 인한 것이며, 이후 나의 삶을 관통하고 있음을 언급하고자 한다. 이에 대한 이야기는 차후에 이 책의 독자들과 나눌 수 있기를 또한 기대한다.

　돌로레스는 1931년에 태어나 2014년 영체^{spirit} 세계로 돌아갈 때까지 17권의 책을 발간했다. 이 책들은 전 세계 20여 개 이상의 언어로 번역되어 널리 읽히고 있다. 기독교적 가정환경에서 자란 그녀가 전생을 받아들이고 세상에 알리는 데는 그녀만의 깊은 고민과 연구가 있었던 것으로 보인다. 이런 부분들은 그녀의 저서들 속에 잘 드러나 있다. 돌로레스가 자신의 연구 결과와 실제 일어났던 역사의 동질성을 발견하기 위한 자료 수집에 얼마나 열중했는지는 저서 곳곳에서 발견할 수 있다. 또한 평소의 온화한 모습과는 달리 치유요법 시 보이는 단호함과 삶의 본질에 접근하는 끈질긴 탐구 자세는 많은 이들에게 존경심을 품게 하기에 충분했다. 퇴행요법 대상자들의 입에서 나오는 제한적인 언어 표현을 통해 무한의 비물질성, 빛과 에너지, 파동으로 대별되는 미지의 세계를 탐험하고 무명의 지식을 이끌어낸 것은 그녀의 장벽 없는 상상력과 수용적인 면모를 통해 가능했을 것이다. 이러한 요소들이 그녀가 외계인과 지구의 미래까지 연구의 지평을 넓히게 했을 거라고 짐작해본다.

　그녀는 전생퇴행요법을 통해 세계인들에게 '잃어버린 지식^{Lost} ^{Knowledge}'이라고 불리는 영계$^{spiritual\ plane}$에 대한 고찰을 거듭하며 사람들의 영적, 육체적 치유를 도왔다. 그녀의 통찰은 인류의 뿌리와 UFO, 예수의 삶, 미래를 향한 다양한 연구 분야로 뻗어 나갔다. 그녀는 오작 마운틴$^{Ozark\ Mountain}$ 출판사를 설립하여 자신의 책을 비롯한 이 분야의 저서들을 발간하면서 양자역학퇴행 치유 아카데미(Quantum Healing Hypnosis Academy〈QHHA〉)를 조직하여 그녀의 전생퇴행요법 과정을 대중에게 가르쳤고 후학을 양성했다. 또한 그녀의 연구 내용과 지구적 삶의 진실을 널리 알리기 위해 전 세계의 다양한 방송매체 및 유튜브를 통해 많은 강의를 진행했다. 그녀의 전생퇴행요법은 북미 지역에서 이 분야의 독자적인 주요 분야 중 하나로 뻗어나가고 있다.

이 책은 아직 전생퇴행요법이 잘 알려져 있지 않던 1993년에 돌로레스가 설립한 출판사를 통해 처음으로 출판되었고, 2013년에 내용이 보완되어 재출간되었다. 그녀를 어떻게 한국의 독자들에게 소개할지 고민하면서, 동시에 여러 권의 저서 중 어느 책을 가장 먼저 소개할 것인지 신중하게 검토했다. 그리고 이 책의 내용이 그녀의 전생과 지구적 삶에 대한 연구의 시발적 내용들을 잘 포함하고 있고, 이후 그녀의 연구를 넓혀가는 단초가 되는 내용 또한 많은 부분 포함하고 있음을 발견했다. 그런 이유로, 그녀의 다양한 연구 스펙트럼을 차근차근 소개하는 데 있어 이 책이 가장 먼저가 되어야 한다고 생각한다.

그녀의 저서들은 퇴행요법을 통해 윤회적 삶을 고찰한 첫 책 《기억 속의 다섯 삶들(Five Lives Remembered)》, 매개적 영체를 통해 노스트라다무스와의 대화를 시도한 3권의 시리즈 작품인《노스트라다무스와의 대화(Conversation with Nostradamus)》, 예수의 생애 시절을 살았던 영체들을 통한 예수의 생애와 가르침에 대해 생생한 퇴행요법적 자료들을 제시하는 《예수와 선지자들(Jesus and the Essenes)》과 《그들은 예수와 함께 걸었다(They walked with Jesus)》(나는 이 두 권의 책을 읽고 나서, 그녀의 저술을 한국에 소개해야겠다고 결심하게 되었다), 외계인과의 대화 및 접촉을 다룬 영체들에 대한 저술들로는 《정원을 지키는 이들(Keepers of the Garden)》, 《우주선(Legend of Starcrash)》, 《행성들로부터의 유산(Legacy from the Stars)》, 《관리자들(Custodians)》, 《소용돌이치는 우주(Convoluted Universe)》 등이 있으며, 차차 한국 독자들에게 소개할 것을 약속드린다.

이 책을 번역하면서 인간의 언어적 단계를 넘어서는 초월적 차원과 그 존재들에 대한 영어 표현들을 가장 적절한 한국어로 번역하고자 애를 썼다. 또한 미묘한 영적 존재들의 묘사와 그들의 관점에 대한 언어적 설명들에 대한 용어의 일관성을 유지하기 위해 최선을 다했음을 독자 여러분께 알려 드리고 싶다. 특히 다양한 퇴행요법 대상자들이 선택한 용어들 사이의 미묘한 차이를 이해하고 그 일관성을 유지하기 위해 가장 공을 들였다. 내용의 투명한 전달을 위해 필요한 곳에는 영어 표현들을 함께 제시했다.

이 책을 펼치는 독자들의 욕구는 지구에 존재하는 영혼soul들의 특성과 그들이 삶을 통해 배우려는 목적만큼이나 다양할 것이다. 그러나 역자들을 포함한 독자들이 이 책을 펼쳐 든 공통된 욕구가 있다면, 그것은 우리의 삶에 대한 의문일 것이다. '왜 우리는 하필이 지구에 태어났으며, 어째서 이토록 어렵고 혼란한 삶의 형태로 살아가야 하는지, 왜 이러한 존재로 탄생하고 성장하고 사라져야 하는지'에 대한 근본적인 물음에 단초를 찾으려는 진한 갈증과 궁금증 때문일 것이다. 이 책이 우리 존재적 삶의 미묘함과 다양함, 적어도 생에 대한 미스터리들을 수긍할 수 있는 단초가 되기를 바란다.

이 책의 내용과 관련된 대화와 소통을 원한다면, 우리들은 항상 열려 있고 앞으로 대화의 장을 열어갈 것이며, 그 내용은 출판사 블로그를 통해 공지되고 공유될 예정이다.

2024년
정순임 · 윤나진

*

죽음이여, 자만하지 말라
어떤 이들이 그대를 위대하고 두렵다 할지라도
그대는 그렇지 아니하니
그대가 정복했다고 생각하는 그들은
죽지 아니하니
가여운 죽음이여
그대는 나를 미처 죽이지 못하노라

존 돈
(1573-1631)
연대시: 죽음

*

1장

죽음의 경험

많은 이들이 나에 대해서 주류 종교계에서는 절대적으로 금기시되는 '죽은 이의 영체에게 말을 걸고 대화를 나누는 사람'이라고 알고 있다. 스스로 단 한 번도 그런 식으로는 생각한 적이 없지만, 아마 사실일 것이다. 그러나 나와 대화를 나누는 망자들은 죽은 상태가 아니라 다시 생을 시작해 일상을 살아가고 있는 존재 exist들이다.

나는 퇴행술사regressionist로, 이는 전생퇴행past-life regression과 이를 통한 역사적 연구를 전문적으로 하는 최면술사hypnotist를 부르는 일반적인 호칭이다. 여전히 많은 사람들이 시간을 거슬러 올라 역사를 관통하며 내려오는 다른 삶들에 대해 말하는 이들과 대화를 나눌 수 있다는 사실을 선뜻 받아들이지 못한다. 나는 곧 이런 일에 익숙하게 되었다. 또한 내가 밝혀낸 내용들이 정말 놀라운 사실임을 알게 되었다. 그렇게 해서 오랫동안 이 분야에서 내가 진행한 탐험의 일부를 알리는 책들을 저술해왔다.

대부분의 최면술사들에게 전생을 다루는 것은 엄격히 금지되어 있다. 솔직히 나는 그들이 왜 그렇게 생각하는지 이해할 수 없다. 그들이 미지의 것들에 대한 두려움으로 이미 알려져 있는 익숙한 상황에만 안주하려 하는 게 아니라면 도대체 왜일까?

치료사들 중 한 명은 어느 날, 마치 대단한 발견을 하기라도 한 것처럼 이렇게 털어놓은 적이 있다.

"나는 퇴행 시술^{regression}을 몇 번 해보았는데, 한번은 어떤 사람을 유아기 시절로 돌아가게 한 적도 있답니다."

그가 너무나도 진지했기에 나는 겨우 웃음을 참으며 "그래요? 나는 언제나 거기에서부터 시작하는 걸요"라고 대답했다.

전생의 기억을 치료의 한 방법으로 자주 이용하는 퇴행 치료사들도 최면에 든 대상자들에게 죽음의 경험을 다시 겪게 하거나, 죽은 상태라고 여겨지는 삶들 사이^{between lives}의 기간에 발을 내딛는 것에 대해 두려워하는 이들이 많다는 걸 알게 되었다. 그들은 퇴행 상태에 있는 대상자들의 살아 있는 몸에 실제로 무슨 일이 일어날까 봐 잔뜩 겁을 낸다. 대상자들의 이런 기억들, 특히 충격적인 ^{traumatic} 상처를 남길 수 있는 기억을 끄집어내는 것이 이들에게 어떤 해를 끼치지 않을까 하는 우려다. 수천 명의 대상자들과 함께 이러한 경험들을 진행한 후, 나는 끔찍한 상황의 사망을 겪은 퇴행 대상자라고 해도 그에게는 신체적인 유해가 없었음을 알게 되었다. 물론 나는 언제나 시술자에게 어떠한 신체적 영향도 주지 않는 것을 최우선적으로 고려해서 준비한다. 시술자들에 대한 안전은 내가 가장 중요하게 여기는 점이다. 진심으로 내 요법이 대상자들의 안전을 절대적으로 보장한다고 생각한다. 그렇지 않다면 이런 연구를 절대로 시도하지 않았을 것이다.

삶과 삶 사이의^{in-between life}의 차원, 소위 '죽음'의 상태는 내가 접해본 것들 중 가장 흥분되는 공간이다. 그 공간에서 인류에게 유익한 많은 정보를 얻을 수 있다고 믿기 때문이다. 이 공간에 대한 이해를 갖게 되면, 죽음은 두려워해야 하는 대상이 아니라는 결론에 도달할 수 있을 것이다. 사람들은 삶 속에서 죽음의 순간을 마주할 때, 그것이 낯설고 생경한 경험이 아니라 이미 잘 알고 있는 익숙한 것임을 깨닫게 된다. 죽음이란 그들이 벌써 여러 차례 수행해온 익숙한 경험이기 때문이다. 그들은 거대하고 두려운 미지의 세계로 향하는 것이 아니라, 수차례 방문했던 친숙한 장소로 돌아가는 것이다. 그곳은 많은 이들이 '집home'이라고 부르는 곳이다. 나는 사람들이 탄생과 죽음이 모두가 수차례 겪는 진화적인 순환evolution circles임을, 따라서 그들 영혼의 성장에 지극히 자연스러운 한 부분임을 알게 되기를 바란다. 죽음 이후에도 다른 차원들 속에서 물질적인 세계physical world와 다를 것 없는 삶과 존재가 실존한다는 것을 깨닫게 되기를 바란다. 어떤 면에서는 그곳이 물질적인 세계보다 더 실제적일지도 모른다는 것을 말이다.

한번은 스스로 '깨달았다enlightened'고 여기는 여성과 대화를 나누던 중에 내가 발견한 것들에 대해 설명하게 되었다. 나는 죽음을 겪는다는 것이 어떤 것인지에 대해, 그리고 죽음 후에 가게 되는 곳에 대한 연구를 진행하고 있다고 말했다. 그녀는 놀라워하며 이렇게 물었다.

"그렇다면 우리는 어디로 가게 되나요? 천국heaven, 지옥hell, 아니면 연옥Pugatory?"

나는 실망을 금치 못했다. 만약 받아들일 수 있는 선택지들이 그런 곳들뿐이라면, 그녀는 자신이 생각하는 만큼 깨달음의 경지에 이르지 못한 것이 분명했다.

답답함을 느끼며 나는 대답했다.

"그 어느 것도 아니에요!"

그녀는 충격을 받고 말했다.

"네? 그 말은 우리가 죽으면 그저 흙 속의 일부로 머무를 뿐이라는 뜻인가요?"

그때 깨달았다. 나는 그들이 이해할 수 있는 단어로 말을 걸어야 하고 그 자각^{awareness}의 경로^{path}를 조심스럽게 따라 내려갈 수 있도록 그들의 상태를 이해하며 이끌어야 한다는 것을. 그래야만 그들은 앞으로 일어날 일에 대한 두려움 없이 그들의 삶을 충만하게 영위할 수 있을 것이었다.

많은 이들에게 '죽음'은 금지되어 있는 단어이며 가장 최후의 것, 극도로 절망적인 것으로 간주된다. 이는 그들이 확실하게 존재한다고 굳게 믿는 유일한 것, 물질적인 세상으로부터의 단절을 대표하는 신비와 불확실함이 깃든 암흑의 공간에 대한 상징이다. 삶의 많은 요소들처럼 죽음은 미지의 것이자 신비와 설화^{folklore}, 미신에 둘러싸인 것이다. 그래서 곧 두려워해야 하는 것이 되고 만다. 그러나 결국에는 경험해야 할 것임을 모두 알고 있다. 죽음을 생각의 뒷전에 밀어 넣고 떠올리고 싶어 하지 않을지라도, 우리의 육체는 유한하고 언젠가는 유효 기간의 끝을 맞이하게 될 거라는 사실을 모르는 사람은 없다.

그 이후에는 어떤 일이 일어날까? 우리가 자신이라고 여기는 인격체personality는 물질적 껍질과 함께 소멸하는 것일까? 이 삶이 우리에게 주어진 전부인 것일까? 아니면 우리가 삶이라고 알고 있는 것 너머 더 귀하고 아름다운 무엇이 존재하는 것일까? 교회에서 가르치는 선하고 신앙심 깊은 이들을 위한 천국, 악하고 구원받을 수 없는 이들을 위한 지옥 이야기는 어쩌면 옳을지도 모른다. 나는 충족되지 않는 호기심을 갖고 이런 부분들에 대한 답을 구해왔고, 세상에는 나와 같은 욕망을 가진 이들이 많다. 만약 우리가 삶의 끝에 놓여 있는 무엇을 두려워하지 않고, 우리의 시간을 행복과 사랑 속에서 보내며 살아갈 수 있다면 삶을 훨씬 편하게 영위할 수 있을 것이다.

퇴행 연구regression research를 처음 시작했을 때, 이러한 질문들에 대한 답을 찾게 될 거라곤 전혀 기대하지 않았다. 나는 역사 탐구가로서 시간을 거슬러 올라가 다른 시대에 사는 사람들과 소통하는 것이 즐거웠다. 사람들은 그들의 다른 삶들 속에서 형성된 그대로의 역사를 기억해내는 과정에서, 그들의 시선을 통해 보이는 대로 표출하는 것을 즐겼다. 깊은 최면에 잠긴 상태에서 서로 모르는 사람들이 다른 사람들의 이야기를 뒷받침해주었기에, 나는 이러한 역사적 시대에 대해 그들의 시각으로 바라본 내용에 대한 책들을 쓰고 싶었다. 그런데 거기에는 기대하지 못한 패턴들이 있었다. 그 과정 속에서 내가 전혀 예상치 못했던 일이 일어났고, 이를 통해 전혀 다른 새로운 세계의 탐색을 마주하게 되었다. 지구에서의 물질적 삶을 떠난 사람들이 머무르는, 소위 '죽은' 상태라 불리는 삶들 사이의 기간을 발견하게 된 것이다.

얼떨결에 그 차원의 문을 열고 '죽은' 자들과 이야기를 나누었던 첫 순간을 아직도 기억하고 있다. 그것은 전생퇴행 중에 일어났다. 그 사람이 내 앞에서 '죽음'의 순간으로 돌아갔을 때(너무 재빨리, 갑작스럽게 일어났기에 나의 통제를 벗어났다), 나는 무슨 일이 일어나고 있는지 완전히 파악하지 못한 상태였다. 사람들이 죽음의 경험을 겪을 때, 대략 어떤 일들이 발생할 거라는 어떤 선입견을 갖고 있었는지는 모르겠다. 그러나 너무 순식간에 일어난 일이라 그것을 멈출 시간조차 없었다. 그 사람은 자신의 몸을 내려다보며 마치 타인의 시체를 보고 있는 것처럼 내게 말했다. 나는 그 사람의 인격체가 죽음 후에도 변함없이 온전하게 남아 있다는 사실에 놀랐다. 그것은 변하지 않았다. 이 사실은 매우 중요하다. 이것이 바로 일부 사람들이 가진, 죽음의 경험은 자기 자신 또는 사랑하는 사람들을 다른, 이상한, 낯선 존재로 변화시킬 거라는 두려움의 원인이기 때문이다. 즉, 미지에 대한 두려움이다. 그렇지 않다면 왜 우리가 유령이나 혼령^{spirit}을 그토록 두려워 하겠는가. 우리는 삶에서 죽음으로 넘어가는 그 과정이 우리가 알고, 사랑했던 사람을 악하고 두려운 어떤 것으로 변화시킬 거라고 생각한다. 하지만 나는 그 정체성^{identity}이 변하지 않는다는 것을 발견했다. 비록 일부의 경우에는 순간적인 혼란confusion을 경험하기도 하지만 여전히 그 사람은 근본적으로 동일한 사람이다.

죽음을 맞이한 이후의 상태에 있는 사람과 대화할 수 있다는 충격과 놀라움에서 벗어난 이후에는 엄청난 호기심이 솟아올랐다. 나를 궁금증으로 몰아넣은 질문들이 떠오르며 잔뜩 기대에 부풀어 올랐다. 이후로 나는 이런 유형type의 연구에 필요한 깊은 최면 상태에 들어갈 수 있는 대상자를 발견할 때마다 몇 가지 동일한 질문들을 해왔다. 종교적인 믿음은 그들이 내게 보고하는 내용에 아무런 영향을 끼치지 않는 것으로 보였다. 그들의 대답은 기본적으로 매번 같았다. 각자 표현은 달랐지만 대답의 내용은 동일했다.

1979년에 이 작업을 시작한 이래로 나는 수만 명의 사람들을 과거 죽음의 순간으로 이끌었다. 그들은 우리가 상상할 수 있는 모든 방법으로 사망했다. 사고, 총상, 자상, 화상, 교수형, 참형, 익사, 심지어 원자폭탄 폭발에 휘말려 사망했다. 이 죽음은 나의 또 다른 책 《히로시마를 기억하는 한 영혼A soul Remembers Hiroshima》에 기술되어 있다. 그들은 자연스러운 죽음들도 겪었는데 심장마비, 질병, 노화 및 수면 중의 평화로운 자연사 등으로 세상을 떠났다. 각자의 경험들은 굉장히 다양했지만, 이들 사이에 있는 결정적 패턴들 또한 도출되었다. 죽음의 방식은 각자 다를지라도 그 후에 일어나는 일은 항상 같았다. 그리하여 나는 '죽음을 두려워할 아무런 이유가 없다'는 결론에 도달하게 되었다.

우리는 잠재의식 속에서 죽음 이후 무슨 일이 일어나는지, 그 너머에 무엇이 있는지 이미 알고 있다. 당연한 일이다. 우리는 수없이 많은 연습을 해왔기 때문이다. 우리는 이전에도 셀 수 없이 많은 죽음을 경험했다. 그러므로 죽음에 대한 나의 연구에서도 삶에 대한 축복을 발견하게 되었다. 죽음은 해악적 주제와는 거리가 먼 신비롭고 매혹적인 다른 세상이다.

죽음과 함께 지혜도 찾아온다. 육체로부터의 이탈^{shedding}과 동시에 무엇인가가 일어나며, 전혀 새로운 차원의 지식 차원이 열린다. 명백하게 인간이라는 존재는 육체적 존재로서 제한되고 속박된다. 그러나 죽지 않는 정신체^{personality} 혹은 영체는 이러한 방해를 받지 않음으로써 우리가 상상할 수 있는 것보다 훨씬 더 많은 것을 인지할 수 있다. 따라서 나는 죽음 이후의 상태에 존재하는 사람들과 대화를 나누며, 인류의 시작 이래 우리를 잠식해온 수수께끼 같은 당황스러운 질문들에 대한 대답을 드디어 얻을 수 있었다. 영체가 보고한 내용은 각자의 영적 성장 상태에 상응^{counterpart}한다. 어떤 이들은 다른 이들보다 더 많은 지식을 가진 덕분에 유한적 존재인 우리가 쉽게 이해할 수 있는 표현으로 더욱 명확하게 묘사해 주었다. 나는 이 책에서 그들이 겪은 내용을 그들이 직접 말하게 함으로써 그 묘사를 대신할 것이다. 이 책은 많은 사람들이 보고해온 내용을 충실히 담은 것이다.

죽음을 경험하는 순간에 대한 가장 일반적인 묘사는 차가운 느낌이 든 이후 갑자기 영체가 침대 곁에(혹은 어디서든) 서서 자신의 몸을 바라본다는 것이다. 그들은 경이로움을 경험하고 있기에 방에 있는 다른 사람들이 왜 그토록 슬퍼하는지 이해하지 못한다. 이때 그들의 전반적인 느낌은 두려움보다는 절대적 행복^{exhilaration}에 가깝다.

다음은 노환으로 죽어가는 80대 여성이 죽음을 맞이한 순간을 묘사한 것이다. 이 예시는 전형적인 형태이며 반복적으로 되풀이 된다.

D: (돌로레스, 저자): 당신은 오래 살았네요, 그렇죠?
S: (시술 대상자): 네. 나는 천천히 움직여요. 너무 오래 걸려요(신음소리). 더 이상 별 즐거움이 없네요. 이젠 정말 지쳤어요.

그녀가 극심한 불편함을 겪고 있기에 나는 그녀를 죽음의 과정이 끝난 시점으로 이동시켰다. 내가 숫자 세는 것을 끝냈을 때[1], 대상자의 온몸이 침대 위에서 움찔하며 움직였고 갑자기 미소를 지었다. 그녀의 목소리는 생기로 가득 찼으며 조금 전의 허약한 어조와는 전혀 다른 모습이었다.

"나는 자유예요! 나는 가벼워요!"

그녀의 목소리는 기쁨으로 가득 차 있었다.

---

1 돌로레스는 퇴행요법 중에 시술 대상자들을 전생의 한 시점 또는 죽음의 시점으로 이끌어 갈 때, 즉 시점의 변화를 요구할 때 숫자를 세면서 변화된 시점으로 갈 것을 요구한다. 이는 퇴행요법의 일반적인 방법 중 하나다.

D: 당신의 몸이 보여요?

S: (역겨워하며) 저 늙은이 말이에요? 네, 저 밑에 있어요! 으으! 내가 저렇게 나쁜 상태였는지 전혀 몰랐어요! 완전히 주름투성이에 쪼그라들어 있었네요. 하지만 지금의 나는 너무 기분이 좋아요. 이제 드디어 다 벗어났네요. (기쁜 듯이) 와, 내가 지금 이곳에 있어서 너무 좋아요!

그녀의 표정과 어조가 상당한 대조를 이뤄서 나는 웃음을 참느라 고생했다.

D: 몸이 쪼그라든 건 놀랄 일이 아니죠. 그 몸으로 오랜 시간을 살아왔으니까요. 아마 그래서 죽었을 거예요. 당신이 '이곳'에 있다고 했는데, 어디에 있는 거죠?

S: 나는 빛 속에 있어요, 아, 정말 좋아요! 나는 현명하고…… 평화롭고…… 차분해요. 더 이상 아무것도 필요하지 않아요.

D: 이제 뭘 할 건가요?

S: 그들이 나를 보고 이제 가서 쉬어야 한다고 말하네요. 오, 해야 할 일이 많은데, 쉬고 있긴 싫어요.

D: 쉬고 싶지 않아도 쉬어야 하나요?

S: 아니요, 그런데 다시 갑갑한 상태로 돌아가고 싶지는 않아요. 나는 더 성장하고 배우고 싶어요.

이후로는 그녀에게 둥둥 떠 있는 상태라는 말을 제외하고는 어떠한 대답도 얻을 수 없었다. 그녀의 표정과 호흡으로 보아 그녀는 휴식 장소^{the resting place}에 있다는 것을 알 수 있었다. 대상자가 그곳에 이르면 그들은 깊은 잠 속으로 빠져든 듯하며 방해받고 싶어 하지 않는다. 이때는 질문을 해도 대답을 알아들을 수 없다. 이 특별한 장소는 책의 뒷부분에서 더 자세히 설명하겠다.

다른 경우를 더 살펴보자. 한 여성이 집에서 출산을 하고 있다. 호흡과 몸의 움직임으로 보아 그녀가 출산의 신체적인 증상들을 경험하고 있음을 알 수 있다. 이런 일은 마음과 동시에 몸이 과거를 기억할 때 자주 발생한다. 대상자에게 불편함을 유발하지 않기 위해 나는 그녀를 출산이 막 끝난 시간으로 이끌었다.

> D: 아이를 낳았나요?
> S: 아뇨, 힘든 시간이었어요. 아무리 애를 써도 나오려고 하지 않았죠. 나는 너무 지쳐서 그냥 내 몸을 떠났어요.
> D: 아기는 어떻게 되었는지 알고 있나요?
> S: 아니요. 어차피 달라지는 건 없잖아요.
> D: 당신의 몸이 보이나요?
> S: 네. 다들 슬퍼하고 있네요.
> D: 이젠 뭘 할 건가요?
> S: 쉴 생각이에요. 언젠가는 다시 돌아와야겠지만, 한동안은

여기에 머물 생각이에요. 나는 빛 속에 있어요. 편안해요.

D: 빛이 어디에 있는지 말해줄 수 있나요?

S: 모든 지식과 모든 것이 알려져 있는 곳이에요. 모든 것이 순수하고 단순해요. 여기에는 더 순수한 진실pure truth이 있어요. 사람을 혼란스럽게 하는 세상의 것들이 여기엔 없어요. 지구에도 진실은 있지만 보지 못할 뿐이죠.

D: 그런데 당신은 언젠가 돌아와야 한다고 말했잖아요. 그건 어떻게 알죠?

S: 나는 약했어요. 그래도 그 고통을 견딜 수 있어야 했어요. 더 잘 견딜 수 있도록 앞으로 배워야 해요. 그렇게 약하지 않았더라면 더 머물렀을 수도 있었을 텐데. 그 고통을 기억하고 있지 않아서 참 다행이에요. 내가 다시 돌아가야 한다는 것을, 더 완전해지고 전체적whole인 존재여야 한다는 것을 알아요. 고통은 내가 반드시 넘어서야 하는 것이에요. 나는 세상의 모든 고통을 극복해야만 해요.

D: 고통을 경험하는 것은 지극히 인간적인 것이고 당신이 몸 안에 있을 때 그렇게 하기는 항상 어려운 일이지요. 지금 당신이 있는 곳에서는 다른 관점으로 바라보기가 더 쉬울 거예요. 그게 당신이 배우고 싶은 교훈lesson이라고 생각하나요?

S: 네. 어떤 때는 시간이 걸리기도 하지만 무엇이든 할 수 있어요. 나는 내가 더 강했어야 한다고 생각해요. 더 잘할 수도 있었는데, 어렸을 때 앓았던 병 때문에 많은 두려움을 갖게 된

것 같아요. 나는 이 경험도 마찬가지로 나쁠 거라고 생각했어요. 그리고…… 나는 포기했어요. 당신이 마음의 더 높은 의식 단계를 다룰 수 있게 되고, 순수한 빛과 순수한 생각에 자아$^{true\ self}$를 맡기게 되면 그때 고통은 멈춰요. 고통은 단지 하나의 가르침일 뿐이에요. 인간의 단계^{level}에서 고통에 대해 배울 때, 우리는 조급해지고 그 순간만을 위한 걱정을 표출하죠. 자아로부터 멀어져 집중해서 깊은 내면에 도달하고 인내심을 기르게 되면, 우리는 그 위로 올라설 수 있어요.

D: 우리가 겪는 고통에는 어떤 목적이 있나요?

S: 고통은 가르침의 도구예요. 어떤 때는 사람들을 겸손하게 만드는 데 이용되지요. 때로 오만한 정신은 고통을 통해 고개 숙이고 더 자애로워지도록 배움을 얻게 돼요. 그들이 결국에는 고통을 넘어서는 법을 배워야 한다는 것을 알게 하고, 고통을 통해 그것을 다룰 수 있게 돼요. 때로는 고통을 겪는 이유를 이해하기만 해도 고통은 덜해져요.

D: 그러나 당신이 말했듯이 사람들은 조급해지고 그것을 다룰 수 없다고 생각하죠.

S: 그들은 지나치게 자기중심적으로 변해요. 그들은 자기 자신의 이해관계와 그 순간에 느끼고 있는 것을 초월해서 더 영적인^{spiritual} 단계로 나아가야 해요. 그러고 나서야 그것을 다룰 수 있어요. 어떤 사람들은 고통을 하나의 피난처로 삼기도 해요. 그들은 고통을 핑곗거리로, 아니면 무언가를 포기할

원인으로 삼아버려요. 사람마다 다르죠. 고통이란 게 도대체 뭐겠어요? 우리가 허락하지 않는 이상 고통은 우리를 건드릴 수 없어요. 우리가 아프고 힘들 거라는 걸 인정하는 순간, 우리는 고통에게 힘을 주는 거예요. 고통에게 힘을 주지 마세요. 고통을 느낄 필요는 없어요. 전부 인간에게 관련된 것들이에요. 우리의 숭고한 마음higher mind인 영체에 도달하면, 고통은 더 이상 당신을 붙잡고 있을 수 없어요.

D: 사람들이 고통으로부터 자신을 분리할 수 있나요?

S: 물론이죠, 그들이 원한다면. 그러나 항상 그걸 원하는 건 아니에요. 사람들은 동정심과 자기학대와 잡다한 모든 종류의 것들을 원해요. 사람들은 참 이상해요. 시간만 충분히 갖는다면 모두들 이런 일들을 어떻게 처리해야 하는지 알고 있어요. 누군가 더 쉬운 방법이 있다고 해도 믿지 않을 거라서 그들은 스스로를 위한 길을 찾아야만 해요. 그들 자신만의 방식으로 알아내야 하는 거죠. 이건 그곳에 도달하기 위한 배움의 한 부분이기도 해요.

D: 사람들은 죽음을 너무 두려워해요. 죽음이 일어날 때 어떤지 말해줄 수 있나요?

S: 글쎄요, 내가 몸속에 있을 때는 무겁게 느껴져요. 그것이 나를 당겨요. 그냥 불편해요. 그런데 죽으면 그 무게를 덜게 돼요. 편안해요. 사람들은 그 모든 문제들을 가지고 다녀요. 그건 짐을 지고 다니는 것과 같아요. 왜냐하면 다른 것들을 전

부 무겁게 지고 있으니까요. 죽음은 그 짐을 창문 밖으로 던져버리는 것과 같아요. 아주 좋은 느낌이에요. 일종의 환승이죠.

D: 사람들은 무슨 일이 일어날지 모르기 때문에 두려워하는 걸 거예요.

S: 누구나 미지의 것들을 두려워하죠. 그들은 신념faith을 갖고 믿어야만 해요.

D: 죽으면 어떤 일이 일어나나요?

S: 순간 위로 떠올라서 몸을 떠나요. 위로 올라가서 여기로 오는 거예요, 빛 속으로.

D: 그곳에 있을 때는 뭘 하나요?

S: 완벽한 모든 것들.

D: 빛으로부터 떠나야 한다면 어디로 가나요?

S: 지구로 돌아가죠.

D: 이렇게 시간을 통과해 당신과 이야기하는 것은 특별한 일인가요?

S: 시간은 아무런 의미가 없는걸요. 이 차원frame에서는 시간이란 건 없어요. 모든 시간은 하나예요.

D: 그러면 내가 당신에게 다른 시간이나 차원plane에서 말을 걸고 있다는 것이 이상하진 않나요?

S: 왜 그렇게 생각하죠?

D: 음, 그럴 수도 있겠다고 생각했어요. 당신을 성가시게 하고

싫지는 않거든요.

S: 그건 나보다는 당신을 더 성가시게 하는 것 같은데요.

다른 예는 아홉 살에 죽은 어린 소녀의 경우다. 그녀와의 첫 대화에서 그녀는 1800년대 후반의 시점에 있었고, 학교 소풍을 가기 위해 마차에 몸을 싣고 있었다. 소풍 장소는 근처에 있는 계곡이었는데 다른 아이들은 수영을 하러 갈 참이었다. 그녀는 수영을 할 줄 몰라서 물을 무서워했다. 하지만 다른 아이들이 그걸 알게 되면 놀림을 당할까 봐 이 사실이 알려지는 것을 원치 않았다. 다른 몇몇은 낚싯대를 가지고 있었기에, 아무도 그녀가 수영을 못 한다는 사실을 알지 못하도록 낚시하는 척 하기로 했다. 어린 소녀는 사실이 드러날까 봐 무척 걱정을 하고 있었기에 소풍을 전혀 즐기고 있지 않았다. 나는 그녀에게 조금 더 나이를 먹은 후의 중요한 날로 가보자고 말했다. 숫자 세기를 끝냈을 때, 그녀는 행복하게 말했다.

"나는 더 이상 거기에 있지 않아요, 나는 빛 속에 있어요."

예상치 못한 일이라 나는 그녀에게 무슨 일이 있었는지 물었다.

S: (슬픈 목소리로) 나는 수영을 할 수 없었어요. 어둠이 나를 덮쳤어요. 가슴이 타들어가는 느낌이었어요. 곧 나는 빛 속으로 나왔고, 더 이상 그건 상관없는 일이 되었어요.

D: 그 계곡이 당신이 생각했던 것보다 깊었다고 생각해요?

S: 그렇게 깊었다고는 생각하지 않아요. 하지만 나는 겁을 잔뜩

먹고 있었어요. 갑자기 무릎이 탁 풀리더니 일어날 수 없었던 것 같아요. 그냥 너무 무서웠어요.

D: 지금 당신이 어디에 있는지 알고 있나요?

S: (그녀의 목소리는 여전히 아이 같았다) 나는 영원 속에 있어요.

D: 당신 곁엔 누가 있나요?

S: 그들은 일하고 있어요. 전부 바빠요······. 무엇을 해야 하는지 숙고하면서요. 나는 이 모든 것에 익숙해지려 하고 있어요.

D: 전에 이곳에 왔던 적이 있다고 생각해요?

S: 네, 이곳은 매우 평화로워요. 하지만 나는 결국 돌아갈 거예요. 두려움을 넘어서야 해요. 두려움은 우리가 불러들이는 것이고 우리를 얼어붙게 해요. 그 물이 그렇게 깊었다고는 생각하지 않아요. 두려움 때문에 몸을 웅크렸던 것 같아요. 우리에게 일어날 수 있는 가장 나쁜 일은 보통 두려워하는 것만큼 나쁘지 않아요. (목소리가 조금 더 성숙해진 상태였다) 두려움은 인간의 마음속에 있는 괴물이고 오직 지구에 있는 이들에게만 영향을 끼쳐요. 영향을 받는 건 육신physical body의 마음이에요. 영체는 영향을 받지 않아요.

D: 사람들이 어떤 것을 두려워할 때, 스스로 그것들을 가까이 끌어들인다고 생각하나요?

S: 그래요! 우리 스스로 그런 것들을 초래하는 거예요. 생각은 에너지예요. 그 에너지는 창조의 힘을 가지고 있어서 어떤 일들이 실제로 일어나게 해요. 다른 사람의 두려움에 대해서는

그다지 중요하지 않다고 여기기 쉽고 "왜 그런 걸 무서워하지?"라고 가볍게 지나치죠. 하지만 그게 당신의 두려움이 되면 너무나 절실한 나머지 자신을 송두리째 집어삼켜버려요. 그래서 다른 이들의 두려움을 살피고 그들이 두려움을 이해하게 도와준다면, 그 과정 속에서 자신이 지녔던 두려움을 이해하는 데 큰 도움이 될 거예요.

D: 정말 맞는 말이에요. 알다시피 사람들이 가진 가장 큰 두려움 중 하나는 죽음에 대한 것이잖아요.

S: 죽음은 그리 나쁘지 않아요. 내가 하게 될 일들 중 가장 쉬운 일이에요. 그건 모든 혼란의 종결과 같거든요. 그러다가 삶을 다시 시작하게 되면 더 혼란스러워져요.

D: 그러면 사람들은 왜 다시 돌아오나요?

S: 순환^{the cycle}을 마쳐야 하니까요. 모든 것을 배우고 세상의 모든 것들을 넘어선 뒤에야 완전함^{perfection}과 영원한 삶 속으로 들어갈 수 있어요.

D: 그렇지만 그건 너무 큰 임무^{big order}군요. 모든 것을 배우라는 것 말이에요.

S: 맞아요, 때론 정말 피곤한 일이에요.

D: 오래 걸릴 것 같아요.

S: 글쎄요, 내가 있는 곳에서는 모든 게 정말 단순해 보여요. 나는 지금 통제권을 가지고 있어요. 예를 들어 나는 그 두려움과 지금 내가 느끼는 것을 이해할 수 있어요. 그 두려움이 나

를 건드릴 수 없을 거라고도 느끼죠. 하지만 인간 존재에게는 무언가가 있어요. 우리가 그곳에 있을 때는 두려움이 우리를 삼키죠. 내 말은 그게 우리 존재의 일부가 되고 절실하게 느끼게 되고, 그것과 거리를 두고 객관적으로 바라보기 어려워진다는 뜻이에요.

D: 그건 우리가 감정적으로 얽혀 있기 때문이죠. 타인이 그걸 보고 "정말 단순하네"라고 말하기는 항상 쉽잖아요.

S: 그건 내가 아닌 타인의 두려움을 바라보는 것과 같아요. 한 삶을 견디면서 그 속에 머무를 땐 그 삶 속에서 가능한 한 많은 것들을 얻을 때까지 떠나지 않아야 해요. 내 생각에는 많은 것을 경험하며 머물 수 있는 한 번의 삶ᵃ ˡⁱᶠᵉ이 여러 번의 짧은 삶들을 경험하는 것보다 훨씬 더 쉬울 것 같아요. 나는 시간을 많이 낭비했어요. 그래서 가능하면 많은 걸 경험하고 결과적으로 다시 돌아오는 횟수를 줄일 수 있는 삶을 신중히 고를 거예요. 하지만 그러면 삶이 더 어려워질 거라는 생각도 들어요. 사람과 사람 사이에서 관계를 맺으며 해결해야 하는 것들이 있잖아요. 자신이 한 일이 자신에게 다시 돌아오지요.

오랫동안 전해져 오는 표현이 있다. '우리가 죽을 때, 우리의 삶이 눈앞에서 섬광처럼 스쳐 지나간다'라는 것이다. 실제로 내가 조사한 일부 경우에서도 이런 현상은 일어났다. 그것은 죽음 이후 망자가 자신의 삶을 되돌아보고 그 삶 속에서 배운 것을 분석할 때 더 자주 일어난다. 이런 일은 주로 다른 차원에서^{the other side} 그 삶을 더 객관적으로, 감정을 제거한 상태에서 바라볼 수 있는 지도자들^{masters}의 도움을 받아 이루어진다.

내 대상자들 중 한 명은 비전통적인 방식으로 그녀의 지난 삶을 살펴볼 수 있었다. 비록 퇴행 최면 연구 분야에서 무엇이 전통적인 것인지, 일련의 패턴이 무엇인지는 쉽게 말하기 어렵지만……

그녀는 퇴행을 통해 어느 전생의 삶을 방금 떠난 후, 그 삶의 죽음 직후의 순간에 다시 도달해 있었다. 그녀는 노인이 되어 평안하게 죽었고, 가족 묘지에 묻히기 위해 자신의 육신이 집 근처 언덕으로 옮겨지는 것을 지켜보고 있었다. 그러고는 다른 차원으로 가는 대신 그 삶에서 아직 끝내지 못한 일들을 마무리하기 위해 다시 집으로 돌아가기로 결심했다. 거기에서 그녀는 유령처럼 벽을 통과해서 걸을 수 있는 능력을 가진 자신을 발견하곤 무척 놀랐다. 그녀는 사람의 형상을 한 연기나 안개 형태를 하고 있는 자신을 볼 수 있었는데, 마치 투명한 존재처럼 가구나 물건들이 자신을 통과하여 보인다는 사실에 놀라워했다. 그녀는 이런 이상한 상태로 존재하게 된 것을 매우 흥미로워했고, 자신이 무엇을 할 수 있는지 발견하기 위해 집 안을 배회했다. 한번은 하인들이 집에 늙은 여자 유령이 있다고 속닥거리는 것을 들었는데, 이는 그들이 그녀가 걸어 다니는 소리를 들을 수 있었기 때문이었다.

어느 정도 시간이 지나자 그녀는 유령으로 존재하는 것이 지겨워졌는데, 아무도 그녀를 듣거나 볼 수 없고 의사소통이 불가능함을 알게 되었기 때문이다. 그녀는 곧 자신이 비고형적인^{unsolid} 상태이기에 집에 돌아와서 하려고 했던 일을 해낼 수 없음을 깨닫게 되었다. 그 사실을 깨닫는 순간, 그녀는 집을 떠나 계곡이 굽어보이는 언덕 위에 있었다. 그녀 옆에는 죽은 남편이 서 있었다. 그 차원에서 그들은 결혼식 날의 젊은 모습 그대로였다. 그들이 팔짱을 낀 채 계곡 너머를 바라보던 중에 그것은 '삶의 계곡$^{valley\ of\ lives}$'으로 변했지만, 그것은 말 그대로 어떤 계곡 같았다. 그녀는 나중에 이 경험에 대해 마치 밝은 색깔의 팔레트나 조각보가 계곡을 덮은 것과 같았다고 말했다. 또 그것은 그녀가 방금 떠나 왔던 삶의 장면들과 장소들의 콜라주처럼 보였다고 설명했다. 지난 삶이 한 장면 한 장면 순차적으로 그녀의 눈앞을 스쳐 지나가는 것이 아니라, 그 모든 것이 그들 앞에 놓여 있었다는 것이다.

그녀가 말했다.

"우리는 묘지도 볼 수 있고, 도시도 볼 수 있고, 집도 볼 수 있고, 산도 볼 수 있어요. 우리가 알아온 것들을 전부 합친 것을 보는 것과 같아요. 마치 이것이 우리의 삶이었고, 우리가 함께 가졌던 것이었다고 알려주는 것 같아요. 그리고 우리가 그걸 나누었고 그 삶을 함께 지나왔음을 볼 수 있어요. 그 삶을 우리가 해온 방식으로 지낸 것이 좋았어요. 그 삶이 끝났을 때, 우리는 온전한 무엇인가를 가지게 되었어요. 그건 평화로워요. 그러니까 가만히 서서 살펴보는 것과 같아요. 혹은 우리가 정원에서 많은 꽃을 키우면서 그 모습을 서서 살펴보는 것 같기도 해요. 그 정원을 가꾸기 위해 우리가 무엇을 했는지 떠올려요. 어떻게 그 정원을 키워왔는지 떠올리게 되죠. 이것이 우리 앞에 펼쳐진 최종 결과였어요. 이 삶의 계곡을 둘러보고, 어떠한 지점을 짚고 이렇게 말해요. '자, 여기에서 우리는 좋은 시간을 보냈고, 이건 우리가 여기에서 함께한 멋진 일이었어.' 정원의 서로 다른 모든 부분들을 감상하면서 한꺼번에 볼 수 있는 거예요. 우리의 삶을 이룬 각각의 장면들이 놓여 있고 만질 수 있는 거죠. 그건 말 그대로 스크랩북을 펼쳐 가며 우리의 삶을 살피는 것과 같았는데, 스크랩북 대신 계곡이었던 셈이죠."

비록 그 삶의 어려운 부분들을 살펴보기는 힘들었지만, 그 장면들을 바라보며 그녀는 큰 만족감을 느꼈다. 거기엔 어떠한 판단도 들어 있지 않았다. 그것은 마치 다음에 돌아왔을 때 무엇을 바꾸고 싶은지 상기시키기 위한 정신적 메모^{mental note-taking} 같아 보였다. 이것이 방금 떠나온 삶을 바라보는 유일한 방법은 아니었지만, 참으로 아름다운 방법이었다.

또 다른 사례다. 나는 방금 산사태에 휩쓸려 죽은 한 남자와 대화를 나누고 있었다. 그에게 죽는다는 것은 어떤 느낌인지 물었다.

S: 깊은 물속에 뛰어들어 본 적 있나요? 바닥이 어둡고 흐릿한 그런 곳이요. 표면을 향해 올라올수록 점점 더 밝아지다가 표면을 뚫고 올라오면 온통 햇빛에 감싸이게 되지요. 죽음은

그런 느낌이었어요.

D: 그렇게 느낀 이유는 당신 위로 돌들이 떨어지는 식의 죽음이
   었기 때문에 그런 거라고 생각해요?

S: 아니요, 물질계physical plane에서 영계로 가고 있었기 때문이
   에요. 내 몸을 떠날 때는 마치 물속에서 올라오는 것과 같았
   어요. 그리고 영계에 도착했을 때는 물 표면을 뚫고 올라와
   서 햇빛에 감싸이는 것과 같았죠. 사고로 죽을 때는 몸이 다
   쳤기 때문에 물질계에서 의식을 잃기 전까지 육체적으로 무
   척 고통스러웠어요. 하지만 의식을 잃은 후에는 쉽고 자연스
   러워요. 사랑을 나누는 것, 걷는 것, 달리는 것, 수영하는 것,
   이런 삶의 다른 것들과 마찬가지로 그냥 자연스러워요. 단지
   삶의 다른 부분일 뿐이에요. 죽는다는 것을 느낄 만한 어떤
   특별한 것은 없어요. 우리는 그저 삶의 다른 무대로 가는 것
   뿐이에요. 죽는 것은 즐거운 일이에요. 만약 사람들이 죽음
   에 대해 걱정하면, 수심이 깊은 강가에 가보라고 이야기해주
   세요. 그러고는 물의 바닥을 향해 뛰어들라고 하세요. 그러
   고 나서 바닥에 도달하면, 발로 열심히 차서 물의 표면을 뚫
   고 올라오라고 하세요. 죽음은 그런 것이라고 말해주세요.

D: 사람들은 죽음이 고통스러울까 봐 걱정해요.

S: 고통에 대한 필요가 있지 않은 이상 죽음은 고통스럽지 않아
   요. 대부분의 경우, 고통을 바라지 않았다면 고통은 없어요.
   만약 스스로 원하거나 어떤 교훈을 얻기 위해 필요하다고 느

긴다면 심하게 고통스러울 수도 있지요. 하지만 언제든지 그 고통으로부터 스스로를 분리해낼 수 있어요. 일어나고 있는 일들과 어떻게 연결되어 있든 가능해요. 고통의 순간에 몸과 영혼을 분리하는 것은 누구에게나 가능한 일이에요.

D: 죽음 그 자체, 몸을 떠나는 것은 고통스러운가요?

S: 아니요. 그 전환transition은 강압적인 게 아니에요. 쉬운 일이죠. 고통은 몸으로부터 와요. 영체는 후회를 제외하곤 어떠한 고통도 느끼지 않아요. 그것이 사실 영체가 느낄 수 있는 유일한 고통이죠. 뭔가 할 수 있었다는……. 뭔가 더 할 수 있었다는 느낌, 이건 고통스러워요. 하지만 몸을 떠나면 육체적 고통은 더 이상 의미가 없어요.

D: 실제로 죽음이 일어나기 전에 몸을 떠나서, 육체만 고통을 겪게 하는 것도 가능한가요?

S: 네. 그렇게 할 수 있지요. 머무르면서 그 과정을 겪을 것인지 아니면 떠나서 그저 바라볼 것인지, 그건 누구에게나 열려 있는 선택이에요.

D: 내 개인적인 생각으로는, 특히 충격적인 죽음일 경우에 그렇게 하면 더 쉬울 것 같아요.

S: 그건 전적으로 당사자에게 달려 있어요.

나는 이런 예를 다른 작업들에서도 마주친 적이 있다. 어느 퇴행 과정에서였다. 한 젊은 여성이 온 마을 사람들이 지켜보는 와중에 화형에 처해지고 있었다. 그녀의 믿음 때문이었다. 그녀는 공포에 떨고 있었지만, 이 일에 책임이 있는 편협한 사람들에게 맹렬한 분노를 느끼고 있었다. 불꽃이 점점 높이 솟아오르는 동안, 그녀는 결코 그들이 그녀의 고통을 보며 느끼는 즐거움을 주지 않겠다고 결정했다. 그래서 그녀는 몸을 떠나 화형장 위쪽에서 떠다니며 무슨 일이 벌어지는지 지켜보았다. 그곳에서 그녀는 육신이 불타 죽는 극심한 고통을 겪으며 비명을 질러대는 것을 보았다. 육신과 영체가 서로 분리된 다른 것이라는 사실이 명백히 드러난 경우였다.

사랑하는 사람을 폭력적이고 끔찍한 방법으로 잃은 이들에게, 죽은 이가 죽음의 가장 고통스러운 부분을 오롯이 겪지 않았을 것이라는 사실을 알게 된다면 그들에게 상당한 안심과 위로를 주리라고 생각한다. 영체가 끝까지 몸속에 남아서 그 모든 고통을 겪고 싶어 하지 않을 거라는 사실을 알게 되는 것은 상당히 이치에 맞는 일이다. 영체는 그 자리를 떠나고 몸은 즉각적인 반응을 보일 뿐이다. 이는 실수로 살을 베이거나 화상을 입을 때 반응하는 방식과 유사하다. 그때 우리는 반사적으로 소리를 지르고 재빨리 손을 치운다. 이것은 의식적인 반응이 아니라 무의식적인 것이다. 따라서 끔찍한 죽음이 펼쳐질 때 정신체가 고통의 현장을 떠나 옆에서 지켜보는 동안, 몸은 그저 무의식적으로 반응할 뿐인 것으로 보인다.

죽음에 대한 또 다른 묘사

S: 피를 흘리고 발가벗은 채 추위에 떨며 나뭇가지가 떨어지는 소리, 야생동물들이 내는 음산한 소리로 가득 찬 어두운 숲을 걷는 자신을 상상해보세요. 덤불 뒤에는 순식간에 당신을 덮쳐 갈가리 찢어버릴 준비가 된 짐승들이 있다는 걸 알고 있어요. 그러다가 갑자기 푸릇한 잔디가 펼쳐지고 새들이 노래하는 곳, 하늘에는 구름이 유유히 떠다니며 졸졸졸 맑은 물소리를 내는 시내가 있는 숲속 공터로 나오는 거예요. 이 두 장면의 차이를 상상해본다면 우리가 삶과 죽음이라 부르는 것을 묘사하는 내 비유가 와닿을 거예요.

D: 지구에는 죽음을 두려워하는 사람들이 많이 있어요.

S: 그 숲속에 있는 많은 사람들이 두려워하죠. 맞아요. 그러나 그들이 숲 밖으로 나오는 순간, 두려움은 사라져요. 두려움은 숲속에만 있어요.

D: 그렇다면 그 전환에 있어서는 두려워할 게 없나요?

S: 다른 것들보다 더 나은 전환들이 있죠. 돌려 말하지는 않겠어요. 하지만 문은 그저 문일 뿐이에요. 그 문을 몇 번 열든 그것은 단지 문에 지나지 않아요.

다른 묘사

S: 사람들은 죽음을 두려워하지 않아야 해요. 죽음은 숨 쉬는 것만큼이나 자연스러운 일이지, 두려운 대상이 아니에요. 죽음은 고통스럽지 않아요……. 마치 눈을 깜빡이는 것과 같죠. 죽음은 거의 그런 식이에요. 한순간은 한 존재의 차원^{one} $^{plane\,of\,existence}$에 있고, 눈을 깜빡이는 순간 우리는 다른 차원에 있는 거예요. 그건 우리가 가진 육체적 감각에 관한 것이고, 그만큼 고통스럽지는 않아요. 그 과정에서 우리가 느끼는 고통은 신체적 손상에서 오는 것이지, 영적으로는 아무런 고통이 없어요. 우리의 기억들은 변함없이 삶이 지속되고 있는 것처럼, 다를 게 없다고 느껴져요. 가끔씩은 더 이상 육신에 연결되어 있지 않다고 자각하는 데 시간이 좀 걸릴 수도 있지만, 웬만해서는 곧바로 알아 채요. 왜냐하면 그 속에 베일이 벗겨진 영계를 인지할 수 있을 정도로 인식^{perceptions}이 확대되기 때문이에요. 이건 다른 사람들의 비유를 빌리자면 '흐릿해진 거울'이에요. 처음에는 적응 기간이 있어요. 여전히 물질계를 강하게 의식하고는 있지만 서서히 영계를 자각하는 느낌을 탐색하고 흡수하는 거예요. 그러다 실제로 영계에 있다는 사실에 익숙해지고 편안해지는 거죠.

D: 몸을 떠날 때 영체는 영혼을 포함하는지 말해줄 수 있나요?

S: 우리의 영체가 곧 우리의 영혼이에요. 영혼이란 개념은 우리

가 우리의 영체, 우리의 정체성, 우리의 실체^{reality}라고 부르는 에너지를 포괄하는 거예요. 이것이야말로 진정한 자아예요. 어떤 관점을 우리의 실체 속에 통합하느냐에 따라 우리는 영체 또는 영혼이라고 부르는 거죠.

D: 우리는 '은줄$^{silver\ cord}$'이라고 불리는 것에 대해 많은 걸 들어왔는데요, 그런 것이 정말로 있나요?

S: 그건 당신이 인지하는 것처럼, 자연에 정말로 실재하는 우리 몸의 생명선^{lifeline}이에요. 에너지의 의미에서 볼 때 우리의 에너지를 담은 생명선을 우리 몸에 유지하게 하는 줄^{cord}이지요. 실제로 존재하는 도구$^{real\ device}$가 맞아요.

D: 그러면 죽음의 순간에 이 줄은 끊어지나요?

S: 맞아요.

D: 어떤 사람들은 은줄이 몸에서 예정치 않게 분리될까 봐 유체이탈 경험$^{out\text{-}of\text{-}the\text{-}body\ experiences}$을 하기 두려워 하기도 해요.

S: 연결을 끊는 것은 가능해요. 그러나 대부분 그건 의도적으로 행해지는 것이지, 사고로 벌어지는 일은 아니에요.

D: 당신 말은 우리가 유체이탈을 할 때 몸 바깥으로 나가면 은줄이 우리의 몸과 연결되어 있어서 돌아오는 길을 잃지 않게 된다는 뜻인가요?

S: 정확해요. 그러니 천상계 여행$^{astral\ travel}$을 두려워하지 말아요. 왜냐하면 예정되어 있지 않은 일은 결코 일어나지 않으니까요.

D: 그러나 많은 경우에 그건 계획된 게 아니라, 즉흥적이잖아요.

S: 맞아요.

나는 퇴행 작업 과정에서 사람들 대부분이 매일 밤 잠들 때마다 몸 밖으로 여행한다는 사실을 모르고 있음을 발견했다. 몸은 피로를 느끼고 쉬어야 하지만, 영체 혹은 영혼은 잠이 필요치 않다. '진짜 당신real you'인 영체에게 주어진 일을 다시 하기 위해 몸이 깨어나기를 기다리는 것은 너무도 지겨울 것이다. 그래서 몸이 자는 동안 '진짜 나'는 밖으로 빠져 나가 모든 종류의 모험을 즐긴다. 지구 곳곳을 여행하거나, 영체 차원spirit side에서 시간을 보내거나, 심지어는 다른 행성plane, 다른 차원dimensions 으로 가기도 한다. 그 사람은 날아다니거나 이상한 장소들에 방문한 꿈을 보통은 인식하지 못한다. 우리는 항상 은줄, 생명선과 탯줄에 의해 몸에 연결되어 있다. 몸으로 돌아와야 하는 시간이 되면, 소위 '감겨 당겨지는' 것을 경험하고 영체는 몸으로 다시 들어온다. 내 작업의 대상자들에 의하면 때로는 깨어나기 직전에 일시적인 마비를 경험한다고 한다. 이는 영체가 완전히 몸으로 돌아오기 전에 그 사람이 갑자기(커다란 소음 등에 의해) 깰 때 발생한다. 그럴 때는 몸과 영체의 연결이 완료되지 않았기에 일시적인 마비가 나타난다. 그러나 그런 현상은 보통 재빨리 지나가기 때문에 두려워할 필요는 없다.

D: 몸 바깥에 머물 땐 어떤 위험이 있나요?

S: 우리는 위험이 없다고 인지하고 있어요. 만약 누군가가 돌아
오지 않는다면 그건 그 사람의 선택일 뿐, 어떤 악의적인 에
너지가 나타나서 그 줄을 끊은 것은 아니니까요.

D: 그들이 길을 잃을 수는 없는 거군요. 다시 말하자면 돌아오
는 길을 못 찾는 건 아니라는 거죠?

S: 우리는 그렇게 생각해요.

D: 그러면 그들은 죽음의 순간까지 확실하게 몸과 연결되어 있
고, 그 다음에 은줄이 끊기는 거죠? 말하자면 탯줄처럼.

S: 정확해요.

D: 만약 유체이탈 경험 중에 죽음이 발생한다면, 육체는 무엇으
로 인해 죽었다고 해야 할까요? 심장마비?

S: 영아 돌연사 증후군이 이 경우에 자주 해당돼요. 단순히 나
이 때문에 돌아오지 않는 것을 선택하는 사람들도 종종 있
고요. 그런 사람들은 잠든 사이에 죽은 모습으로 발견되죠.

D: 그건 심장마비인가요?

S: 아니에요. 왜냐하면 심장마비는 실질적인 육체적 질환에 의
해 발생한 죽음이기 때문이죠. 우리가 여기서 말하는 건 잠
든 사이에 죽는 경우고, 그건 '자연사'라 불리죠.

D: 만약 해부를 한다면, 어떤 사인(死因)도 없을 거라는 건가요?

S: 맞아요.

D: 자연 발화(Spon taneous human combustion, 별다른 이유 없이 인
체에서 불꽃이 일어 몸을 태워버리는 현상-옮긴이)로 인한 죽음으

로 보이는 사람들의 경우는요? 아직 설명되지 않은 미스터리
잖아요.

S: 그건 시스템 내의 '화학 물질'이라 부르는 것들의 불균형에서
기인해요. 인간의 몸이 강하게 통제되는 느린 과정을 통해 음
식을 태우기 때문이에요. 그런 유형의 죽음은 인체 내 액체
발화에 의한 것이에요. 주로 신체를 구성하는 화학물질의 불
균형을 야기하는 유전적 요소들로부터 기인해요. 예를 들면
신체 내에 인^{phosphorus}이 너무 많은 경우라든가.

D: 식단으로 인해 발생하는 건가요?

S: 식단 때문이라기보다는 그런 화학 물질의 농도를 생산하라
고 신체에게 주는 신호에 의한 것이에요.

D: 사고로 일어나나요? 혹은 의도적인가요?

S: 설명하기 어렵네요. 모든 경험들은 독특하니까요. 사고일 수
도 있고, 의도적일 수도 있어요.

우리는 영적 차원에 있을 때, 그러니까 '지구'라고 불리는 까르
마적 굴레$^{karmic \, wheel}$로 다시 들어가기 전에 계획을 세운다. 다음 생
에서 어떤 것을 이루고자 소망하는지에 대한 계획이다. 또한 그들
은 앞으로 다가올 생애에서 중요한 역할을 맡을 다른 영혼들과 계
약을 맺는다. 이 계약에는 그들의 퇴장 계획$^{exit \, plan}$이 포함되어 있
다. 모든 사람들은 현재 자신에게 주어진 삶을 어떤 식으로 퇴장
할 것인지 계획한다. 나는 그들이 계획한 대로 죽을 때가 되기 전

까지 사람은 죽지 않는다는 사실을 발견했다. 우연한 사고 같은 것은 존재하지 않는다. 그 영혼이 퇴장하는 데 있어 미리 선택된 방법일 뿐이다. 이루고자 한 것을 달성했다면 그 존재의 다음 단계로 넘어갈 때가 된 것이다. 짧은 기간 동안 죽음을 잠시 미루는 것이 가능하다는 사실을 발견한 적이 있지만, 약속된 시간이 되면 대부분의 영혼은 떠남을 선택한다. 당연하게도 그 사람의 의식적인 마음conscious mind에는 계획의 이 부분에 대한 기억이 전혀 없다. 왜냐하면 이 생으로 올 때 망각의 베일이 드리워져 영체 차원의 모든 기억이 제거되기 때문이다. 영체 상태인 그들이 언젠가 "정답을 알고 있다면 시험이 아닐 것이다"라고 말한 적이 있다. 그래서 우리는 영혼의 계획에 대해 의식적으로는 망각 상태로 머물러야만 한다.

D: 단체로 죽음을 맞이하는 것은 어떤 경우죠? 기차 사고, 대학 살, 지진, 여러 사람이 동시에 죽는 많은 경우들이 있잖아요. 그들은 동시에 죽기를 선택했나요, 아니면 그들이 그 사건들을 통해 전달하고자 하는 어떤 의미들이 있나요?

S: 당신은 개인에 기초한 까르마Karma의 개념을 알고 있을 거예요. 거기에 더해 '집단group 까르마'라 불리는 것도 있어요. 당신이 개인적 단위에서 겪는 것과 유사하게 영겁의 시간을 통해 영혼들이 함께 어떤 책무를 이행하거나, 변화를 수립하거나, 또는 집단 속의 삶을 경험하기 위해 단체로 모이는 경향

을 보이는 경우들이 있어요. 이런 '집단적 죽음group deaths'은 그들의 전환 과정 속, 그러니까 그들이 죽음을 겪으며 배우는 과정 속의 어떤 시점에서 함께 모인 개별적인 영혼들에 의한 것이에요. 때마침 그들이 동시에 떠나기에 가장 적절한 시점을 맞이한 거죠.

D: 그들은 그 삶으로 오기 전에 그렇게 하기로 서로 합의를 한 건가요?

S: 맞아요. 왜냐하면 그들이 서로의 지원을 발견하는 게 집단전환group transition 과정 속에 있기 때문이에요. 그들이 이 전환을 홀로 겪는 게 아니라는 차원에서 경험의 공유가 있는 거예요. 공유된 탄생과 삶이 많이 있어 왔으니 동시에 다수의, 또는 공유된 죽음shared death 또한 그리 특별한 건 아니지요.

D: 챌린저 우주선 사고[2]로 사망한 우주 비행사들의 경우가 이에 해당하나요?

S: 아! 그건 정말 죽음의 경험을 공유하기로 합의한 명백한 경우였어요.

D: 그러나 이 일이 일어났을 때, 그들의 가족들과 전국의 수많은 사람들이 너무나 큰 고통을 겪었어요. 그저 그들의 운명을 따랐던 것이라면, 왜 우리는 그 일에 대해 행복하게 생각할 수 없는 걸까요?

---

2 Challenger spaceship accident. 1986년, 미국 우주선이 이륙하자마자 폭발하여 우주 조종사 일곱 명 전원이 사망한 사고.

S: 아마도 이러한 사건들을 바라보는 데 근시안적인 관점이 있을 수도 있죠. 당신은 떠난 그 개인들에 대해서만 생각하고 있잖아요. 이건 그런 경우가 아니에요. 여러 다른 요소들이 포함되어 있죠. 이 경우에는 생존자들의 모임, 경험의 공유가 있었어요. 그 슬픔을 공유하는 다른 사람들이 있음을 봄으로써 개인은 동일한 일을 겪고 있는 타인들이 있음을 알게 되고, 이런 것들을 경험하는 것이 훨씬 쉬워져요. 그래서 이 것은 여러 단계에서의 집단 경험이었죠.

많은 대상자들이 육신을 떠난 후, 터널 또는 어떤 것의 끝에 있는 눈부시게 밝은 빛^{bright dazzling light}을 향해 가는 경험을 묘사한다. 죽음에 이르는 이런 묘사들은 여러 임사체험들의 보고에도 반복되어 왔다. 내 대상자 중 한 명은 이 흰 빛이 육체적 세상과 영적 영역 사이의 장벽 역할을 하는 강한 에너지장^{energy field}이라고 말했다. 임사체험 중인 사람들도 그 빛에 접근하지만 그 속으로 들어가기 전에 그들의 몸으로 끌려 다시 돌아온다. 그들은 실제로 죽음 직전의 상황에 있었지만, 그 전환을 끝내지 않았고 충분히 멀리 가지는 않았다. 내 대상자들은 죽음의 경험을 다시 겪고 난 뒤 그 흰 빛, 그 장벽을 통과한다. 그 순간, 강력한 에너지가 영체와 육체적 몸을 연결하는 탯줄 같은 은줄을 분리시킨다. 이 과정이 일어나면 영체는 그 장벽을 건너가고 다시는 그들의 예전 몸으로 들어갈 수 없다. 그 두 세계는 영원히 분리되어버린 것이다. 생명의 힘^{life force}(영혼 또는 영체를 말한다-옮긴이)과의 연결이 없으면 몸은 급속도로 악화되기 시작한다.

2장

맞이하는 사람들

사망 후, 일부 영체들에게는 혼란의 시기가 있는 것으로 보인다. 그러나 모두가 이런 경험을 하는 것은 아니다. 이는 주로 죽음의 방식(그것이 자연스러운 것이었는지, 아니면 갑작스럽고 예상치 못한 것이었는지)에 달려 있다. 내가 발견한 주요 사실은 죽음의 경험을 거친 후에는 누구도 홀로 있지 않는다는 것이다.

S: 물질계든 영계든 어디에 있는 건지 확신하지 못하는 시간들이 가끔 있어요. 어떤 감각들은 비슷하지만 다르긴 다르거든요. 그리고 무슨 일이 벌어지고, 어디에 있는 건지 판단하려 하거든요. 적응orientation 또는 재적응reorientation의 시기가 있는데, 그건 여기에서 어디로 가야 하는 것인지 판단하는 과정에 있는 몇몇 사람들에게는 혼란스러울 수 있어요. 그러나 곧 도움의 손길이 다가올테니 걱정할 필요는 없어요. 보통은 이전 생애들 속에서 밀접한 까르마적 인연karmic connection을 맺은 몇몇의 영혼들이 와요. 그들 스스로도 육화(肉化)incarnation의 과정 속에 있는 이들이 하나나 둘, 또는 그보다 더 많은 이들이 오지요. 그들이 반겨 주기 위해 이미 와 있을 거예요. 인접한 전생 속에서 인연을 맺은 이들이기에 그들

을 곧바로 알아볼 수 있지요. 영계로 건너갈 때 혼란을 초래하는 것이 또 있는데, 그건 우리가 겪은 과거의 육화와 까르마적 풍경karmic picture 전체가 다시 기억 속에 되살아난다는 거예요. 그래서 그 영혼들을 알아보는 거죠. 먼저 방금 떠나온 삶 속에서 알고 지냈던 이들이라는 것을 깨닫고, 그 다음에는 그들을 알고 지냈던 다른 관계들을 기억해내기 시작해요. 그건 그 차원에 있는 동안의 모든 까르마를 기억해내는 과정의 일부예요. 그걸 해야 하는 이유는 우리가 금방 무엇을 끝마쳤고, 다시 지구로 돌아갈 때 무엇을 해야 하는지 이해하기 위해서예요.

D: 그럼 사람들이 죽을 때 누군가가 항상 마중 나와 있다는 게 사실이군요.

S: 네. 보통은 그들의 삶에서 특별했던 사람이 와요. 그들이 윤회하지 않았다면요. 전환의 시기를 거치는 동안 도울 수 있게 그들이 식별할 수 있는 누군가와 끌어당김의 법칙the power of attraction이 거기에 작용하죠.

D: 그러나 많은 경우에 폭력적인 방식으로, 혹은 갑자기 죽게 되잖아요. 자신이 죽었다는 걸 그들이 모른다면, 아마 좀 더 혼란스럽겠네요?

S: 네. 그건 사실이에요. 그래서 기다리고 있던 이들은 무슨 일이 일어나고 있는지 설명해주고 그들이 겪는 과정을 도와줘야 하는 거죠.

D: 영체는 죽은 후 다른 영혼들을 만날 때 보통 어디로 가죠?

S: 배움이 있는 차원으로 가요. 그것을 위한 중심 장소는 없어요. 그저 존재하는 상태일 뿐이죠. 배울 동안 영체는 여러 영혼들과 교류해요. 다음 생애를 위해 무엇이 필요한지 배운 다음에는 영적 지도자들^{spiritual masters}과 의논하고 그 다음 육화를 준비하기 시작해요. 어떤 상황 속으로 다시 삶에 돌아가야 그 영체에게 가장 좋을지를 알기 위해 영적 지도자들과 의논하는 거예요. 모두의 이익을 위해 어떤 영혼들과 교류를 해야 최선일지도 함께 의논하고요.

D: 휴식 장소에 대해 들어본 적이 있나요?

S: 네. 그게 내가 떠올리고 있는 그곳에 대해 말하는 거라면, 다른 영혼들과 어울리기 위해 가거나 다시 육화의 차원^{the plane of incarnation}으로 들어서기 전에 충격적인 죽음으로 손상된 영혼들이 스스로 휴식하고 회복하러 가는 특별한 곳이에요.

D: 어떤 사람들은 영체가 몸을 떠날 때, 예수 영체^{Jesus' spirit}의 형상이 우리를 이끌어주기 위해 나타날 거라고 믿던데요.

S: 충분히 가능하지만 반드시 그렇게 된다거나 모든 경우에 그런 건 아니에요. 개인이 차원을 건너올 때 예수의 에너지를 보고 싶다고 요청하거나 간절히 열망하면 가끔씩 그렇게 되지요. 실제로 예수의 에너지가 그렇게 발현되는 것이고요. 왜냐하면 예수는 그의 도움이 이 과정의 한 부분이 될 거라고 밝혔고, 그들이 환생을 하든 하지 않든 만약 누군가 이 에

너지가 들어올 수 있도록 자신을 개방한다면 그들을 위해 존재하게 됩니다. 이건 다른 믿음이나 종교를 가진 다른 이들에게도 마찬가지예요. 그들이 어떤 특별한 존재에 대한 깊고 지속적인 믿음을 가지고 있다면, 그 영체 에너지$^{spirit\ energy}$가 차원을 건너는 과정을 돕기 위해 그곳에 있을 거예요. 그들이 그것을 열망한다면.

D: 예수가 재림하고 그들을 부활시킬 때까지 쉬어야 한다는 믿음 때문에 영체들이 잠들어 있는 장소가 영체 세계$^{the\ spirit\ world}$에 있다는 믿음 또한 존재하잖아요.

S: 우리가 발견할 거라고 기대하는 것이나 창조한 실체를 우리는 정말로 발견해요. 만약에 그들이 축제가 펼쳐진 현장에서 깨어나기를 기대했다면 정말로 그것을 마주할 거예요. 어떤 것이든 믿기만 한다면 가능해요. 육신의 죽음 이후에 벌어질 수 있는 것들은 너무나 다양해요. 몸이 소멸하면(영혼은 절대로 소멸하지 않는다), 더구나 온화한 죽음을 맞이했다면 그 이후에는 안도, 경이, 자유로운 느낌이 감쌀 거예요. 대부분의 경우에 그 사람이 기대하는 것들은 정말로 거기에 있어요. 빛을 향해 가는 길에 도움을 줄 친구나 안내자^{guide}를 만나길 기대한다면 그런 이들을 보게 될 거예요. 만약 천벌^{damnation}과 지옥불^{hellfire}의 존재를 깊이 믿었고 자신이 그런 처지에 있어야 마땅하다고 믿는다면 그렇게 될 거예요. 이러한 것들의 대부분은 죽음 전에 개인 영혼이 어떠한 준비를

했는지에 달려 있어요. 그러나 보통은 건너편의 세계로 가기 이전에 그들과 가까웠던 이들이 그곳에 있어요. 그리고 다른 영혼이 와서 그들이 혼란에서 벗어나 무슨 일이 일어난 건지 이해할 수 있도록 치유의 장소place of healing로 인도해요. 어쩌면 그 영체는 이쪽 세계(영계-옮긴이)를 떠난 지 오래되어서 혼란에 빠져 있을 수도 있어요. 마중 나온 이들은 그들이 혼란에서 빠져 나오고 어디에 가고 싶어 하고, 어디로 가야 하는지 등을 찾아가는 과정을 도와줘요. 이런 식으로 예전에 알았던 누군가를 만나게 되면 그들은 아무 두려움이 없게 되지요. 사람들을 충격에 빠뜨리는 것은 두려움이니까요. 충격적인 죽음을 경험한 일부 사람들은 그들의 몸이 사라지고 없다는 걸 받아들일 수 있게 되기까지 길고 긴 휴식의 시기를 보내요. 그리고 깨어남awakening은 매우 천천히 진행될 거예요. 우리는 멍하니 헤매고 다니는 사람들이 필요하지 않아요. 그들은 자신과 타인들을 해칠 수 있으니까요.

D: 그런 일이 실제로 발생하나요?

S: 그래요, 그들은 자신이 어디에 있는지 몰라요. 공포에 휩싸여서 '나는 돌아가야 해, 나는 돌아가야 한다고!'라고 느끼죠. 결국엔 자신을 다치게 할 수도 있어요. 그리고 이런 일이 실제로 일어날 리가 없다는 감정과 확신으로 그들이 죽은 장소에 그들 스스로를 묶어 놓게 되죠.

D: 그들은 영계로 가서 휴식을 취하는 게 더 낫나요?

S: 네, 그래야 그들에게 일어난 것이 좋은 것이고 옳은 것이며 자연스러운 일이라는 걸 알게 되면서 천천히 깨어날 수 있기 때문이죠. 그때쯤 되면 충격shock과 트라우마trauma는 사라지고 없어요.

D: 충격적인 죽음이 발생했을 때도 그들이 아끼고 사랑했던 이들이 오나요?

S: 그럼요, 때로는 그들이 휴식할 수 있는 곳으로 데려가요. 그러나 우리가 충격적인 죽음이라고 생각하는 것이 이쪽(영계-옮긴이)에서도 항상 그렇게 여겨지는 것은 아니에요. 예를 들자면, 많은 군인들이 충격적인 죽음을 겪었을 거라고 생각할지도 몰라요. 그러나 어떨 때는 그들이 무슨 일이 일어났는지 가장(출산 중에 사망한 경우보다 더) 잘 받아들이는 이들 중 하나예요.

D: 각 상황과 개개인의 영혼에게 달려 있는 것으로 생각되네요.

S: 대부분의 경우가 그래요.

영계의 세계에서 존재한 이후 다시 지구로 꾸준하게 돌아오는 정립된 순환established cycle이 있어 보였다. 내 생각에는 만약 누군가가 죽음이 없는 어떤 곳에 있다면 그들은 당연히 그곳에 영원히 남아 있기를 원할 것 같았다. 나는 지구에 있는 사람들이 항상 불멸immortality을 추구한다고 생각하고 있었다.

S: 아니요, 그러면 당신은 매우 빨리 지루해질걸요. 가령 3학년 수업이 다 끝났는데, 왜 평생을 3학년에 머무르려고 하겠어요? 편안할 수는 있겠지만 더 이상의 배움이 없을 텐데요.

D: 아무런 도전도 없겠죠.

S: 맞는 말이에요. 죽음은 발전하기 위한 필수적인 단계예요. 영적 차원으로 이동하기 위한 죽음이 없다면 정체가 일어날 거예요. 이건 많은 정보의 습득을 위해 가장 적합하게 이루어진 지속적인 과정이에요. 모든 것은 이런 관점에서 순리인 거죠. 당신이 배우고 있던 수업이 끝났다면 그런 배움을 제공한 경험들의 끝맺음이 있고, 더 진보^{advance}된 수업을 배우기 위한 새로운 경험의 시작이 있겠죠. 비유를 하자면 단지 사다리를 오르는 것뿐이에요. 각 단계마다 경험을 통해 전 단계보다 더욱 높은 자각을 갖게 되는 거죠. 그래서 이런 경험들의 촉진제가 될 환경들은 새로운 경험이 필요함에 따라 예전의 것들이 버려지게 돼요. 3학년 교실에서 계속 머무르면서 4학년이나 6학년 수업을 듣고 싶겠어요, 아니면 새로운 환경에서 새로운 마음가짐과 함께 시작하는 게 더 낫겠어요? 만약 똑같은 교실에 남겨진다면 사고 방식 또한 바뀌지 않고 그대로일 테죠. 마음가짐 또한 매우 중요해요.

D: 지구에 있는 많은 사람들에게 해당하는 말이군요. 만약 그들이 똑같은 환경에 머무른다면, 더 이상 성장하지 않을 수도 있거든요. 이게 당신이 말하고 싶은 건가요?

S: 정확히 그래요.

D: 그들에게는 새로운 것, 새로운 장소, 새로운 환경이라는 도전이 꼭 필요한 거죠.

S: 발전에 있어 새로운 환경은 아주 중요해요. 과거를 상기시키는 것들은 미래를 향하는 것을 저지하죠.

S: 어떤 사람들은 죽음 이후에 아무것도 없다고 생각하죠. (그녀는 짧게 웃었다) 그러나 무언가가 존재한다면, 존재하는 그 에너지는 파괴될 수 없을 거예요. 육신의 죽음 이후의 존재가 있다는 것을 왜 그렇게 믿기 힘든 거죠? 우리는 전기 같은 것을 파괴할 수는 없어요. 왜냐하면 그 에너지는 다른 형태지만 거기에 항상 존재하는걸요. 에너지는 그럴 수 없는데 인간의 영체와 영혼은 왜 파괴된다고 생각하죠? 그게 바로 인간의 영혼이에요, 에너지 그 자체죠. 왜냐하면 영혼은 그저 육신 안에 살고 있는 어떤 것이 아니기 때문이죠. 그건 에너지예요. 그리고 에너지로서 전파될 수 있어요. 우리의 정신체에 대한 정확한 인식은 에너지라고 할 수 있죠. 왜냐하면 그게 바로 창조의 진실—모든 것이 에너지라는 것—에 있어 핵심이에요. 어떤 형태는 우리 주위의 물질적 세계처럼 낮은 단계에 있지만 그것들은 에너지이고, 불과 같은 간단한 변화의 과정으로 표현될 수 있어요. 모든 물질은 본질적으로 에너지예요. 그건 단지 좀 더 낮은, 기초적인 형태에서 작용하고 있을 뿐이에요. 그래서 우리는 자신을 그 이상도 그 이하도 아

닌, 순수한 에너지로 이루어진 존재로 볼 수 있어요. 사실 물질^{matter} 같은 것은 없어요. 그저 '물질적 세상^{physical world}'에서 보이는 것을 설명하기 위해 제시된 의미일 뿐이에요.

S: 죽음은 많은 두려움을 내포하죠. 그러나 죽음은 거대한 부정, 거대한 가짜예요. 그것은 가장 많이 표현되지는 않지만 가장 많이 생각되는 그런 것이죠. 죽음을 두려워할 필요가 전혀 없어요. 왜냐하면 그 놓여남과 함께 다시 한번 삶이 있고, 그 삶은 이 행성에서의 것을 훨씬 초월하는 것이니까요. 그러나 이 삶을 부정하는—자살이나 그런 성질의 것에 의해—그들에게 우리는 올바르지 못한 에너지의 사용을 경고해야만 해요. 한쪽에서 그런 에너지를 발생시키면 다른 쪽에서도 발생이 이어지거든요. 그리고 그건 다른 차원(영계-옮긴이)에서 처리해야만 하는 것이 되지요. 예정된 시간이 오기 전에 살아 있는 몸을 내던져버리는 것은 절대로 적절하지 않고, 앞으로도 그럴 거예요. 그건 용인될 수 없는 낭비니까요.

D: 나는 이 모든 것을 명확히 하려고 해요. 그럼 사람들이 죽음을 그토록 두려워하지 않게 되겠죠.

S: 당신들이 가지게 될 가장 중요한 문제는 두려움이 아니라 철학적 독단^{philosophical dogma}일 거예요.

D: 그것을 설명하는 방식에서 말인가요?

S: 철학적 독단은 어떤 것의 존재 양상에 대해 사람들이 마음을 닫아버리는 방식을 말해요. 예를 들면, 다른 믿음의 신념

을 따르는 사람들은 내가 설명한 몇몇 것들은 받아들이기 어려울 테죠.

D: 어렸을 때부터 천국 또는 지옥 같은 개념들을 믿고 자라온 사람들 말이에요?

S: 맞아요. 그리고 영혼이 단지 한 번만 태어날 거라는 믿음을 갖고 있는 사람들 말이죠. 어리석지만 그게 그들의 믿음 체계예요.

D: 삶이 단 한 번뿐이고, 그게 전부라고 생각하는 사람들 말이죠? 자신이 한 번보다 더 많이 살아왔다는 것을 믿기 힘들어 하는 사람들이 많이 있죠.

S: 하나의 몸에 한 번 태어날 수 있다는 걸 믿을 수 있다면, 두 번 이상 태어날 수 있다는 걸 믿는 게 더 어려울 이유는 없지 않나요?

D: 그러나 일부 사람들은 그 개념을 받아들이기 어려워해요.

S: 오직 당신들 쪽(지구-옮긴이)에 있는 사람들에 한해서죠. 그게 그 사람들 중 상당수가 우울증 같은 문제들을 겪는 이유 중 하나예요. 왜냐하면 그들이 가진 단 한 번의 유일한 기회를 망치고 있다고 느끼기 때문이죠. 그들에게 여러 번의 기회가 있다는 것을 깨닫는다면 매번 최선을 다할 수 있고, 그들의 실수에 대해서도 지나치게 속상해 하지 않을 텐데요. 그들은 다음번에 해낼 수 있어요.

D: 이번 삶에서 그저 최선을 다하려고 하면 될 텐데요. 그게 나

는 이해가 되지만, 그렇지 않은 사람들이 많아요.

S: 이해하고 싶어 하지 않는 사람들이 많은 거지요. 많은 이들이 지금의 삶 이후에 있는 다른 차원에 대해 생각하는 걸 두려워해요. 그건 어쩌면 지금의 삶이 너무 고통스럽기 때문에 삶을 연속해서 사는 것은 지속적인 고문과도 같은 거라고 생각해서일지도 몰라요. 수많은 교회들은 사람들이 현생 이전이나 이후의 존재에 대해 믿는 것을 원치 않아요. 그들이 쥐고 있는 두려움의 손아귀를 늦추게 하고, 더 이상 사람들을 통제할 수 없게 만든다는 사실 때문인 것 같아요. 모든 위대한 사상적 학파들^{the great schools of thought}의 지도자들은 전생과 그 이후의 존재를 알고 있으면서도 통제력을 유지하기 위해 일반 상식이 되는 것을 막았죠. 힌두학파들^{Hindu school of thought}조차 다른 방식으로 이 통제를 사용해요. 왜냐하면 그들은 '이 사람이 현재 고통을 겪는 것은 그 이전의 존재에서 죄를 저질렀기 때문이다. 그런데 어째서 내가 그를 도와야 하는가? 그는 이러한 고통을 받을 만한 이유를 가지고 있는 것이다'라고 생각하니까요. 이런 식으로 그들은 기독교나 모든 다른 종교들과 똑같은 방법을 사용하고 있어요. 하지만 종교에 귀의한 사람들 전부가 그런 것은 아니라는 사실을 기억해야 해요. 그들은 어쩌면 자신도 모르는 사이에 어떤 어둠의 측면에 의해 비뚤어졌는지도 몰라요. 사람들은 《성경》의 많은 것을 제거하고 원하는 것을 추가해왔어요. 그들은

'이것이 내가《성경》이 말하기를 바라는 것이야. 그것은《성경》에 있어야지'라고 생각해요.

D: 사람들은 이런 화제가 올라오면 두려움을 갖게 되는 것 같아요.《성경》이 역사적으로 여러 번 바뀌어 왔다고 당신이 말하려 하는 것들 말이에요.

S: 그런 사실들은 많은 생각을 갖게 하죠. 사람들은 자유로운 생각을 두려워해요. 당신이 누군가가 평생을 믿어왔던 것을 빼앗고 그것이 사실과 다르다고, 혹은 부모들이 그들에게 거짓말을 해왔다고 말할 때, 당신은 그들이 가진 믿음의 기반을 송두리째 빼앗는 셈이에요. 사람은 무엇인가를 믿지 않고는 생존할 수 없어요. 설령 아무것도 없다는 믿음이라고 할지라도. 사람은 무엇인가를 믿어야만 해요.

D: 다시 말해 그들은 다른 학파의 믿음^{different school of thought}을 두려워하는 거군요.

S: 예수가 자신은 예언을 실행하기 위해 왔다고 말했을 때, 사람들은 그에게 똑같은 이야기를 했어요. 그들은 예수가 틀렸다고, 그는 미쳤다고, 그는 자신이 무슨 말을 하는지 모르고 있다고 말했죠. 누군가가 무엇인가 조금 다르거나 조금 색다른 것을 가지고 나타날 때마다 사람들은 겁을 먹고 그것에 대해 나쁜 말들을 해요. 이런 지식은 가르침을 받아야 할 필요가 있는 것들이에요. 왜냐하면 인간은 그들이 될 수 있는 무엇이 되기 위해 두려움을 갖지 않는 법을 배워야만 하

기 때문이죠. 세상에는 이런 것들을 알아야 할 필요가 있는 사람들이 있어요. 그러면 그들은 내면에 불꽃을 피우고 그것이 진실임을 알아차릴 거예요. 어쩌면 그 진실은 그들이 되기를 원하고, 되어야만 하는 길을 찾게 도와줄지도 몰라요. 그들이 바로 중요한 사람들이에요. 왜냐하면 그들은 결국 많은 사람들을 자신의 편으로 데려올 테니까요. 기억하세요, 예수의 메시지를 믿었던 사람들은 몇몇, 겨우 한 줌밖에 되지 않았어요. 그리고 지금의 세상을 봐요. 상당수의 세상 사람들이, 적어도 외적으로는 기독교를 믿어요. 몇 세기 동안 진실은 억눌려왔고 이제는 그것이 세상에 나올 때가 되었어요.

3장

임사체험

죽음의 경험에 대해 알게 된 정보가 최면을 통해 얻어진 것만은 아니다. 사람들은 그들이 겪은 임사체험에 대해 내게 털어놓는다. 임사체험이라는 용어는 레이먼드 무디^{Raymond Moody} 박사와 엘리자베스 퀴블러-로스^{Elizabeth Kubler-Ross} 박사의 작업으로 유명해졌다. 이는 말 그대로 죽음을 맞이했고, 다른 차원의 경계를 건넜지만 과학의 발전으로 이 삶의 세계로 다시 돌아온 사람들이 기억하는 사건들을 지칭한다. 사람들이 내게 들려준 임사체험의 경험은 다른 연구자들이 발견했던 전통적인 패턴과 일치했다. 내 작업을 통해 발견한 정보들과도 일치했다. 그러나 유일한 차이점이 하나 있다. 임사체험을 경험한 사람들은 그들의 경험을 보고하러 돌아온 반면, 내 대상자들은 현생으로 윤회할 때까지 영계에 머물러 있었다는 것이다. 내 대상자들은 그 기억을 갖고 있지만, 그들의 잠재의식 속에 깊히 묻혀 있고 퇴행 최면을 통해 비로소 드러날 수 있었다는 것뿐이다.

내가 보고할 사례에는 전통적인 구석이 많다.

한 친구가 멕이라는 친구를 소개해주었다. 그녀의 이야기는 무척 놀라웠다. 멕은 친구들의 놀림이 두려워 이 경험을 사람들에게 흔쾌히 털어놓지 못했다. 그녀는 너무 개인적이고 사사로운 일이기 때문에 왜 그것들을 중요하게 여기는지 다른 사람들은 결코 이해하지 못할 거라고 생각했다. 그녀는 그 경험이 그녀의 삶을 영원히 바꾸었다고 느꼈다. 멕은 그 일 이후 완전히 달라졌고, 다시는 예전으로 돌아갈 수 없으리라는 사실을 깨달았다. 그 기억은 우유부단함과 스트레스가 찾아오는 시기에 그녀가 되짚어 볼 수 있는 선물이었다. 그녀는 이미 마음에 영원히 각인되었기에 최면요법을 통해 잠재의식으로부터 일부러 그 기억을 끌어낼 필요가 없을 거라고 말했다. 멕이 일부 세세한 사항들은 명확하게 기억하지 못했을 수도 있지만 영원히 그것을 잊지 않을 것이며, 그 누구도 그 일이 일어나지 않았다고 그녀를 설득할 수는 없을 거라는 사실도 알고 있었다. 그것은 그녀의 인생에서 한 전환점이었다.

멕은 40대 후반의 여러 자녀를 둔 성숙한 기혼 여성이었다. 그때까지 임사체험에 대해 어떤 자료도 읽은 적이 없었고 내가 쓴 책들을 접한 적도 없었다. 그동안 많은 것에 흥미를 갖고 활동적인 삶을 영위해 왔지만, 그 사건 이후에 그녀가 행했던 모든 일상들은 그녀가 중요하다고 생각하는 것에 달려 있었다.

우리는 개인적인 시간을 가질 수 있도록 한 친구 집에서 만났고, 그녀의 이야기를 녹음해야 했기 때문에 멕은 편안한 의자에 자리를 잡았다. 나는 그녀의 정확성에 대한 이해와 어떤 종류의 윤색도 피하기 위한 조심스러운 대화 방식에 탄복했다. 그녀는 놀랄 만큼 상세하게 그 일을 기억했다. 멕은 익명성을 보장한다는 전제 하에 그 이야기의 출판을 허락했다.

이제 그녀의 말을 그대로 옮긴다.

10년 전, 1978년에 수술을 받았을 때 일어난 일이에요. 나는 6월에 서점을 열기로 한 상태였는데 정기 건강검진 중에 폐에서 용종이 발견되었죠. 그게 암인지 그냥 종양인지 섣불리 판단할 수 없다고 해서 결국엔 폐 수술을 받아야 했어요. 입원하기 전에 직관적으로 암이라고 느껴지지는 않았지만 좋은 느낌이 들지 않았죠. 그게 그때를 설명할 수 있는 유일한 방법이에요.

나는 평범한 어린 시절을 보냈어요. 여러 교회들을 다녔다가 결국 교회를 다니지 않게 됐지요. 거의 모든 교회들을 다녀봤어요. 회중교회congregational, 루터파Lutheran...... 시골로 이사했을 때는 이웃들과 함께 침례교 교회Baptist church에 다녔고요. 그러나 종교에 엄격한 집에서 자란 것은 아니에요. 매우 느슨한 기독교 집안이어서 교회에 자주 가는 것이 익숙하지 않을 정도였어요. 남편하고 결혼한 다음에는 함께 성공회 교회Epicopal church에 다녔어요. 다시 한번 말하지만, 느슨한 믿음이었고 지금도 그래요. 어쨌든 그런 과정을 통해 나는 거의 불가론자agnostic, 어쩌면 무신론자atheist가 되고 있다고 결론을 내리게 됐어요. 그렇지만 어린 시절 습관 때문에 확실하게 무신론자가 되지는 못했어요. 혹시 모르니까 (그녀는 웃었다).

수술 전날 밤 병원에 누워 있기 전까지, 내가 어떻게 살아왔는지 당신이 알았으면 좋겠군요. 나는 이 수술에서 깨어나지 못할 거라고 거의 확신하고 있었어요. 환자 침대에 누워서 어쩌면 내 마지막 기도일 수도 있겠다

싫어 어둠이라고 내가 부르는 것에 대고 중얼거렸죠.

"당신이 거기에 있는지 모르겠지만 만약 당신이 있다면, 이게 내가 할 수 있는 최선이에요."

그러고 나서 모든 것을 되돌아보고 영적으로 내가 무엇을 마치지 못했는지 생각하기 시작했어요. 그러고는 이렇게 말했죠.

"당신이 거기 있을 거라고 정말 생각하진 않지만, 만약 거기에 있다면 나는 지금 정말 도움이 필요해요."

나는 벽 쪽으로 갔어요.

"내가 더 깊은 믿음을 가지지 못해서 죄송하지만, 최종적으로 분석해 봤을 때 이게 나의 최선이에요."

어쨌든 수술은 무사히 잘 끝났는데, 통증 때문에 지옥과도 같았죠. 너무 아파서 '다음 주사는 언제일까'라는 생각밖에 할 수가 없었어요. 나는 정신이 오락가락하고 있었고 진통제를 맞고 있었어요. 아마도 회의론자들은 "그럼 그렇지, 진통제를 맞고 있었으니 그런 일이 일어났다고 착각하는 거겠지"라고 하겠죠. 상관없어요. 회의론자들은 결국 어떤 말이든 할 거니까요. 중환자실에서 3일쯤 지났을 때, 깊은 잠에 빠졌어요. 나는 매우 길고 어두운 깊은 협곡을 따라 내려가고 있었죠. 따뜻하고 안전하다고는 느꼈지만, 내가 본 것들 중 가장 어두운 협곡이었어요. 산맥 같은 것들이 꽤 멀리 보이다가 갑자기 가까워졌죠. 한순간 이 산맥들을 보았는데, 모두 검게 보이는 대신 그 안에 희미하게 반짝이는 주황색 빛이 약간 보였어요. 영혼과 관련된 무언가였는데, 그게 무엇이었는지는 기억이 나지 않아요. 어쨌든 매우 따뜻하고 안전한 기분이었어요.

협곡을 따라 계속 내려가는데 바로 앞에 안개가 잔뜩 낀 곳이 보였어요. 그곳을 향해 나아갔는데, 이 계곡의 전체 입구를 막고 있는 일종의 돌 장벽이 있었죠. 계속 갈 수는 없었지만, 그 주위에 간신히 비집고 들어갈 만한 자리가 있었어요. 모든 곳이 안개투성이였지요.

거기 서 있는 사람들이 있었는데 두 남자와 그림자 같은 형상이었죠. 갑자기 나는 그 사람이 누구인지 알아봤고, 이후 그는 더 이상 그림자 같은 형상이 아니었어요. 좀 우습지만 그는 윌리 웡카Willy Wonka 역할의 진 와일더Gene Wilder (《찰리와 초콜릿 공장》 영화 속의 난쟁이 역할―옮긴이)처럼 보였죠. 그는 곱슬곱슬한 멋진 머리에 하얀 장식이 있는 정장을 입고 있었어요. 처음엔 '이게 뭐지?' 하는 기분이었어요. 그러고 나서 갑자기 내가 죽어가고 있다는 것을 깨달았고, 그 순간 두려움을 느꼈어요.

잠시 후에 정장을 입은 남자가 말했어요. "당신은 죽음의 과정 중에 있어요You are at death." 나는 그가 '죽음의 천사angel of death'라는 사실을 깨달았어요. 그는 그렇게 말하지 않았지만 알 수 있었어요. 그가 약간은 무섭다고 생각했어요. 그러나 그가 "당신은 죽음의 과정 중에 있다"라고 상냥하게 말했을 때, 더 이상 두렵지 않았어요. 그는 너무 상냥하고 효율적efficient이었어요. 놀라울 정도로.

나 역시 내 상태에 대해 인지하고 있던 걸 기억해요. 고개를 끄덕이며 "알고 있어요"라고 말한 것도. 이제 나는 동시에 정보를 받고 있기 때문에 나머지 모든 것에 대해 혼란스럽게 말하게 될 거예요. 그건 그냥 인상들로부터 오는 것이에요. 어떤 사람이 어딘가에서 말하는 그대로 인용할게요. 제일 먼저 든 생각은 이거였죠. '죽음 후에 정말 뭔가 있네! 정말로 있어!' 정말 놀랐어요. "그렇지만 죽음이 이렇게 쉽다니? 이건 너무 쉽잖아. 마치 이 의자에서 일어나 저 의자에 앉는 것과 같아."

그 사람들이 고개를 끄덕였어요. 그리고 그들 중 한 사람이 말했어요.

"그래요, 그러나 그곳에 닿기는 힘들어요."

나는 그 말을 이해하지 못했죠. 그러고 나서 정장을 입은 사람이 말했어요. "당신에게는 선택이 주어졌어요." 여러 가지 생각이 오갔어요. 한 가지 생각은 '죽음은 춤꾼이다dancer'였어요. 이상한 생각이었지만, 그때 내가 느꼈던 것들을 가장 순수한 형태로 풀어내자면, 그렇게 말할 수 있어요. 그 순간, 내가 항상 기회를 갖는 건 아니라는 인상을 받았어요. 모든 사람들에게 선택이 주어지는 것은 아니라는 느낌도 받았죠. 그건 오직 이 특별한 순간, 이 지점에서만 주어지는 것이라고요. 또 이 '죽음의 천사'가 이 역할을 영원히 맡는 게 아니라는 느낌도 받았죠.

거기에는 다른 그림자 같은 형태들도 있었는데 그들은 나를 돕기 위해 거기에 있다는 걸 인지했어요. 그가 "당신은 머물고 싶어요? 혹은 가고 싶어요?"라고 물었기 때문이죠. 머무른다는 건 그들과 거기에 머무르는 것이고, 간다는 의미는 삶으로 돌아간다는 의미였어요. 그건 당신이 일반적으로 생각하는 방식이 아니에요. 그 반대예요. 나는 그곳이 멋지다는 것을 알았고 계속 머무르길 원했어요. (신나서) 그래서 그들의 질문에 "이곳에 계속 머무르고 싶어요"라고 말했죠.

그가 정확히 뭐라고 말했는지 정확히 기억할 순 없지만 이런 내용이었어요.

"당신이 결정하기 전에 알아 둘 것들이 있어요."

그러자 내 어머니의 모습이 보였어요. 그녀는 흐느끼고 있었지요. 그가 말했어요. "이제 당신의 어머니는 무너질 거예요. 그리고 그녀의 무너짐이 주위 사람들을 무너뜨릴 거예요."

그는 내 아버지에 대해 이야기하고 있었어요. 나는 어머니의 삶이 그 순간에 끝나버리고 그녀를 향한 사랑 때문에 아버지의 삶도 끝날 거라는 걸 알았어요. 그러나 나는 말했죠.

"아, 나는 머무르길 원해요."

거기의(지구—옮긴이) 시간은 너무나도 빨라서 별 의미가 없다는 걸 인식했기 때문이죠. 어머니, 아버지도 이곳에(영계—옮긴이) 금방 도착할 것이고, 그들이 도착한 후에는 나를 이해하게 될 거라고 생각했어요. 나는 또 어떤 선택을 해도 괜찮다는 것을 알았죠. 거기엔 아무런 비판도 검열 censure 도 없었어요. 내가 내린 선택은 올바른 것이었어요. 곧 남편의 모습이 보였어요. 그는 울면서 이렇게 말했지요.

"나는 그동안 당신을 사랑하고 있는지 몰랐어."

그건 그 당시 우리의 결혼 생활 상태에 딱 들어맞는 말이었죠. 나는 그가 아주 힘들 거란 걸 알았지만 "여기에 계속 머무르고 싶어요"라고 말했어요. 나는 조금 있으면 모두가 이곳에 있게 될 거라는 걸, 그리고 다들 이해할 거라는 걸 알았거든요.

그가 말했어요.

"이제 당신 아이들은 다들 괜찮을 거지만, 그들이 삶에서 가진 잠재력을 맘껏 발휘하진 못할 거예요."

그러나 나는 여전히 "여기에 머무르고 싶어요"라고 말했죠. 나는 내 아이들이 괜찮을 거란 걸 알았으니까요. 아마 내가 거기에 있을 때만큼은 잘하지 못하겠지만, 그들이 좌절하진 않을 거였어요. 이곳에 머무르는 것이 여전히 가장 매력적인 선택이었죠. 그러고 나자 죽음이 말했어요.

"이제 당신은 아이들 곁에 머물러야 할 거예요."

다시 말해 곁에서 그들의 그늘이 되어주라는 거죠. 그리고 내가 아이들을 잘 이끌어야 한다고요. 깜짝 놀랐죠. 그건 내가 원한 게 아니었거든요. 나는 이 행복한 장소에 머무르며 계속 배우고 싶었어요. 이곳에서 뭔가 배울 수 있다는 걸 어떻게 알았는지 모르겠어요. 그건 그냥 내 마음에 떠올랐고, 깨달았어요. 이곳을 본 적은 없었지만 그들이 입을 연 순간, 여기가 내가 있고 싶은 장소라는 걸 알았어요. 여기에 답들이 있다는 걸 알았어요. 그 답들, 이라고 해야겠죠. 공부할 것들, 해답들, 성장이 여기에 있었어요. 나는 그곳을 떠나고 싶지 않았고, 이런 문제들로 돌아가고 싶지 않다고 확신했어요. 그러나 결국 내키지 않는 마음으로 이렇게 말했어요.

"글쎄요, 내가 가장자리에 가까이 머물러야 한다면, 돌아가야 할 것 같군요. 나는 이런 책임들을 갖고 있으니까요. 그리고 내 아이들 곁에 머무르며 영향을 끼치려 하기보다는 그쪽에서 그걸 더 잘할 수 있으니까요. 좋아요, 갈게요."

검열이나 비판은 없었을 테지만, 그들 모두는 내가 그렇게 결심한 것을 꽤 기뻐하는 것처럼 보였어요.

나는 무언가에 밀려 되돌아가는 것 같은 느낌을 받았어요. 그리고 다른 작은 형상들이 "그녀가 가려고 해. 그녀가 가려고 해" 하며 중얼거리는 것을 보았지요. 그들이 사라졌는지 혹은 장벽 너머로 갔는지 기억 나지 않아요. 내 생각에는 장벽 너머로 간 것 같아요. 내가 건너는 걸 돕기 위해 그들이 거기에 있었다는 걸 깨달았죠. 이제는 그럴 필요가 없어서 사라진 거였고요. 그러고 나서 나는 차츰 밀려서 되돌아가기 시작했어요. 마치 내가 떠나고 있는 것처럼. 그리고 그들 중 한 사람이 소리를 높이며 말했어요.

"당신이 가기 전에, 알아둘 것이 있어요!"

그러자 나는 곧 다른 장소에 있었어요. 더 이상 터널 속이 아니었어요. 일종의 뒷마당 같았는데, 거기엔 한 무리의 사람들이 있었죠. 그 이후로 의자에 앉아 둥그렇게 모여 있던 사람들이 몇 명이나 되었는지 짐작해 보려고 애썼어요. 아마 여덟이나 열 명 정도의 남녀들이었던 것 같아요. 나는 그것이 나를 위한 위원회council라는 걸 인지했어요. 그리고 모든 이들에게는 여기에 내려온 각 영혼을 책임지고 있는 위원회가 있다는 걸 알게 되었지요. 그들을 보니 약간 시골 오후의 주일 교회 학교 모임이 떠올랐어요. 그들의 얼굴을 제대로 볼 순 없었는데 어떤 사람이 나를 이끌었어요. 그의 말아 올린 흰색 셔츠 소매와 드러난 팔을 기억해요. 따뜻한 일요일 여름날, 성경 교실 같은 걸 맡은 사람이 보여줄 만한 그런 모습이죠. 그는 나를 어느 나무 아래에 앉아 있는 한 소녀에게 데려갔어요. 멱은 까만 피부를 갖고 있었어요. 그는 그녀의 피부를 잡아당기며 말했어요(그녀는 엄지와 검지 사이로 그녀 팔의 피부를 잡아당기는 것 같은 행동을 했다).

"이 피부, 이건 정말 중요하지 않아요. 단지 간단한 덮개일 뿐이에요."

그들은 같이 웃었어요. 나는 생각했죠.

'왜 이런 걸 알려 주고 있는 거지? 이미 알고 있는데!'

그리고 그 다음 장면에서 우리는 길 위에 서 있고 내 원로들counselors

중 한 명이 나와 함께 있었어요. 젊은 인도인처럼 생긴 두 남성이 길을 걷고 있었죠. 그들은 나에게 내 자신을 보여주기 위해 거기 있었어요. 이제 나는 거기 서 있었고, 갑자기 내 옆에 나 자신이 서 있었어요! 나는 아름답고, 매우 크고, 밝고, 불투명하면서 희미하게 빛나는 구체를 봤고 그게 나라는 걸 알았어요. 근처를 거닐다가 빛의 구체^{sphere of light}인 내 자신 안으로 들어갔어요(그녀는 손동작으로 구체의 꼭대기로 들어가서 아래로 내려가 바닥으로 빠져나오는 것을 표현했다). 내가 빠져나올 때면 모든 답을 얻을 거란 걸 알고 있었어요. 그러나 그 구체에 들어가자 하강하기 시작했고 마치 우윳빛의 쾌적한 물로 목욕하는 느낌이 들었어요. 나는 생각했죠.

'이제 곧 중심에 도달할 거야.'

곧 아래쪽으로 비스듬하게 통과해서 반대쪽으로 빠져 나와 떠올랐어요. 중심에 도착한 거죠. 중심은 가장자리와 똑같았어요. 그러나 나는 내가 언제 가장자리에 있고, 중심을 통과하고, 다시 빠져나오는지 인지할 수 있었어요. 중심은 주변과 다를 게 없었어요. 같은 구성물로 이루어진 것이었죠. 중심을 빠져나왔을 때, 내 자신에 대해 깨달았어요. 그리고 약간의 무안함을 느꼈어요. 나에 대해 각성하고 나의 좋은 점과 나쁜 점을 분명히 인지했기 때문에 완전히 벌거벗은 것처럼 느껴졌고, 내 자신에 대해 더 이상 어떠한 비판도 하지 않았어요. 나는 말했어요.

"나는 그들과 계속 일해야 해요!"

그들도 또한 나를 알고 있었어요. 나를 완벽하게 알고 있었어요. 그들은 웃으면서 고개를 끄덕였어요. 그리고 좋았던 건 아무런 검열이 없었다는 거였어요. 어떤 비판도 없었어요.

여기서부터 기억이 몽롱해져요. 일의 순서가 기억나지 않아요. 내가 올려다보자 갑자기 하늘이 어두워졌고, 하늘은 별들로 가득했어요. 어떤 건 커다랗고 어떤 건 중간이고 어떤 건 아주 작고, 각각 밝기가 다르지만 다른 것들을 능가하지는 않아요. 크고 밝은 것 옆에 아주 작은 것이 있어도, 같은 선명함으로 각각을 볼 수 있었어요. 나는 그 별들이 영혼들이라는 걸 알았어요. 나는 말했죠.

"내 건 어디에 있어요?"

어떤 이가 말했어요.

"저기 있네요."

뒤를 돌아보니 거기에 내 별이 있었어요. 막 수평선에서 떠오르는 참이었지요. 갑자기 나는 거기, 내 별이 있는 곳에 있었어요. 순간, 내가 직물로 짜여 있는 것처럼 느꼈어요. 우리 모두가 온전히 연결되어 있고 어떤 일이 있어도 우리는 파괴될 수 없다는 걸 깨달았어요. 무엇인가가 와서 그 천을 찢는다 해도 결코 찢기지 않을 거라는 걸. 나는 내가 파괴될 수 없고 다른 이들도 결코 파괴될 수 없다는 걸 알게 됐어요. 내가 나 그대로, 내가 존재해 왔던대로.

문득 나는 들판으로 돌아와 길가에 서 있었어요. 아름다운 햇살이 비치는 들판을 가로질러 바라봤죠. 그곳에는 숲이 있었어요. 숲은 나에게 상징적이었고, 그 내부에 생명의 나무tree of life가 있다는 걸 인지했어요. 갑자기 그 숲 밖으로, 거대한 번개 구체enormous ball of lightning가 나왔어요. 나는 그게 들판을 건너 날아다니는 걸 그냥 바라보고 있었어요. 그리고 그건 바로 여기를 쳤어요(심장 위쪽 가슴에 손을 올렸다). 숨이 다 빠져나가도록 한 대 맞은 느낌이었어요. 그건 나의 모든 것을 빨아들이는 것만 같았고 나를 삼켰어요consumed. 완전하고 순수한, 조건 없는unconditional 사랑이 내 안으로 들어왔어요. 정말 놀라웠어요. 그건 내 모든 세포 안으로 들어갔어요. 거의 숨을 쉴 수가 없었어요. 나를 구성한 모든 것이 사랑이었기에 사랑을 주는 것 말고는 할 수 있는 게 없었어요. 그 사랑이 내 모든 원자까지 뒤덮었던 거예요. 이후에 나는 돌아오기 시작했어요. 어떤 이가 나에게 소리쳤어요. 아마 나의 원로였을 거예요.

"결혼 생활을 유지해. 너는 결혼하게 되어 있었어."

나는 돌아왔어요. 깨어났고, 너무나 걱정스런 표정으로 나를 내려다보고 있는 중환자실 간호사를 보았어요. 나는 생각했죠.

'걱정 마세요, 나는 괜찮아요. 죽지 않을 거예요. 그리고 다신 떠나지 않을 거예요.'

또 생각했죠.

'아, 당신은 내가 어디에 갔었는지 모르겠군요.'

나는 며칠 동안 누구에게도 이 이야기를 하지 않았어요.

나중에 우리는 멕이 죽어가고 있을 때 어쩌면 간호원이 기계를 통해 혹은 업무와 관련된 무언가를 보고 있었을 가능성에 대해 이야기했다. 멕이 번개 구체를 맞았던 순간, 그것은 생명을 되살리기 위해 몸에 행한 실제 충격이었을 수도 있다. 어쩌면 그건 심장이 멈추었을 때 환자에게 시행하는 전기 충격 같은 것이 영향을 끼쳤을지도 모른다.

이 사건이 실제로 일어났었는지 혹은 약물에 의한 환상이었는지에 대해 논란이 있을 거라는 것은 의심의 여지가 없다. 그러나 맥은 그런 의심을 전혀 하지 않았다. 그게 실제였음을 굳건히 믿었다. 그 사건을 풀어놓는 그녀의 음성에는 어떤 의심도 없었다. 그 사건은 그녀의 삶을 영원히 바꾸어 놓았다.

"어쩌면 누군가는 삶을 찾기 위해서 그것을 거의 잃어 보아야 하나 봐요"라고 맥은 말했다.

멕의 나머지 이야기

멕은 나와 좋은 친구 사이가 되었고 우리는 이후 25년이 넘도록 연락하며 지냈다. 임사체험은 그녀의 삶에 어찌나 강렬한 영향을 끼쳤던지 그녀는 어느 날 남편에게 그녀가 세상을 떠나고 있다면 꼭 그대로 보내달라고 말하곤 했다. 그녀는 이곳으로 다시 돌아오는 것을 원치 않았다. 이 현상을 겪은 많은 이들이 그녀처럼 다시 돌아오기를 원하지 않는다. 그리고 더 이상 죽음을 두려워하지 않는다. 그들은 이곳의 반대편을 보았고 때가 되면 다시 그곳에 가기를 갈망하고 있다.

몇 년이 지나, 그녀는 병원에 누운 채 암으로 죽어가고 있었다. 그녀의 활력 징후들이 멈췄을 때, 그녀의 남편은 극도로 흥분하여 의료진에게 멕을 소생시켜 달라고 외쳤다. 잠시 후 멕은 돌아왔지만 매우 화가 난 상태였다. 그녀는 다시 한 번 반대편으로 건너갔었고 다시는 돌아오고 싶지 않았었다. 그녀는 다신 이런 일이 일어나지 않아야 한다고 강조했다.

병상에 누워 있는 동안 그녀의 고통은 증가했고, 진통제를 투여하기 위한 핏줄을 더 이상 찾아낼 수 없는 지경에 이르렀다. 어느 날 밤, 한 젊은 남자 간호사가 진통제가 들어 있는 링거를 그녀의 약지와 새끼손가락 사이에 부드럽게 놓았다. 20년 경력의 간호사인 내 딸, 줄리아는 그건 링거를 놓을 위치로는 매우 의외인 곳이라고 내게 말했다.

멕은 며칠 뒤 링거를 교체할 때까지 조금 더 편안한 상태로 지냈다. 그녀는 젊은 남자 간호사가 놀랍도록 작업을 잘해냈기에 교체 작업을 그에게 맡기도록 고집스레 요구했다. 그런데 의사들의 말은 우리를 경악하게 만들었다. 그 병원엔 남자 간호사가 근무하고 있지 않다는 것이었다. 그렇게 부드럽게 그녀의 고통을 덜어준 젊은 남자는 누구였을까? 저편에서 온 영체였을까? 아니면 그녀의 수호천사guardian angel? 그가 누구였든 물질적 지구의 존재는 아니었음이 분명했다. 그는 그녀의 죽음이 더 편안하게 진행되도록 도와준 것이었다. 이를 알 수 있는 것은 며칠 뒤 그녀가 잠든 채로 세상을 떠났기 때문이다.

멕이 행복함을 알기에 그녀의 죽음을 슬퍼하지 않는다. 그녀는 잠시라도 반대편을 엿볼 수 있었던 몇 안 되는 이들 중 하나였다. 찰나에 불과했다 할지라도 그녀가 보았던 것들은 지극히 아름다웠기에, 그녀가 그곳으로 돌아가는 것을 결코 두려워하지 않았으리라고 생각한다.

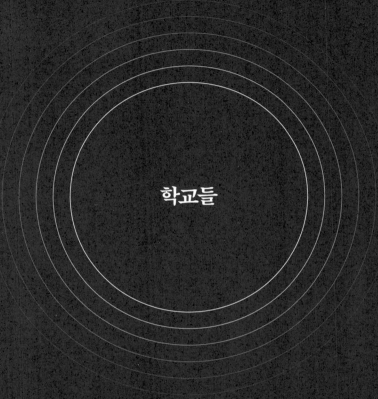

4장

학교들

나는 영체 차원에 여러 번 방문했다. 이곳은 인간을 가장 두렵게 하는 곳이다. 동시에 '나는 죽으면 어디로 가게 될까?'라는 궁극적인 질문을 상기시키는 곳이다. 죽은 후에 무슨 일이 일어날지 우리는 모두 궁금해한다. 완전한 망각 상태일까? 혹은 인격체의 연장선에 있는 존재일까? 가장 종교적인 사람들조차 여전히 그 질문에 대한 불명확함에 헤매고 있다. 나는 모든 대답을 갖고 있진 않지만, 내 퇴행 연구에서 받아온 정보들을 통해 도움을 줄 수 있다고 믿는다. 퇴행된 초잠재의식자somnambulist(초월의식자를 대변할 수 있는 가장 깊은 무의식에 들어갈 수 있는 사람-옮긴이)조차도 그들이 알지 못하는 것을 말할 수는 없다. 그러나 여러 다른 사람들로부터 동일한 정보를 지속적으로 얻게 되면, 그것이 타당성을 갖고 있음을 추정해야 한다. 사실 사람들 대부분이 사후세계는 평화와 자족의 세계라고 진심으로 믿고 싶어 하기에 그것이 진실의 울림을 갖고 있는 것일지도 모르겠다.

나는 개인적으로 인류가 재림의 날Resurrection Day 또는 심판의 날Judgment Day이 될 때까지만 이 땅에 머무르리라는 생각에 절대적으로 반대한다. 구름 위에서 하프를 연주하며 영원히 떠다니는 풍경 또한 내가 가진 천국에 대한 전망이 아니다. 그런 삶은 쉽게 지겨워질 거라고 생각한다. 아마도 채워지지 않는 호기심과 지식에 대한 끝없는 질문 때문에 나는 이 '학교school'의 개념에 끌렸을 것이다.

여하튼 이것이 우리 모두에게 끊임없이 맴도는 질문 중 일부에 대한 최고의 설명이 될 거라고 나는 생각한다.

대상자들을 퇴행했던 여러 경우, 그들은 어떤 삶에 관여된 상태가 아니었다. 그 대답들은 그들의 삶과 삶 사이, 여러 가지 영체 단계들spirit levels 혹은 차원들planes, 그리고 다양한 장소에 있음을 보여주었다. 이러한 대답들의 주요 공통점은 학교였다. 나는 그것에 대한 설명을 요구했다.

S: 그건 지식의 학교예요. 강당이 보여요. 커다란 기둥들이 있는데 모두 하얀색이에요. 진짜 빛, 음……, 어떻게 설명하지? 그 빛은 모든 것의 사이에서 어떤 장애도 없이, 모든 것으로부터 들어와요.

D: 햇빛처럼 말이에요?

S: 그렇게 밝지는 않지만 더…… 지속적이에요. 매우 평화롭고, 편안하고, 조용해요. 계속 있고 싶은 곳이에요.

D: 이 지식의 학교는 어디에 있나요?

S: 그냥 여기에 있어요. 지구에서 알려진 존재와는 다른 진동 상태에 있어요. 그건 다른 존재의 차원에 있어요.

D: 그곳은 지구와 연결되어 있지 않나요?

S: 우리가 행해온 것들로부터 우리는 배우죠. 이런 방식으로 지

구와 연결되어 있지만, 그 이상의 연결은 없어요.

D: 당신 말은 이것이 큰 홀 같다는 거죠? 모든 수업들은 그 홀 안에서 열리나요?

S: 아니요, 밖에 교실들이 있어요. 이건 일종의 주요 통로예요, 내 짐작으로는. 여기서는 우리가 보길 원하면 어떤 것도 볼 수 있어요. 시각화하기만 해도 그게 일어나죠. 우리가 원하는 대로 좋게 또는 나쁘게 만들 수 있어요. 우리가 죄의식을 느끼고 있고 우리 자신을 고통스럽게 하고 싶으면 우리 스스로를 그렇게 만들 수 있어요. 우리가 그것들을 원하는 대로, 또는 그것을 시각화한 방식처럼 보이게 환경을 만들 수 있어요. 지금 내가 있는 차원을 포함해서 어떤 차원은 더 고차원적 지구에 있는 것과 같거든요. 그래서 여기의 지형은 지구와 비슷하지만 더 정교한 에너지 단계를 갖고 있어요. 내 말은 언덕과 산맥과 골짜기들은 있지만 그것들이 지구에 있는 언덕들과 똑같지 않을 수도 있어요. 여기에도 수풀들 같은 게 있지만 색깔이 더 강하고 더 순수해요. 빌딩 같은 것도 있을 수 있지만, 그 에너지의 건축물은 보통 형상을 방사하는 방식에 영향을 받아요.

D: 거기 있는 다른 사람들도 당신이 보고 있는 것과 같은 것들을 보게 되나요?

S: 네, 산들과 녹색은 모두가 보는 이 행성의 일반적인 형태예요. 그건 지구지만 다른 에너지 단계에 있어요. 이 단계에서

는 에너지를 관장하는 법칙들이 다르지요. 땅과 언덕은 단단하고, 나무와 동물들도 실제로 존재해요. 그들은 진짜 거기에 있어요. 내가 다시 가게 될 육화의 차원 같지요. 그러나 에너지 법칙이 달라서 다른 종류의 인공적인 건축물로 이루어질 수 있어요.

D: 각자가 모두 그걸 표현해야 하나요? 아니면 단지 그곳에 항상 있나요?

S: 항상 거기에 있어요. 그건 우리의 인지 여부에 따른 개인적 인식의 문제일 뿐이에요.

D: 당신 말은 거기에 온 사람들이 당신이 보는 것과 같은 것을 보지 않을 수 있다는 뜻인가요?

S: 아니요. 나는 육화 차원에 있는 사람들에 대해 말하고 있어요. 그들은 낮은 단계, 낮은 차원에서 인지하기 때문에 그걸 인지하지 못할 거예요.

D: 이곳은 어떤 사람들이 '천국'이라고 부르는 것과 비슷한 장소인가요?

S: 아니요. 그건 아마 그들이 '낙원paradise'이라고 칭하는 곳일 거예요. 나는 천국과 낙원을 구별해서 말하고 있어요. 왜냐하면 낙원은 완벽한 지구를 뜻하거든요. 때때로 지구 같지만 육화 행성에 존재하는 파괴나 침식은 없어요. 그리고 천국은 영체가 본능적으로 알게 되는 존재의 더 높은 차원이지요. 비록 육화된 차원에서 사용하는 부적절한 단어와 의미로는

그것을 정확하게 그려낼 순 없지만요. 천국은 모든 것이 에너지인 더 높은 차원을 말하지요. 그리고 낙원은 지구와 여전히 비슷한 소위 이런 '낮은' 차원을 지칭해요. 말하자면, 이곳은 지구보다는 약간 더 높은 차원인 거죠.

D: 그럼 사람들이 천국에 가게 될 거라고 말할 때마다 그들은 더 높은 차원으로 가는 거네요? 경치가…… 없는 곳, 말하자면 모든 것이 에너지인가요? 아니면 그들을 둘러싼 어떤 풍경이 있나요?

S: 글쎄요, 그건 대부분이 에너지이고 에너지의 작용이지요. 그러나 사람들이 '죽어서 천국에 간다'고 말할 때 그들이 실제로 말하는 것은 낙원을 의미해요. 왜냐하면 모든 것이 질서 정연하게 진행되고, 질서 있게 인지되고 통합되어야 하니까요. 당신은 더 높은 단계를 위한 준비가 되어 있어야 해요. 그래야 그것들과 더 잘 동화될 수 있으니까요.

D: 천국이라고 알려진 곳에서는 모든 것이 비어 있나요? 혹은 풍경, 건물 또는 무엇이든 있는 건가요?

S: 아니요, 건물은 아니에요. 여기에서 우리의 인식은 다르고 우리는 에너지를 볼 수 있어요. 환상적인 북극광의 연출 같을 거예요. 우리 스스로가 에너지가 될 거고, 다른 것들을 성취하기 위해 에너지를 조절할 수 있고, 다른 일들이 일어나게 만들 수 있죠. 우리가 천국이라 불리는 더 높은 차원들에 있을 때는 매우 쉽게 낮은 차원들을 들여다 볼 수 있어요. 물

질적 차원들을 볼 수 있고 무슨 일이 일어나고 있는지 볼 수 있는 거죠. 무언가를 보는 건 어렵지 않아요. 우리가 보게 된 것을 단지 어느 단계에서 보고 있는지의 문제일 뿐이에요. 그러나 그곳엔 수평선이 없어서 주위에 아무것도 없을 거예요.

D: 당신이 말했듯이 사람들이 그곳에 곧바로 가지는 않잖아요.

S: 사실이에요. 사람이 죽으면 자신이 더 이상 육화 차원에 있지 않다는 사실에 적응할 수 있는 전환 기간이 주어져요. 그때 적응을 하게 되면 영체의 진보 정도에 따라 접근할 수 있는 행성들 사이로 이동할 수 있는 자유를 갖게 되죠.

D: 학교에는 다른 사람들도 있나요?

S: 네⋯⋯. 교실에는 약 50명 정도가 있어요. 여기엔 다른 이들도 있지만, 우리는 그들과 많은 것을 같이 하진 않아요. 그들은 다른 문제들을 다루고 있어요. 그들은 배워야 하는 다른 수업들이 있고, 그것들을 내적으로 받아들여야만 해요. 나는 단지 기다리고 있다고 생각해요. 나는 여기로 돌아올 걸 알아요. 나는 여기서 배우고, 지구에 있던 동안 일어났던 것들을 볼 수 있고, 평가해요. 왜냐하면 나는 이제 지구 세상의 영향력에 매여 있지 않으니까요.

D: 배울 때는 모든 것을 당신 스스로 하나요? 아니면 누군가가 당신을 돕는 건가요?

S: 필요하면 도움을 얻어요. 내가 찾거나 요구하거나 질문할 때, 모든 것이 다가오고 그곳에 있어요.

D: 누가 당신을 가르치죠?

S: 지도자들. 각 수업마다 여럿 있어요. 그들은 우리 스스로에 대해 공부하도록 가르쳐요.

D: 어떤 모습인가요? 옷을 입고 있나요?

S: 그들은 도포^{robes}(길고 느슨하게 입는 가운 스타일의 옷-옮긴이)를 입고 있지만 항상 그런 건 아니에요. 기본적으로 여기서 우리가 보이는 방식은 여러 가지 형태의 심령체^{ectoplasm}(혼령적 형태-옮긴이)예요. 때때로 몸의 형태로 어떤 사람들을 볼 거고 옷을 입고 있는 것처럼 보일 테지만, 그들은 차라리 희고 투명하게 보일 거예요. 때때로 좀 더 견고하게 보이길 원하면 그렇게 하기도 해요. 그들이 입은 것처럼 보이게 하고 싶은 어떤 종류의 옷이든 특정 순간에 나타내고 싶은 이미지 형태의 부분으로 나타날 거예요.

D: 그럼 그들 모두가 서로 비슷한 형태로 보이지는 않겠네요?

S: 그렇지요. 어떤 특정한 이조차도 매번 똑같이 보이지는 않을 거예요. 그건 그들이 성취하고 싶은 것에 달려 있어요. 지금 이곳에서는 도포를 입고 있군요.

D: 학교에서는 뭘 배워요?

S: 삶의 경험과 그 영향을 공부하고 있어요. 나는 배우고 알기 위해 오래, 열심히 공부해요. 경험의 조각들을 함께 놓고 그것들을 내 경험적 의미로 만들기 위해 통합하죠. 그리고 나 자신에게 물어요. '이런 것들이 나에게 어떤 영향을 주었지?'

'내가 그걸 어떻게 다루었지?' 여긴 무척 평화롭고 조용해서 스스로 고립된 시간을 많이 가져요. 나는 생각하고 있는 것들을 훑어보아요. 때때로 나는 경험들을 거슬러 올라가서 이해하려고 해요. 알다시피 인간의 삶에서 판단은 행동을 정당화할 수 있는 이유 쪽으로 기울어요. 여기서는 분석할 수 있어요. 그래서 객관적으로 무슨 일이 일어났는지 더 진솔한 관점을 얻기 위해 다시 그 상황을 겪어요. 지난번의 실수를 반복하지 않기 위해, 내가 왜 그렇게 행동하고 반응했는지 이해하려고 해요. 여기에는 우리가 배워야 하는 교훈, 다루게 될 까르마에 대한 많은 지식이 모여 있어요. 우리는 인간의 본성을 다루는 것과 삶에서 직면하게 되는 문제들에 대해 많은 것들을 배워요. 또한 내가 직면할 문제들, 그것과 관련되어 내려야 할 결정들도요. 이 과정을 통해 나는 성장하고 확장하는 법을 배우게 될 거예요.

D: 거기 있는 동안 이런 문제들을 직면하나요?

S: 아니요, 내가 다음에 태어날 때요. 나는 다시 보내질 때를 준비하고 있어요.

D: 당신이 직면하게 될 문제들이 무엇인지 그들이 이야기해 주었나요?

S: 일부만 그래요. 많이는 아니에요. 우리는 단지 내가 결정해야 하는 것을 살펴보고, 내가 다루고 싶은 일과 내가 다루고자 하는 문제들이 무엇인지에 대해 이야기해요.

D: 당신 말은 당신이 다루고 싶은 것이 무엇인지 알아내려 한다는 뜻인가요? 혹은 당신이 해야만 하는 무언가가 정해져 있나요?

S: 해야만 하는 무언가가 있지만, 지금은 단지 배우는 상황이에요.

D: 다음 생에 직면해야 할 문제^{problems}가 많을 거라고 생각하나요?

S: 당신이 문제라고 생각하는 것이 무엇인가에 달렸어요. 그중 일부는 단지 결정들이고 내가 어떻게 나 자신과 타인과의 관계를 다룰까에 관한 거예요. 지구에서 무언가를 겪을 때 그게 좋든 나쁘든 중요한 것은 당신의 태도^{attitude}, 그것을 받아들이는 방식이에요. 가령 어떻게 패배를 다루는지, 어떻게 성공을 다루는지, 어떻게 상황과 문제를 다루는지, 어떻게 실패를 받아들이는지, 혹은 당신이 자애로운지^{gracious} 등등이요. 알다시피 당신의 삶의 상황들, 이 모든 것들은 당신이 누구이고 어떤 존재인지를 나타내는 총체예요. 그리고 자기기만$^{self-deception}$, 이건 심각한 거지요. 그런 사람들은 정직하지 않고 어떤 것들을 볼 수 없어요. 그들은 왜 그렇게 했는지 변명하고, 정당화하고, 모든 진실을 잃을 때까지 상황을 왜곡해서 보죠.

D: 지금 어려움을 겪고 있는 특별한 수업이 있나요?

S: 나는 자신을 대변하기 위해 나서는 걸 배워야 해요. 좀 더 강

하게 요구할 수 있어야 하고, 사람들이 나를 너무 많이 조종하게 두지 말아야 해요. 내 문제의 일부는 너무 오래 머뭇거리는 것이고, 그 일이 그렇게 큰일이 아니라는 것, 그리고 늘 그 상황을 맴돌고 있다는 것을 언제나 알고 있었어요. 큰 차이를 만들지 않는다고 생각해서 사람들이 나를 조종하도록 그냥 내버려두었죠. 나는 좀 더 단호해지고 과감하게 결정하는 법을 배워야 해요. 그런데…… 나는 그렇게 하는 걸 별로 좋아하지 않아요.

D: 당신이 이런 상황들을 자신에게 일어나게 해서 해결할 수 있게 만드나요? 혹은 그런 계획을 미리 세우나요?

S: 그런 여러 상황들을 만들 수 있다고 생각해요. 때론 우리 마음속에 있는 무엇이든 떠올리죠. 우리의 영체는 어떤 것을 배울 필요가 있는지 알고 있고, 지구의 우리는 무슨 일이 진행되는지 인식하지도 못하는 사이에 상황들을 만들어요. 그러나 그건 항상 이유가 있어서 일어나죠. 내가 지구에 있을 때는 잘 모를 수 있어요. 나는 정말 어떤 결정을 내리지 않아요. 단지 그런 일들이 우연히 생기는 거라고 생각하죠. 그러나 그 모든 것들은 생각을 거친 것들이고 목적을 갖고 계획한 거예요.

D: 누군가 당신이 이런 계획들을 만드는 것을 돕나요?

S: 네, 가끔은 여기 있는 다른 사람들이 나를 도와줘요. 실제로 나에게 많은 도움을 주는 한 여자가 있죠. 나를 진심으로 돌

봐줘요. 때로는 어떤 인생에서, 예를 들면 내가 어린 시절을 보낼 때 그녀의 존재를 좀 더 인식하는 것 같아요. 내가 모든 일에 관여하고 있을 때는 그녀의 존재를 딱히 인식하지 못하죠. 여기서 때때로 그녀는 내게 삶에서 어떤 행동이 얼마나 영향을 미치는지 보여줘요. 그녀는 벽에 영화 스크린처럼 그것들을 비춰요. 그리고 이렇게 말하죠.

"이게 당신이 이런 일을 하면 생기는 것이고, 이게 당신이 직면하게 될 문제들이에요."

그러니까 내가 그걸 인지하지 못하고 있을 때, 그녀는 설명해요. 삶에서 무언가 잘못되었다는 걸 알았지만 내가 그걸 볼 수 없었을 때는 어려움들이 있었죠. 때로 그녀는 내가 알 필요가 있는 지식을 배울 수 있는 형태로 만들었어요.

D: 당신은 여기에 얼마 동안 머물 건지 알아요?

S: 그리 길지 않아요. 그걸 겪을 필요가 있다는 걸 나는 알고 있어요. 내가 할 수 있는 모든 것을 배우고 싶어요. 할 수 있는 한 나를 위한 모든 배움을 계속하려고 해요. 가끔은 꽤 많이 알았다고 생각하는데 그러면 꼭 내가 결코 생각해본 적 없는 일이 생기죠. (생각에 잠긴듯이) 내 짐작에 당신은 그걸 결코 완전히 이해하지 못할 거예요. 그러나 완벽을 향해 노력할 수는 있죠. 그건 뭔가를 용광로에 넣고 정제하는 것 같은 거예요.

D: 지구를 경험하는 것이 좋아요?

S: 글쎄요, 더 이상 배울 것이 없다고 생각해도 매번 여기서 다

른 것들을 배우죠. 나는 약간 저항적인 경향이 있어요. 극복했다고 생각하고 싶지만, 아직 그렇지 않다는 걸 알고 있고요.

D: 지구로 돌아가서 다시 몸을 가져야 하는 건 의무적인가요? 혹은 선택할 수 있나요?

S: 반드시 해야 하는 건 없어요. 그게 가장 적합하다면 그래야죠. 그게 할 수 있는 최선이겠죠. 육화해야 한다는 규칙은 없지만, 누가 영원히 윤회하지 않는 길을 선택할 거라고 말할 수 있겠어요? 그건 관련된 삶의 힘에 달려 있는 거죠. 나는 여기에 머무르며 배울 수도 있고 다시 돌아갈 수도 있어요. 아마 돌아갈 거예요. 나는 평화를 보고 있고 그 도전을 위한 준비가 되어 있다고 생각해요.

D: 당신이 언제 돌아갈지에 대한 어떤 결정을 했나요?

S: 내게 필요한 어떤 사람들을 발견하면 선택하곤 하죠. 당신은 다른 사람들과 연관involved되지요. 유대 관계를 형성하고 감정들을 갖게 되죠. 당신은 열려 있고, 느끼고, 지각하죠. 그리고 그들의 삶은 당신에게 영향을 미치게 돼요.

D: 그런 건 모두 미리 계획되어 있나요?

S: 돌아가려는(지구로-옮긴이) 영혼은 많고, 일부만 돌아갈 수 있으니 그래야죠.

D: 이 모든 결정들을 당신 혼자서 하나요?

S: 아뇨, 우리 몫은 적어요. 선생들teachers과 지도자들이 우리가

102

주요 결정들과 주요 사건들을 결정하는 걸 돕죠.

D: 복잡하게 들리네요.

S: 맞아요. 혼자 해결하기엔 너무나 복잡할 거예요. 게다가 모든 사람들이 자신을 위해 극도로 쉬운 일들만 일어나게 하고 어떤 문제도 없게 하려는 게 사실이죠. 그러나 그런 방식으로는 결코 성장할 수 없어요.

D: 되고 싶은 사람의 유형을 스스로 선택할 수 있어요?

S: 사람들은 각자의 특성들을 갖고 있어요. 지금껏 지내왔던 모습과 행동해온 모든 것의 총합이 그 사람인 거예요. 어릴 때 주위 사람들에 의해 약간 영향을 받을 순 있지만 그건 첨가된 요소 같은 거예요. 그게 그 사람을 실제로 바꾸진 않아요. 당신은 당신이고, 당신이 한 일이고, 당신이 말한 것이고, 당신이 생각한 것이고, 당신이 어떻게 살고, 모든 상황을 어떻게 다루었는지가 바로 당신이죠. 당신은 이 모든 것들의 총합이에요.

D: 자유의지free will는 어때요?

S: 각 영혼은 어떤 인격체를 갖고 있어요. 그렇기 때문에 어떤 상황에서 그 사람이 어떤 결정을 할지, 그 결정들이 곧 그 사람이기에, 우리가 안다는 그 사실 속에 자유의지가 있는 거죠. 다른 전생들 속에서 그들이 해온 것에 기초하면 그 인격체는 쉽게 예측 가능해요. 어떤 일이 일어나는 것을 바꾸거나 그 특성에 반해서 행동함으로써 막을 수는 있지만, 사람

이 극적으로 바뀌기는 힘든 일이에요.

D: 이런 일들은 정해져 있고 예정된 방식대로 된다는 게 당신이 말하는 것의 의미라고 생각했어요. 당신은 그것에 대해 어떤 것도 말할 게 없다고 말예요.

S: 우리 자신이 스스로 결정을 하지 않는 한 우리는 배우지 못할 거예요. 자신의 실수를 다뤄야 해요.

D: 그러면 운명결정론이 맞는 건가요?

S: 당신이 인식하는 운명은 온전히 당신 자신의 것이라는 차원에서는 그래요. 그러나 "당신은 이걸 하게 되고, 저걸 하게 될 거야. 그리고 이 사람과 저 사람은 다른 것들을 하게 될 거야"라는 식으로 하늘에 있는 어떤 신에 의해 결정되는 건 아니에요. 당신의 미래에 예정된 운명은 전적으로 당신 자신의 것이에요. 왜냐하면 당신 스스로가 어떤 경로를 택할지를 결정하니까요. 여기서 내가 말하는 '당신'은 스스로 생각할 수 있는 범위보다는 더 넓은 범위를 뜻한다고 말하는 게 더 적절할 것 같아요. 우리 안에는 우리가 인식하는 것보다 훨씬 더 거대한 부분이 있어요. 우리 각자는 우리 내면 속 빙하의 일부분이고, 이 빙하가 우리의 운명을 선택해요. 그게 당신이 '불쾌하다'고 부를 그런 경험을 어떤 신, 하늘의 구름 속에 보이지 않는 어떤 신성^{deity} 탓으로 돌리기에 너무 쉬운 이유예요. 어떤 사람은 이렇게 말해요. "당신은 헤매고 통곡하고 이를 악물어야 할 테지만, 당신 곁의 다른 사람은 영화를 누리

고 사치스러운 삶을 즐길 거야"라고요. 결코 그렇지 않아요. 그건 우리 모두가 자신의 매우 제한적인 관점에서 말하고 있는 것에 불과해요.

D: 그럼 모든 것이 '운명으로 예정'되어 있지 않다는 건가요?

S: 어떤 부분에서만 그래요. 그들은 내가 말했듯이, 우리가 그 인격체를 알고, 그 사람이 궁극적으로 그런 결정을 하게 될 거라는 것을 알고 있다는 사실에서 예정되어 있는 거죠. 그 인격체는 기본적으로 같은 상태로 머물러요. 그건 우리가 성장함으로써 변할 뿐이에요.

D: 그러면 당신은 그들이 수행할 어떤 상황에 대해 생각하고 있는 거군요. 어떤 사람들은 우리가 주위에서 일어나는 일들에 대해 어떤 선택도 할 수 없다고 말하지요.

S: 그건 단지 "그 문제에 대해 어떤 선택의 여지도 없는데, 무슨 일이 일어나는지 왜 걱정해야 하지? 어쨌든 일어나고 말텐데!"라고 말하는 사람들의 방식에 불과해요. 하지만 그건 매우 게으르고, 성장하길 원치 않는 사람들의 방식일 뿐이에요.

D: 그럼 그들은 그것에 대해 말할 충분한 여지를 갖고 있겠어요. 당신이 만날 사람과 어울리게 될 사람들이 미리 계획되어 있다고 생각하나요?

S: 일정 부분에서는 그래요. 왜냐하면 삶을 통해 만나는 대부분의 사람들과 이전에 어떤 종류의 유대를 갖고 있기 때문이

죠. 두 명 혹은 그 이상의 사람들 사이에서 해결해야 하는 일이 있을 거예요. 때로는 세 명이 함께 오고, 때로는 전체 집단으로 함께 와요. 이 사람들과 해결해야 하는 것들을 가지고 오죠. 어떨 땐 당신은 그들 사이에서 태어나요. 그게 상황을 쉽게 만드니까요. 이건 또 '왜 어떤 부모들과 자녀들은 서로 어울릴 수 없는가?'를 설명하기도 해요. 왜냐하면 그들은 이전에 서로를 싫어했으니까요. 그들은 적어도 무언가를 함께 해결하고자 하는 결심을 했지만, 그걸 잘 다루고 있지 못하고 있는 거죠.

D: 그러나 당신이 육신으로 들어오면 이런 것들을 기억하지 못하잖아요.

S: 맞아요. 그러나 그들의 의식을 자극하는 방법들은 항상 있어요. 단지 시간이 걸리고 공부가 필요할 뿐이에요.

D: 많은 사람들이 내게 우리는 왜 과거의 삶들을 기억하지 못하느냐고 물어요. 우리가 의식적으로 이런 까르마적 인연에 대해 알았더라면 많은 도움이 될 거라고 생각하죠.

S: 그렇지 않을 거예요. 오히려 상황을 더 복잡하게 만들 거예요. 끊임없이 우리를 자극하는 셀 수 없이 많은 과거 삶들의 기억을 갖고 있다면 우리가 일상 속에서 얼마나 살아가기 어려울지 상상할 수 있겠어요? 우리가 이 생애 동안 해결해야 하는 교훈에 결코 집중할 수 없을 거예요. 가끔씩 우리가 어릴 때는 과거의 연결들을 기억해요. 왜냐하면 여전히 그것과

가까이 있으니까요. 그러나 자라면서 갖게 되는 많은 기억들이 이런 기억들을 덮어버리고, 우리는 잊어버려요. 그것들은 여전히 잠재의식 속에 그대로 있지만. 결론적으로, 우리는 다른 일 대신 이 일을 해야 한다는 느낌이 들 때는 그 느낌을 따라요. 그건 우리의 잠재의식이 까르마의 어떤 면을 미묘하게 상기시키기 때문이에요.

D: 바로 전에는 그렇게 하지 않던 어떤 것을 말하는 건가요?

S: 네. 그것이 일반적인 까르마에 있어 과거 까르마의 일부를 발견하는 한 방식으로, 당신이 최면술의 이런 기술과 다른 의료적 기술들을 개발할 수 있었던 이유죠. 그래서 이와 관련된 사람들이 더 신속하게 진보할 수 있는 거예요. 부분적으로는 물병자리 시대(1960년대에 시작해서 2,000년간 지속된다는 새로운 자유의 시대-옮긴이)로 진입하는 것과 관련이 있어요.

D: 그건 아주 작은 지름길이죠. 하지만 많은 사람들이 스스로 이런 것들을 기억할 수 있어야 한다고 생각해요. 그게 그들의 문제들을 해결하는 데 도움이 될 거라고 생각하거든요.

S: 그들은 자신에게 너무 많은 것들을 기대하고 있어요. 그건 보통 그런 식으로 일어나지 않아요.

D: 그들이 겪었던 문제들을 기억한다면 좀 더 쉬울 것 같아 보인다는 거죠.

S: 다시 말하지만 그러면 더 어려울 거예요. 왜냐하면 그 기억이 과거의 편견들을 함께 가져올 거니까요. 그게 우리가 피

하려고 하는 것들이에요. 어떤 경우에는 그게 도움이 될 수도 있어요. 어떤 사람들은 다른 사람들보다 그걸 좀 더 잘 다룰 수 있지요. 그러나 대부분의 경우에는 그렇게 되지 않아요. 과거의 감정들 때문에 여전히 화가 나 있다면 가져오는 건 논리적이지 않은 화밖에 없거든요.

D: 하지만 사람들은 "그들과 전에 무슨 일을 겪었는지 기억한다면, 훨씬 더 잘 이해하고 잘 다룰 수 있을 텐데"라고 말하죠.

S: 그게 항상 진실인 건 아니에요. 현재 불만을 다룰 수 있을 만큼 그들이 성숙하다면, 이전의 행위 속에서 그것들을 다루기에 이미 충분하게 성숙해 있었을 테죠. 그들은 그것을 겪기 이전의 문제를 받아들일 수 없는 거예요.

D: 어떤 사람들은 기억하지 못하는 게 더 낫다고 생각하는군요.

S: 네, 전반적으로는. 하지만 모든 규칙에는 예외들이 있지요.

D: 일부 사람들의 인격체는 어쨌든 이런 것들을 이해하기에 충분히 진보해 있지 않다는 거죠?

S: 맞아요.

D: 당신은 까르마가 무엇인지 알아요?

(까르마의 일반적 정의는 원인과 결과에 대한, 균형을 위한 우주 법칙으로 좋은 것과 나쁜 것 모든 것이 되갚아지고 균형이 맞추어지는 것이다)

S: 나는 그 단어 자체를 생각해요……. 하지만 여러 사람들이 자신만의 의미를 더해왔어요. 그건 정말 표현하기 어렵지만

일반적인 단어로는 사랑하는 걸 의미해요. 만약 당신이 살인을 한다면 결국엔 그것을 다시 직면해야 한다는 걸 알고 있어요. 예를 들면, 당신이 돈을 위해 살인을 했다고 해봐요. 그럼 당신은 그걸 극복할 수 있을 때까지 다시 동일한 일 주위로 되돌아와야 해요. 상황들은 자주 거꾸로 바뀌어서 이번에는 당신이 돈을 위해 죽게 될 거예요.

D: 와, 상황이 완전히 뒤집히는 거네요.

S: 혹은 모든 즐겁고 좋은 것들이 있는, 마음에 드는 삶을 떠나야만 하죠. 당신은 그걸 짧게 끝내요. 따라서 당신은 무언가의 상실을 경험해야 해요. 모두 되돌아오는 거예요.

D: 그것을 되갚는 다른 방법들도 있다고 들었어요. 삶을 되갚는데 '눈에는 눈, 이에는 이'일 필요는 없잖아요.

S: 당신이 어떤 사람에게 매우 부당한 일을 했다고 생각해 보지요. 당신이 그들에게 뭔가 잘못을 해요. 그러면 당신은 다른 삶으로 되돌아와서 그들을 섬겨야 할 거예요. 당신이 과거에 그들에게 했던 잘못을 보상하기 위해서는 그들을 돌보아야 하고, 섬겨야 하고, 보호해야 할 거예요. 그래서 때로 그건 한 삶의 헌신이에요. 다른 사람을 위해 자신을 포기하는 것 말이에요. 당신이 하는 것은 어떤 식으로든 항상 합당하게 처리되지요.

D: 당신은 어때요? 당신은 어린 영혼인가요, 혹은 오래된 영혼인가요?

S: 모든 영혼들은 동일한 수준으로 함께해 왔어요. 우리 중 일부는 개인적인 이유로 다른 이들보다 더 자주 몸속으로 육화하는 것을 선택해왔죠. 그게 '어린 혹은 나이 든 영혼'이라는 의미를 갖게 된 거예요. 어떤 이들은 지구적 경험이라는 의미에서 어리죠. 나는 자신과 다른 사람들을 돕기 위해 실체적인 방식tangible way으로 일하는 걸 좋아해요. 그래서 계속해서 돌아오는 경향을 갖고 있죠.

D: 어린 영혼은 지구에서의 경험이 많지 않은 이들인가요?

S: 맞아요. 혹은 단지 다른 차원들에서만 경험하거나. 왜냐하면 지구가 의식의 유일한 차원은 아니니까요.

D: 당신은 '학교에 가는 중'이라고 말했죠? 거기에서 학습을 받았다고요. 영체 세상에 있는 동안 배울 수 있다면, 왜 굳이 육체적 형태로 존재하는 것이 필요하죠?

S: 한 가지 사실 때문에 중요한 의미가 있어요. 그건 한 권의 책을 읽는 것 같다는 거예요. 책을 다 읽었을 때, 그 지식은 우리 내부에 있지만 아직 활용하진 않았죠. 그리고 이 지식을 우리가 사용하지 않는다면 가치가 없어요. 우리는 바꿀 어떤 이유를 경험하지 않고서는 자신을 바꿀 수 없어요. 그 문제를 직접 경험하거나 살아낸다면 더 강하고 개인적인 것이 되지요. 어떤 것에 대해 단지 읽기만 했을 때는 그렇게 강하게 느끼진 않죠. 책을 읽음으로써 어떤 일을 어떻게 할 수 있는지에 대해 배울 수는 있지만, 우리가 실제적인 경험을 하

지 않으면 잘 실감나진 않아요.

D: 몸을 가지고 지구를 경험하는 건 어렵다고들 해요. 그건 학습하기 어려운 방법이라고요. 그게 사실이라고 생각해요?

S: 학습하기엔 어려운 방법이 맞아요. 그러나 그만큼 더 오래 남아 있죠. 우리가 겪는 모든 고난들을 통해 학습할 수 있다면, 그건 우리에게 오래 남을 거예요.

나는 이것을 대학 수업의 화학 시간에 비유할 수 있다고 생각한다. 우리는 책을 통해 많은 실험을 어떻게 이행할 수 있는지 배울 수 있지만, 실제로 그 과정에 참여하여 화학물질들을 섞고 그 결과를 보기 전까지 그 실험은 단지 책 속의 단어로만 남아 있을 뿐이다. 우리는 경험을 통해 그 과정과 결과를 보다 완벽하게 이해한다. 많은 대학 학위 소지자들은 그들의 삶 속에 적용할 수 없는, 단지 책 속 지식만을 갖고 있다. 실제적 경험이 필요한 시점이 바로 이런 때일 것이다. 이 예는 기술자들과 다른 유사한 직업에도 적용될 수 있으며, 책을 읽는 것과 그 재료를 실제로 다루는 것에 비교할 수 있다.

D: 당신이 얼마나 많은 삶들을 살아왔는지 알고 있나요?

S: 생각할 수도 없을 만큼. 아마 백 번? 혹은 그 이상. 세는 건 이제 포기했어요.

D: 계속 세고 있기가 힘든가요?

S: 첫 50번째 이후로는 그래요.

이 상황이 이해가 갔다. 언젠가 한 여성과 일 년에 걸쳐 단지 26번의 삶만 살펴보았을 뿐인데도 그것들은 전부 하나로 섞여 희미해졌고, 그것들을 서로 구별하는 데 어려움을 겪기 시작했다. 나는 그것들이 서로에게 어떻게 영향을 주고, 어떻게 통합적 인격체를 구성하는지 볼 수 있었다. 마치 하나하나 퍼즐 조각을 맞추는 것처럼.

D: 기록들을 어디엔가 보관하나요?
S: 그렇게 하지만 그건 중요하지 않아요. 중요한 건 경험이지요.
D: 아카식 기록^{the Akashic records}이라고 불리는 것을 들어본 적 있나요?
S: 네, 삶에 대한 기록들이죠. 그 기록들을 관리하는 수호자^{guardians}라는 존재들이 있는데, 그들은 그것들을 읽을 수 있어요. 오랫동안 연구하고 작업해온 어떤 이들은 일부 열람할 수 있고요. 하지만 여전히 육화하고 있는 사람들 중에 전체 기록에 접근할 수 있는 사람들은 극소수에 불과해요. 적어도 내가 아는 사람들 중에는 없어요.

그런데 다른 한 영체는 이런 기록들에 좀 더 쉽게 접근할 수 있다고 알고 있었다.

D: 아카식 기록에 대해 들어본 적이 있어요? (그녀는 망설였다) 아마 당신은 그걸 다르게 부를지도 몰라요. 당신이 살았던 모든 시간의 기록들이 어딘가에 있다고 생각해요?

S: 내 생각엔 우리가 해온 모든 것을 기록하는 '삶의 책the Book of Life'이라고 부르는 걸 말하는 것 같은데요. 그건 저기 너머 스탠드 위에 있어요. 아주 커요.

D: 그게 단지 당신만의 기록이에요? 아니면 모든 사람들의 것이 에요?

S: 글쎄요, 다들 그곳에 가서 참고자료로 그걸 볼 수 있어요. 어떤 페이지를 펼치고 그 안을 들여다보고 나면, 내가 보고 싶은 것을 비추죠. 다른 사람이 보면, 그땐 그들이 보려는 것을 보여주고요. 일종의 마법 같은magical-type 책이죠.

D: 나는 모든 사람들의 기록이 어떻게 한 책에 있을 수 있는지 무척 궁금하네요. 그건 정말 큰 책일 것 같은데요.

S: 당신이 발견하려고 하고 찾으려고 생각하는 것은 그냥 거기에 다 있어요.

또 다른 어느 영혼은 아카식 기록을 보다 개인적인 차원에서 설명하려고 했다.

S: 당신의 믿음 체계에 걸맞게, 당신이 찾으려는 개인적인 정보를 끌어내기 위해 접근할 수 있는 아카식 기록들이 있어요.

아카식 기록이라는 의미가 완전하게 이해되지는 않을 거예요. 이제 우리가 이걸 정의하면 좋겠네요. 아마 당신의 은행에 있는 금고 상자에 비유해서 사용할 수 있을듯해요. 그 개인적인 상자들 속에는 당신의 개인 소지품들을 보관하죠. 은행이라는 의미는 일종의 저장 창고지만, 각 개인의 상자는 오직 당신에게 관련된 것들만 저장해요. 그리고 실제로 당신 자체가 그 저장고라는 것 또는 당신 자신의 에너지 금고 저장 상자라는 것을 알 수 있어요. 단지 당신만의 특정한 귀중품 보관소나 상자로 가서 찾고 싶은 정보를 꺼내 보는 것뿐이에요. 그러나 당신 스스로가 이 정보를 위한 수용처인 거죠.

D: 이 금고 상자는 우리의 과거 삶들과 함께 미래의 모든 기록들도 저장하고 있나요?

S: 지금 이 시간에 당신에게 적절한 것들만 담고 있어요. 물론 당신이 알기에 적절하지 않은 정보와 관련되어 있는 질문들이 있을 수 있고, 따라서 당신의 특별한 상자에선 그런 종류의 것을 발견할 수는 없을 거예요.

D: 어떻게 정보들이 그 상자 속에 저장되죠? 우리가 살고 있는 삶으로? 혹은 우리가 생각하는 생각 형태로? 아니면 뭐죠?

S: 당신이 경험한 모든 것, 당신의 삶에 관련된 모든 경험의 조각들이 당신이 경험하는 대로 이 속에 자동으로 채워지죠. 마치 당신 삶의 기록 테이프처럼요. 그리고 그것은 나중에 언제든지 참고할 수 있어요.

D: 다른 사람들이 그 테이프에 접근할 수 있나요?

S: 물론이에요. 당신도 이미 당신(돌로레스를 지칭-옮긴이)의 일을 통해 알고 있듯이.

D: 그건 우리가 평행적 삶$^{parallel\ life}$의 상태라고 부르는 것에서 일어나는 것인가요?

S: 다른 아카식 기록들과 동시에 교차해서 참고하는 것과 다른 사람들이 겪었던 경험들의 인상을 받아들이는 것은 실제로 가능해요. 이건 생각하는 것만큼 드문 건 아니에요. 공감적 반응이 정교하게 이 기제의 효과로 작용하죠.

D: 다시 말하자면, 우리가 과거 삶을 탐험할 때 타인의 아카식 기록을 조사할 수도 있겠군요.

S: 혹은 아마도 당신 자신의 것을.

D: 그 차이를 구분할 수 있는 방법이 있나요?

S: 구분하는 것이 의미가 있나요? 당신에게 재생된다^{replayed}는 사실이 관련 있다는 증거예요. 따라서 누구에게 그 기록이 속해 있는지에 대한 구별은 필요치 않아요. 재생된다는 그 사실이 어떤 특별한 시간에 당신에게 재생되는 것이 적절하다는 의미예요.

나는 또한 우리가 알기에 적절하지 않은 것들이 있다고 들었는데, 그런 질문들에 대한 대답은 들을 수 없을 것이다. 어떤 정보는 약이 아니라 독이 되며, 그것에 대해 우리가 모르는 편이 더 좋다는 것이다. 이는 우리 자신을 보호하기 위한 검열의 형태다.

D: 한 사람의 삶에 대한 모든 것이 하나의 에너지로 기록된다는 이론이 있는데요. 당신은 테이프 녹음기의 비유를 사용하죠. 그러나 생각과 행동과 그 모든 것이 에너지를 만들어 내고, 이 에너지는 그대로 보존되어 남아 있다는 의견들이 있어요. 이게 금고 상자에 대한 좋은 유추인가요?

S: 정확해요. 필요하다면 이걸 지우는 것도 가능해요. 예를 들면 유대인을 불태우는 경험, 아우슈비츠의 소각장 같은 아무런 유용한 목적이 없는 기록들로부터 특정한 부분을 제거한다든지 하는.

D: 우리가 결심하면 의식적으로 그렇게 할 수 있나요?

S: 당신이 할 수 있는 건 아니에요. 현재의 의식적인 당신은 전체적 자신entire self의 아주 작은 부분에 불과하거든요. 그 정보를 지키는 이들과 상의해서, 당신의 전체적 자신이 그 결정을 할 거예요. 그것은 의식적인 수준에서 이루어지지 않아요. 왜냐하면 당신의 경험 중 어떤 특정한 부분이 지워지는 것이 적절한지를 결정할 접근 권한이 당신(현재의-옮긴이)에겐 없기 때문이에요. 이 결정은 당신 자각의 더 높은 형태 또는 단계와 공유하여 기록감독관이 관여하지요.

D: 당신은 아우슈비츠의 화형the ovens of Auschwitz 사건(독일의 나치가 유대인을 독살한 후 불에 태워 죽인 사건을 지칭한다-옮긴이)을

지우는 것에 대해 언급했어요. 그건 그 사건의 부정적인 면 때문에 지울 수 있는 건가요?

S: 그것을 경험한 사람들 대부분에게 그 경험은 의도된 게 아니라고 말할 수 있어요. 그래서 그들의 까르마적 보호를 위해, 이 기억이 그들의 연이은 삶에 문제를 일으키지 않도록 이 경험들은 지워질 수 있죠. 그들의 잠재의식이 연이은 생애에 심각한 문제를 일으킬 수 있는 그런 비극적인 사건에 접근할 수 없게 하는 거예요.

D: 그들이 휴식 장소에 갈 때 이런 과정의 일부가 진행되나요?

S: 맞아요. 이런 트라우마적 경험들이 치유 에너지로 열어지는 게 바로 치유 과정이에요.

D: 그런 과정들이 그 범죄의 가해자였던 이들을 포함해서 어떻게 작용하는지 설명해줄 수 있나요?

S: 까르마적 기록이 그들의 잔학행위가 무엇이건 간에 적절한 처벌을 반영할 거예요. 이런 잔학 행위를 쌓음에 있어서는 종교적인 용어를 사용하자면 적절한 속죄penance 또한 주어지니까요. 그에 대한 되갚음payback도 그 재생 과정playback에서 명백해질 거예요. 그리고 다음 육화를 준비할 동안 어떤 치유가 필요한지 판정함으로써 그에 걸맞은 치유 경험이 주어질 거예요.

D: 그 재생 과정이라는 게 궁금해요. 다시 태어나기 전에 그 모든 것을 당신에게 보여주나요?

S: 아마도 사람마다 다를 거예요. 어떤 사람들의 경우에는 전체 사건들이 검토될 거예요. 또 다른 사람들에게는 간단한 개요만 보여질 수도 있죠. 그건 전적으로 특정한 개인과 앞으로 다가올 생애를 위해 계획된 특정 목표에 달려 있어요. 모든 가능성을 포함하는 하나의 광범위한 범주^{blanket statement}를 만드는 것은 가능하지 않아요.

D: 지나온 모든 삶들을 훑어봐야 하나요? 아니면 최근의 근접한 것들만 다루나요?

S: 근접한 삶뿐만이 아니라 특정 까르마와 작용하기 위해 현재로부터 상당히 멀어졌다고 느끼는 것들도 다루어요. 어떤 사람이 죽을 때, 그들의 다음 생각^{next thoughts}은 그 삶에서 행해졌던 까르마만 특별히 다루는 것이 아니라 연이은 이전의 삶들과 함께 다룰 거예요. 그전에 일어났던 일들과 직접적으로 대면하는 것을 당신이 감당할 수만 있다면.

D: 경험한 모든 삶을 돌아가서 살펴보는, 점수를 매긴 카드 같은 것을 들고 있지는 않다는 말이에요?

S: 한꺼번에는 아니에요. 그 기록들은 전부 거기에 있어요. 하지만 한 번에 다루기엔 너무 많은 까르마일 거예요.

D: 당신이 전체적인 것을 살펴보고 "이제 아주 오래전의 삶들로 인한 까르마를 교정하기 위해 이런저런 걸 할 필요가 있다"고 말하지는 않나요?

S: 그것들이 한참 이전부터 존재했었다면, 그 문제들은 보통 이

미 다루어져 왔을 거예요.

D: 당신의 첫 삶이 어땠는지 기억하나요?

S: 그 문제가 교정되었다면 나는 그걸 잊어버리는 경향이 있어요.

D: 나는 늘 당신이 첫 번째로 했던 것을 다른 것들보다 더 잘 기억할 거라고 생각했어요.

S: 꼭 그런 건 아니에요.

D: 전부 합해서 얼마나 많은 삶을 살아야 하는지에 대한 규칙이나 규정이 있나요?

S: 누군가가 매우 모범적인 삶을 산다면 한 삶 안에 그들의 까르마를 완성할 수 있고, 그게 끝이에요. 다른 이들은 계속해서 수많은 생애 동안 그들에게 닥쳐왔던 것들을 해결하고 배울 필요가 있는 것을 배워야 하죠. 최근에 지구에서 육화하기로 결심해서 이 경험이 완전히 새로운 사람들이 있죠. 다른 이들은 필요가 있는 일들을 계속해왔어요. 어떤 이들은 다른 사람들과 초기에 같이 시작했지만, 삶과 삶 사이에between lives 오랜 기간 쉬었거나 다른 방법들을 통해 배우거나 해서 단지 몇 번의 생애들만 경험한 이들도 있죠.

D: 당신은 육화를 곧장 시작했나요?

S: 매우 짧은 시간 간격을 두고요. 그때부터 지금까지는 매우 긴 시간이죠. 나는 배우고 모을 수 있는 많은 정보들이 있다고 들어왔어요. 이것에 대한 나의 설명이 다른 사람들을 도

울 거고, 그러면 그건 또한 다른 이들에 대해 내가 초래했던 까르마를 도울 수 있죠.

나는 이 여성과 일 년의 시간 동안 그녀의 30여 개의 삶을 살펴왔는데 단지 표피적인 부분만을 건드렸다고 느꼈다.

S: 내 모든 삶을 연관시킬 필요는 없을 거예요. 왜냐하면 아마 어떤 것은 편안한 삶들이었을 거고, 이 실체^{entity}(그 삶 속의 자신-옮긴이)를 제외한 다른 이에게는 아무런 의미도 갖지 않으니까요. 그러나 많은 교훈을 얻을 수 있는 삶들이 많이 있죠.

D: 나는 까르마가 각기 다른 방식으로 작용하는 이유, 까르마의 패턴을 보려고 각각의 삶을 연구하고 있어요.

S: 그렇군요. 하지만 당신이 얻는 것 속에서 항상 대답을 발견할 거라고 기대하지는 말아요. 우리의 단계(돌로레스와 현재의 대상자가 대화하고 있는 단계-옮긴이)에서조차도 단지 하나의 견해로 그것을 바라보고 있고, 우리의 견해는 여전히 전체에 비해 매우 작은 부분이에요.

D: 그것들 중 일부는 내가 '단순한 삶', '휴식하는 삶$^{resting\ life}$'이라고 부르는 것임을 발견하기도 했어요.

S: 네, 좋든 나쁘든 더 이상 까르마를 초래하지 않는 것 말이군요.

D: 이런 삶들 중 많은 것들이 정신적^{mental}이거나 지능적인^{inteligent}

삶들이 아니더군요. 말 그대로 물질적이었어요.

S: 그러나 그러한 삶들은 그 실체에게, 그리고 후속 결과의 순환에 중요해요.

'휴식하는 삶'은 하찮은 삶이라고 정의할 수 있지만, 나는 어떤 삶도 정말 하찮은 것은 없다고 생각한다. 하나의 삶은 한 인간에게는 독특한 이야기이고 그런 의미에서 모든 삶은 의미를 갖고 있다. 휴식하는 삶은 길거나 짧을 수 있다. 그건 그 개체가 겪는 정말 예외적이게 어떤 일도 일어나지 않은, 무개성적이고 별다른 의미를 부여할 수 없는 삶처럼 보이는 것이다.

우리는 주위에서 그들을 힘들게 하는 어떤 문제도 없이 마냥 순탄한 삶을 살아가는 사람들을 발견하곤 한다. 그들은 삶의 파동 waves 을 만들지 않는다. 그런 삶 속에도 보상되고 작용하는 까르마가 있겠지만, 적어도 새로운 까르마를 생성하지는 않는 것처럼 보인다. 나는 이런 삶이 모두에게 가끔은 필요하다고 생각한다. 느슨함과 휴식 없이 한 고통스런 삶에서 또 다른 고통을 연속적으로 겪어야 하는 삶을 계속해서 살아갈 수는 없으므로.

휴식하는 삶은 이런 경우에 해당되고, 따라서 그 인격체가 개성 없고 평범해 보일지라도 가치를 지니고 있다. 이것이 현재 우리 주위에 이런 유형의 삶을 살고 있는 사람들을 이해할 수 있게 해줄 것이다. 우리는 이들에 대해 함부로 판단할 수 없다는 사실을 깨달아야 한다. 그 사람이 어떤 유형의 삶으로부터 휴식기를 갖고 있는지,

또는 어떤 삶을 준비하고 있는지, 이전의 삶에서 어떤 성취를 했는지, 다음 삶에서 무엇을 성취할지, 우리는 알 수 없다.

D: 이 학교가 당신이 배울 수 있는 유일한 장소인가요?

S: 아니요, 다른 존재의 차원들에는 다른 유형의 학교들이 있어요. 모든 것을 어느 정도는, 적어도 한 번은 경험해야 해요.

D: 당신은 한 삶을 마칠 때마다 학교에 가나요?

S: 항상은 아니에요. 때론 휴식을 선택하죠.

나는 휴식 장소에 있는 사람들을 여러 번 접해왔다. 그들은 그곳에서는 어떤 이야기도 하고 싶어 하지 않는다. 매우 졸린 목소리로 대답하고, 어떤 정보도 자발적으로 제공하려고 하지 않으며, 마치 어떤 사람이 한밤중에 갑자기 깨어났을 때와 같은 상태가 된다. 아무것도 이야기할 만한 것이 없는 것처럼 어떤 설명도 하지 않는다. 그곳은 그들이 다시 끝없는 삶의 바퀴 속으로 합류할 준비가 될 때까지, 모든 것으로부터 떠나 잠깐 동안(약 일 년 혹은 아마도 수백 년) 아무것도 생각하지 않고, 아무 문제도 없이 머무르는 조용하고 평화로운 곳으로 보인다.

D: 휴식 장소는 당신이 있는 곳과는 다른 장소에 있나요?

S: 아니요, 다르지 않아요. 어떤 사람들은 늘 학교로 왔다가 그들이 어떤 배움의 길로 가기 전에 일정 기간의 휴식 시간을

보내요. 또 다른 사람들은 단지 쉬기 위해 존재하는 장소인 완전한 고요total silence와 무(無)의 정수essence of nothingness가 있는 곳으로 가요.

D: 보통은 아주 충격적인 삶을 보낸 이후에 그곳에 가나요?

S: 또는 그들이 잊고 싶은 것이 없고 그걸 계속 지니기를 원할 때도 그래요.

나는 내 책《기억 속의 다섯 삶들》에 소개한 그레첸의 이야기에 대해 생각하고 있었다. 그녀는 불가능하다는 것을 알면서도 독일에서의 삶으로 되돌아오고 싶어 했었다. 그녀는 그 고집스러운 삶의 모든 기억이 지워질 때까지 끊임없이 휴식 장소로 보내졌다. 그러고 나서야 그녀는 윤회할 수 있었고 평소처럼 작용할 수 있었다.

D: 맞아요, 어떤 기억을 계속 갖고 있기를 바라는 사람을 만난 적이 있어요. 그녀는 그걸 내보내려 하지 않았고 당신이 말한 것과 비슷한 장소로 보내졌죠. 많은 영혼들이 각자 다르게 말하지만 그들은 비슷한 장소들에 대해 묘사해요.

S: 우린 모두 진실의 정수essence of the truth를 갖고 있어요. 우리가 듣고 싶지 않은 어떤 것으로부터 귀를 닫는 대신, 우리가 들은 것들을 모으고 모든 것들로부터 배워야 해요.

D: 아마 당신이 이것을 명확하게 하는 데 도움이 될 것 같아요. 그건 매우 혼란스러울 수 있어요.

S: 혼란은 무지^{ignorance}로 이끌죠.

D: 휴식하는 삶$^{resting\ life}$은 휴식 장소에 가는 것과 같은 목적을 갖고 있나요?

S: 약간은 그래요. 휴식 장소는 그 지점까지의 모든 것을 완전히 지우기 위한 곳이에요. 그리고 휴식하는 삶은 어쩌면 그들이 스트레스로 가득한 삶으로부터 방금 돌아왔고 휴식이 필요하기 때문에 겪는 것이지만, 쉽게 살았다고 해서 꼭 그 인격체를 잊을 필요는 없어요. 휴식 장소는 그들이 지녔던 인격체 혹은 그들이 가졌던 문제들을 잊어버리는 데 어려움이 있는 사람들과 자기화$^{facet\ of\ that\ entity}$를 계속하는 사람들을 위한 곳이에요. 그 인격체가 다음의 삶들에 너무 강한 영향을 미칠 거라서요. 이것이 잊기 위해 휴식 장소에 가야 하는 이유죠.

D: 그럼 휴식하는 삶은 다른 목적을 가진 건가요?

S: 완전히 다르진 않아요. 단지 같은 목적을 가진 다른 각도라고 말할 수 있어요.

휴식하는 삶을 사는 인격체에게는 지나치게 많은 스트레스가 주어지지 않는다. 하나의 단순한 삶 이후에, 더욱 의미 있고 어려운 까르마를 다시 해결해야 할 삶으로 돌아갈 수 있다. 스트레스가 많은 삶으로부터 또 다른 어려운 삶을 곧바로 이어가는 것은 힘든 일이다. 그래서 우리는 아마 속도를 늦추고 잠시 탄력적일 필요가 있을 것이다. 휴식하는 삶은 그러한 목적에 완벽하게 부합할 것이다.

D: 그 모든 것에는 이유가 있는 것 같군요. 그렇죠?

S: 모든 것에는 다 이유가 있죠.

D: 당신은 학교에서 배우는 사람이지만, 또한 나를 가르치는 것
처럼 보이네요. 우리는 모두 성장할 가능성을 가지고 있어
요. 그렇죠?

S: 그리고 나는 여전히 따라야 할 긴 여정을 갖고 있죠.

나는 그녀에게 여러 가지 배움의 장소^{places of learning}들에 대해 계
속 설명해달라고 요구했다.

S: 필요에 따라 셀 수 없이 많은 학교들과 휴식 장소들이 있어
요. 때때로 그곳으로 되돌아가 그 삶에서 필요했던 배움을
살펴보고, 성취한 것이 무엇인지 알아보죠. 그리고 때론 곧
바로 다른 삶으로 가요.

D: 이런 과정에 대한 어떤 규칙이나 규정들이 있나요?

S: 선택한 것이 자신인 경우에는 아니에요. 이어서 감당해야 할
것들이 너무 많다고 느낄 때는 학교에 와서 그것을 해결하려
하거나 휴식 장소로 갈 거예요.

D: 곧바로 다른 삶으로 갈 수도 있나요?

S: 네, 영혼이 원하는 경우에는.

D: 아주 많은 시간을 기다려야 할 거라고 생각했는데요.

S: 항상 그런 건 아니에요. 그들에게 주어질 것들, 즉 그들에게 던져진 문제들을 다루는 그 영혼의 특별한 역량에 달려 있죠. 어떤 이들은 한 존재에서 다른 존재로 넘어갈 수 있게, 혹은 그냥 잊기 위해 존재들 사이^{between existences}에 머무를 시간이 좀 더 필요해요.

D: 다시 돌아오기 전에 잊어버리는 게 더 나은가요?

S: 많은 경우에 그래요. 다음 삶을 위해 필요한 교훈을 이어갈 필요가 없다면, 잊어버리는 것이 이로운 이유들이 많이 있죠. 그렇지 않으면 가능하지 않은데도 그 사람은 계속 그전에 겪었던 삶 속으로 돌아가려고 할 거예요.

이런 일은 앞서 언급한 나의 책《기억 속의 다섯 삶들》에서 소개한 독일인 그레첸에게도 일어났던 일이었다. 그녀는 떠나온 삶으로 돌아갈 수 없다는 사실을 받아들이기 위해 휴식 장소에서 지구 시간으로 약 200년을 보내야만 했다. 그녀의 전생은 너무 강렬하고 폭력적인 삶이었기 때문에 그녀가 다시 지구로 돌아올 수 있게 되었을 때, 그녀는 완전히 반대의 성격으로 돌아와야만 했다. 그건 그녀가 지구적 교훈에 대처하고 배움을 이어가기 위한 유일한 길이었다.

D: 잊어버리지 않는 것이 더 나은 경우가 있나요?

S: 그들이 이 삶에서 겪고 경험해야 할 것과 직접적인 관련이 있는, 이전의 존재로부터 배워야 할 교훈이 있는 경우에는 그래요.

D: 그런 경우에는 곧바로 돌아오는 것이 더 나은가요?

S: 가끔은요. 그러나 이전 존재의 지식을 다루기 위해 더 오랫동안 스스로를 준비시켜야 해요.

D: 까르마는 곧바로 돌아오는 결정에 포함되나요?

S: 네. 당신이 어떤 것들을 해결하려고 하는지에 달렸어요. 때로는 다른 차원으로 들어가지 않은 다른 사람들을 기다려야 해요. 언제나 당신 스스로의 선택에 의해 태어나게 되는 것은 아니에요. 당신이 결정을 할 때 일부 지도자들이 당신을 도울 거예요. 또한 그 까르마를 가진 사람들이 함께 작업해야 할 필요가 있지요.

D: 다른 사람들도 동의해야 하나요?

S: 상황에 따라 달라요. 그들의 동의가 항상 필요한 건 아니에요.

D: 그럼 그들은 그것에 대해 알지 못한 채로 까르마를 위해 일하게 되나요?

S: 그들의 동의 없이는, 그래요.

D: 그런 경우에는 스스로 해결해야 하는 자신의 까르마가 되는군요. 맞아요?

S: 대부분 자신의 것이죠, 맞아요. 따라야 하는 일정한 지침 guidelines이 있고요.

D: 이런 모든 것을 해결하게 돕는 선생들과 지도자들, 그들의 결정이 자신의 동의보다 더 중요한가요?

S: 그렇지 않아요. 많은 경우에 그들은 다른 관점의 각도^{different angel of perspective}에서 그걸 보죠. 그들의 경험에 비추어 보고 그 지혜를 나눌 거예요. 대부분의 경우에 그들의 판단은 옳기에 자신도 역시 그 시각에서 보려 하죠. 이런 식으로 배우게 되는 거예요.

D: 다시 말해 그들은 당신이 보지 못하는 것들을 보는 거군요.

S: 맞아요. 그들은 그 상황에서 한 발 물러서 있기 때문이죠.

D: 말이 되네요. 누구나 스스로를 공정하게 잘 판단하기에는 그 상황에 너무 가까이 있죠. 그럼 어떤 영혼이 원하지 않을 때 돌아오게 되는 경우도 있나요?

S: 어떤 경우에는 그렇죠. 하지만 원하지 않기 때문에 그런 건 아닐 거예요. 그들이 만족하며 보낸 바로 전의 삶에서 남자였는데, 이번에는 여자로 돌아와야 하는 상황이라고 해봐요. 그들이 선택권을 가지고 있다면 그들은 다시 남자가 되기를 선택할 거예요. 이런 일이 일어날 때가 있죠. 그건 주어진 상황에 달렸어요. 이쪽에서는(영계-옮긴이) 훨씬 쉬운 존재로 있을 수 있지만, 영혼은 그만큼 많은 것을 배우지 못해요. 매일의 일상적인 경험이 더 많은 지혜를 가르쳐 주기 때문이지요. 악함과 문제를 가진 사람들을 다루는 지혜들 말이에요. 그건 위대한 지혜에 접근할 수 있는 사람들보다 당신을 훨씬

더 성장하게 만들죠. 만약 올바른 관점에서 그것들을 바라보지 않았다면 그 영혼은 다시 돌아가야 할 거예요. 그들은 경험 속에서 어떤 관점에서 바라보아야 하는지 알게 될 거예요. 누구든지 하나의 삶으로 오기 전에 까르마의 균형을 들여다보고, 어떻게 그렇게 되는지 관찰해요. 그리고 그들 까르마의 어떤 측면이 특정한 상황과 특정한 까르마의 균형에서 가장 잘 해결될 수 있는지를 봐요. 그들의 영적 지도자들은 이 삶에서 성취하고자 하는 것들을 깨달을 수 있게 돕는 제안들을 할 거예요. 아무도 그들이 혐오하는 상황에 처하게 되지 않아요. 그건 일반적으로 그 사람과 그들의 영적 지도자 간 의견의 합의로 이루어져요. 그 삶의 특정한 부분들을 좋아하지 않을지 모르지만, 그 삶의 대부분은 그들이 다룰 수 있는 것들이 될 거예요. 그들이 선호하지 않는 여분의 일들은 그들이 성취하고 해결해야 할 영적 도전들로 여겨지죠. 그들이 신경 쓰지 않는 것들을 어떻게 잘 다루느냐가 그들 까르마의 일정 부분을 해결하게 도와주는 것들 중 하나예요. 영계로 돌아올 때 까르마를 잘 다루는 모습이 보였다면, 그들의 까르마에 좋게 반영되죠.

D: 떠오르는 좋은 사례가 있어요. 이 소녀는 다른 생에서 자살을 했고 이 삶으로 되돌아오게 되어 있었죠. 그 상황과 모든 것이 올바르게 보였지만, 그녀는 정말 돌아오길 원치 않았어요.

S: 때로는 이런 일이 생기죠. 예를 들면 그 영혼이 영계 병원 spiritual hospital에서 지냈고 지도자들은 "자, 이제 돌아갈 시간이에요. 영원히 여기에 머물 수는 없으니까"라고 말해요. 그러면 그 영혼은 두려워서 외부적 저항을 보이죠. 그러나 내면적으로는 그 상황에서 빠져나와 개선되길 바란다면 그렇게 해야 한다는 걸 알고 있어요. 비록 내키지 않아 하더라도, 그 일을 해야 한다는 걸 알죠. 그런 점에서 그들은 이 까르마의 측면을 견뎌내고, 극복하고자 함으로써 더 크고 나은 존재로 계속 진보하게 되죠.

D: 그런 경우에 그들은 돌아가게 되나요?

S: 강력하게 권장되죠. 그들이 영계 병원에 영원히 머무를 수는 없기 때문에 결국엔 돌아와야 해요. 아프고 손상된 영혼들은 건강한 이들보다 좀 더 강한 지도가 필요해요. 그들은 이런 것들을 결정해야 하는 책임을 잊어버렸던 거죠. 돌아오기로 했을 때, 대부분은 "잠깐 기다려! 아직은 되돌아갈 수 없어. 더 배워야 할 것이 있어"라는 말을 듣게 되죠. 대부분은 서둘러 되돌아가서 새로운 인연들과 얽히기 위해 조급해지니까요.

D: 우리가 너무 열정적이란 뜻이군요. (웃음) 그러나 내가 생각하고 있는 이 소녀는 여기에서의 이번 삶이 너무 불행해요. 그녀는 확실히 잘 해내지 못하고 있어요.

S: 잘 해내는 법을 찾고 그 과정에서 행복해지기 위해서는 몇 번

의 생애들이 걸려요. 이번 삶을 자살로 끝내지 않는 한, 그녀
는 바로 그 점에서 진보하는 거죠.

D: 그녀는 동일한 사람들과 다시 어떤 상황으로 돌아와야 했
어요.

S: 음, 의심할 여지없이 그녀의 이번 삶에서 가장 중요한 도전은
삶을 자살로 마감하지 않는 거예요. 왜냐하면 동일한 사람
들을 포함한 그 상황에 다시 처해 있으니까요. 그 도전은 일
상생활 속에서 그런 사람들을 다룰 능력을 갖추고 삶을 짧
게 끝내지 않는 것이죠. 만약 그녀가 이번에 성공하면 다음
삶과 이어진 생애들 속에서 더 잘 해낼 수 있을 거예요. 결국
이어진 생애들 속에서는 모든 사람들 대신 한 번에 한두 사
람들을 잘 다루게 되는 상황으로 바뀌게 될 거예요. 그리고
그녀는 다시 행복해지는 법을 배우게 되겠지요.

D: 나는 우리 스스로가 최종 결정을 할 수 있는 유일한 사람이
라고 들었는데, 이건 다른 누군가가 그녀를 돌아오도록 강요
한 경우였죠. 그래서 모순이라고 생각하고 있었어요.

S: 아니에요. 되돌아오도록 강요당했다고 보이는 사람은 그런
조치가 자신에게 좋은 것이란 걸 알고 있어요. 그것에 대해
생각할 시간이 주어진 후에 그들이 진심으로 돌아올 필요가
있다는 것, 또는 그들이 한 자리에 영원히 머물러 있게 되면
결코 발전하지 못할 거란 걸 깨닫게 된 거죠. 진보가 이루어
지지 않는 것이야 말로 기독교인들이 말하는 지옥의 개념에

가장 가까운 것이에요.

D: 같은 상태에 머무르고 같은 실수를 반복하는 것 말인가요?

S: 네.

D: 영계에서는 다른 장소들에 가는 것이 허락되나요? 혹은 학교에 머물러야 하나요?

S: 때때로 영체는 이런 것들을 어떻게 다뤄야 하는지를 우리에게 보여줄 다른 존재의 차원들을 방문하게 되죠. 각 단계마다 그들만의 방식으로 우리들을 가르칠 교훈을 갖고 있어요.

D: 다른 영체들과 이야기할 때 보면 그들은 가끔 그들이 처한 환경을 다르게 묘사하는데요.

S: 그중 많은 부분은 그 사람이 시각화하는 거예요. 학교의 대부분은 우리가 그렇게 시각화하는 것의 결과죠. 일련의 경험들을 바탕으로 우리는 그것을 학교로 볼 것이고, 다른 사람들은 완전히 다른 무엇으로 볼 수 있는데 기본적으로 같은 장소지요.

D: 나는 그곳이 아주 거대해서 많은 것들이 될 수 있는 거라고 생각했어요.

S: 그런 장소들도 있어요. 무한한 수의 차원들이 있으니까요.

D: 한 영체는 내게 영혼들을 싣고 지구의 차원 사이를 오가는 황금 보트golden boat에 대해 말했어요. 그런 걸 본 적 있어요?

S: 그건 아마 그녀의 생각을 시각화한 걸 거예요. 어떤 사람들은 천상으로 건너갈 수 있는 황금빛 계단이나 다리를 봐요.

또 다른 사람들은 커다란 빛의 공간^{large hall of light}을 보고, 그 빛을 향해 와요. 많은 부분이 그들이 본다고 생각하는 것에 색깔을 입히는 개인적 경험으로 일어나고 있는 거죠. 당신이 시각화할 수 있는 모든 것은 실제가 될 수 있어요. 당신은 자신의 운명의, 자신의 집의, 자신의 수용체 아니면 당신이 육신에 깃든 영체 존재^{spirit being}의 개념을 인지하기를 바라는 다른 방식의 주인이니까요. 당신은 몸의 주인이고 운명의 주인이에요. 당신 앞에 나타나는 것은 당신이 창조해요. 여기서 당신은 공동 창조자예요. 물질계 또는 영계에서 당신 앞에 나타나는 것은 당신 자신이 만든 것이고 창조물인 거죠. 모두는 각자에게 펼쳐진 운명의 공동 창조자이기 때문에 이 책임에 따라야 해요.

D: 장애를 가진^{handicapped} 삶은 어때요? 어떤 특별한 목적을 갖고 있나요?

S: 그럼요! 그건 겸손해지는 경험이죠. 우리의 내면으로부터 우리가 누구인지, 무엇인지를 깨닫게 되는 단계에 진정으로 도달하게 되고, 세상 사람들이 우리를 어떻게 생각하는지가 아닌 우리 자신의 내면을 보게 되죠. 사람들은 아주 쉽게 자신을 타인이 생각하는 대로 여기는 경향이 있어요. 그게 아닌데도 말이에요. 우리는 서로 각자 다른 존재들이에요. 우리는 진정으로 우리 자신이고, 우리가 생각하는 무엇이 되고, 타인이 우리를 보는 것이 진짜 자신이라고 여기게 되

고……. 그 이후에 우리는 변해요. 그러나 장애인이 되면 우리가 극복해야 하는 것들이 주어져요. 우리가 배워야만 하는 것들 중에 하나는 사람들의 조롱에 영향을 받지 않는 것이죠. 타인의 냉혹함을 개인적으로 받아들이면 안 돼요. 그건 그 사람들이 자신의 내면을 통해 다루어야 하는 것이죠. 그들은 이해하지 못하거나 두려워할 수도 있어요. 사람들은 자신이 이해하지 못하는 것들을 두려워하니까요.

D: 그러나 상처를 주는 사람들은 그걸 깨닫지 못해요.

S: 그래요. 그들은 단지 그 순간에 비명을 지르는 거죠.

D: 장애인의 삶을 산 적이 있나요?

S: (생각하는 것처럼 가만히 있다) 그렇게 태어나지는 않았지만 나는 그 삶에서 시력을 잃었죠.

D: 그 삶에서 무엇을 배웠나요?

S: 끈기를 배웠죠. 우리가 당연한 것처럼 받아들이는 것들에 대해 그러면 안 된다는 걸 배웠고, 더 큰 감사를 갖게 되었어요. 그리고 어떤 감정을 배웠어요……. (놀라면서) 신뢰하는 것을요!

D: 그러면 그건 그럴 가치가 있군요. 그것으로부터 무언가를 배울 수 있다면 어떤 것이든 가치가 있다고 생각해요. 당신도 동의하죠?

S: 네.

D: 타인이 당신의 치유를 도우려 하는데, 그게 당신이 다루어

야 할 까르마적인 거라면 그 치유 과정이 잘 이루어질까요?

S: 아니요. 어떤 사람을 일정한 시점에 이르게 하기 위한 목적을 위해 계획된 거라면 치유 과정은 작용하지 않을 거예요.

D: 그렇지만 시도해 보는 것에 어떤 해로움이 있나요?

S: 아, 아니에요. 거기에는 일종의 사랑이 있고, 타인들을 도우려는 사람들에게는 신이 주는 어떤 축복이 있죠. 게다가 그들 자신을 내어줄 때는 주는 과정이 있고, 그 자체가 보상이죠.

아래는 한 어린 소녀의 듣지 못하고, 말할 수 없던 생애에 대한 퇴행요법에서 나온 사례다. 나는 그녀의 죽음 후 곧바로 그녀와 대화를 시도했다.

D: 그리 나쁜 삶은 아니었어요, 그렇죠?

S: 더 이상의 까르마가 생기지 않았으니, 그렇다고 할 수 있겠네요.

D: 음, 그런 삶에서 까르마를 유발할 수는 없죠. 그렇죠?

S: 있어요. 만약 어떤 사람이 장애에 대항해서 싸우지 않고 말 그대로 포기했다면요. 장애를 가졌는데 뭔가를 성취하기 위해 싸우지 않았다면 더 많은 까르마를 갖게 돼요.

D: 당신 말은 만약 어떤 이가 장애인이고 그가 자포자기give in하거나…… 예를 들면 다른 모든 사람들이 그를 돌보기를 원하고 그는 자신만을 위해서 산다면 이건 장애를 다루는 잘못

된 방법인가요?

S: 그래요. 그리고 그들은 어떤 것도 시도하지 않죠. 그런 유형의 삶으로부터 배움을 얻고자 한다면, 우리는 항상 더 위대한 성장을 위해 노력해야 해요. 그 삶이 우리를 꺾지 않게 하도록.

D: 장애를 가지고 있어도 우리는 항상 더 나아지려고 노력해야 한다! 이 방법이 우리가 까르마와 빚을 갚는 방법인가요? 만약에 어떤 이가 모든 것을 포기해버리고 어떤 노력도 하지 않는다면, 다음 시간을 위한 더 많은 까르마를 만드는 건가요? 맞나요?

S: 그래요.

D: 그렇지만 정신지체장애^{retarded}는 어때요? 이건 좀 다른 종류의 장애일 것 같은데, 그렇지 않나요? (그녀는 눈살을 찌푸린다) 정신지체장애가 무슨 뜻인지 아세요?

S: 내가 당신의 관점을 제대로 이해하는지 모르겠네요.

D: 어떤 아이들은 태어나서 그들의 마음이 충분히 성장하지 못하죠. 몸은 자라지만 마음은 아이 같은 상태에 머물러요. 그건 좀 다른 형태의 장애라고 생각되는데……. 제 말이 이해되나요?

S: 네. 그러나 다시 한번 말하지만 사람들은 항상 각 상황마다 스스로를 좀 더 나아지게 만들 능력이 있어요. 자신에게 있는 어떤 결핍도 극복하려고 고군분투하는 거죠.

D: 장애를 갖고 태어나거나 장애가 생긴 사람들은 특별한 어떤 이유가 있어서 그렇게 되는 건가요?

S: 그래요. 과거에 해온 어떤 것에 대한 속죄이거나 그 길을 따라 그들 스스로 더 노력하고 있을 수도 있죠.

D: 그러면 어떤 사람들은 갚아야 하는 빚이 없어도 장애를 가질 수 있나요?

S: 네, 그런 경험으로부터 좋은 것들을 많이 얻을 수 있으니까요. 그들은 이해를 배울 수 있어요. 타인을 너무 빨리 판단하지 않게 되지요.

D: 그러면 그들이 되갚으려고 노력하는 것이 항상 나쁜 것만은 아니군요.

놀랍게도 장애를 가진 몸에 깃들기를 기다리는 영혼들이 평범한 몸에 깃들기를 원하는 영혼들보다 더 많다. 장애를 지닌 한 번의 삶에서 되갚는 까르마는 평범한 삶이었다면 열 번은 겪어야 되갚을 수 있는 양이다. 그들이 배우는 것들, 그리고 그들을 돌보는 이들, 부모나 그들과 이 상황을 함께 겪기 위해 계약을 맺은 이들에게 가르치는 것들 때문이다. 우리는 또한 장애인들이 다른 이들에게 주는 영향을 잊어서는 안 된다. 그들과 매일 접촉하는 사람들은 어떤 교훈들을 배우게 될까? 그들을 보는 다른 사람들은 어떤 교훈들을 배우게 될까? 긍정적이거나 부정적인 어떤 감정들이 일어나고 있을까? 그리고 어떤 종류의 교훈들이 거부되고 있을까? 이는 우리가 원하든 원하지 않든, 모든 사람은 끊임없이 여러 가지 방법으로 매일 타인들에게 영향이나 감정을 일으킨다는 것을 다시 한번 강조하고 있다. 그 교훈들은 우리가 이런 것들을 어떻게 받아들이고 다루느냐에, 또는 어떻게 그것들을 거부하고 부인하는지에 따라 얻게 되는 것들이다.

5장

장대한 여행

우리는 영적 차원에서 지혜의 사원 단지temple of wisdom complex를 아주 우연히 발견했다. 나는 일부 신체적 문제를 겪고 있던 존이라는 이름의 젊은 남자와 퇴행시술 작업을 진행하고 있었다. 그는 그가 치료받을 수 있는 장소가 영적 차원에 있는지 궁금해 했다. 나는 그런 장소는 전혀 알지 못했지만, 그런 곳을 발견하기 위한 실험을 기꺼이 시도할 의지를 항상 갖고 있었다. 이 책에 소개한 다른 정보들도 최면 대상자들이 삶들 사이의 소위 '죽은' 상태에 있는 영체 형태로 퇴행한 상태를 깊이 탐사함으로써 얻게 되었다. 그러나 이번에는 좀 다를 것이다. 존이 깊은 초의식 단계에 들어간 후에, 진짜 그런 장소가 존재한다면 영적 차원에서 그가 치료받을 수 있는 장소를 찾을 수 있는지 보라고 의도적으로 그를 유도했다.

내가 숫자 세기를 끝냈을 때, 존은 아름다운 천상계 환경에 있었다. 그는 이곳이 지혜의 사원의 일부라는 것을 알게 되었다. 이곳은 다양한 다른 부서를 포함하는 큰 단지였는데 그중에는 치유의 사원, 태피스트리Tapestry 방[3]과 도서관도 포함되어 있었다. 시술 대상자가 보는 시각적 환희를 함께 즐길 수 없어서 나는 곧잘 실망하

---

3   불교와 힌두교에서 태피스트리는 우주 전체를 표현하는 용어이며, 여기서는 우주적 존재의 근원(the source)이 존재하는 장소를 의미한다.

곤 한다. 나는 그 순간 마치 맹인이 된 것처럼 다른 사람들의 구술
적 묘사에 의존해야 하고, 이런 다른 차원에서 그들이 발견하는 경
이들을 고작 말로 표현하는 것은 역부족이다.

> J(존): 나는 지금 치유의 사원에 있어요. 참 아름다운 장소예요.
> 둥근 원형 건물에 있는데, 밝은 빛들이 천장에 높이 위치한
> 보석 창문들을 통해 쏟아져요. 검정과 흰색을 제외한 푸른
> 색, 빨간색, 초록색, 노란색, 주황색, 청록색 등 우리가 알고
> 있는 모든 색깔들이 여기에 다 있어요. 이곳에 드러나 있지
> 않은 다른 모든 색깔들이 여기 존재해서 그 색들은 원형 건
> 물 바닥에 아름다운 빛줄기들을 드리워요. 치유의 사원의
> 수호자가 왔어요. 그는 내게로 걸어와서 미소 짓고, 내 손을
> 잡아요. 그가 말해요. "당신은 치료를 위해 여기로 온 거죠,
> 그렇죠? 당신의 영혼은 많은 일을 겪었어요. 이 모든 빛의 한
> 가운데 서서 이 빛 에너지가 당신과 함께하도록 해요."
>
> D: 그게 이 장소의 용도인가요?

그는 아무 대답이 없었다. 하지만 몸의 움직임과 얼굴 느낌으로
보아 분명히 매우 심오한 일을 경험하고 있음이 느껴졌다. 그것은
즐거운 경험으로 보였다.

> D: 지금 무슨 일이 일어나고 있는지 말해줄 수 있나요?

여전히 아무 대답도 없이 그의 몸 전체가 여러 번 경련을 겪는 듯 움찔거렸고, 움직임은 몇 초 동안 지속되었다.

D: 어떤 느낌이 드나요?

J: 여러 가지 빛들이 내 근처에서 소용돌이치고 있어요. 나는 나를 느끼고 정화하는 중이에요. 이게 지금 내가 말할 수 없는 이유예요.

D: 모든 것이 괜찮은지 확인하고 싶어요. 그건 좋은 느낌이에요?

J: 너무 황홀해요(몇 초간의 침묵 동안 그의 몸은 지속적으로 움찔거렸다). 아, 이건…… 멋진 느낌이에요. 원기가 회복된 느낌이 들어요. (몇 초간의 멈춤) 아! 정말 너무 좋아요! 내 모든 고통과 통증을 제거하는 모든 색, 에너지의 물결들이 나를 둘러싸고 있어요. 그리고 이제 그가 내 손을 잡고 여기로부터 멀리 인도해 가요. "당신의 영혼은 주위에 있던 많은 부정적 에너지를 씻어냈어요. 다가오는 평화의 감각을 느끼세요. 이제 스스로 치유하는 법을 배우는 데 집중해야 해요"라고 말하면서요. (크고 깊은 호흡) 와아, 이건 정말 놀라워요! 이곳은 육체에 심한 병을 앓아온 사람들에게 최고의 장소예요. 그들이 건너올 때 여기로 인도되고, 이 원형 건물에서 그들의 천상적astral 영체spiritual bodies(靈體)들은 재생되고 치유될 거예요. 이후로 더 이상 몸에 얽매이지 않는 영혼들은 그들의 영

체 안내자들^{spirit guides}을 만나게 되고, 영혼의 진화에 대해 더 배우러 갈 때 필요한 다른 지역들로 안내돼요. 그들은 긴 줄을 이루고 있어요. 그들은 내가 치유하기를 원했고 나는 여전히 인간의 형태로 있기 때문에, 내가 먼저 와서 그 방을 거쳐가는 것이 허락되었다고 말해요. 그들은 그것을 '색과 빛의 방'이라고 불러요.

D: 여전히 물질적 몸 안에 있는 영혼이 이 장소에 오는 것은 특별한 일인가요?

J: 그렇죠. 수호자는 천상계 여행 상태에서 많은 사람들이 이런 기회를 갖는 것은 아니라고 해요. "그러나 그들은 그래야 한다"고 말하네요. "우리는 여전히 육화하는 영혼들에게 봉사하기 위해 여기에 있어요. 만약 그들이 오고자 하면, 기꺼이 그들을 환영할 것입니다. 언제나 이 모든 치유와 함께하는 사랑으로 이루어진 에너지가 있기 때문이죠." 이곳은 놀랍고, 사랑으로 가득한 곳이에요. 병원이나 그런 것들과는 전혀 달라요. 마치 아름다운 신전 같아요. 이 둥근 원형 건물 위에는 보석 창문들이 있어요. 높이는 5~6ft 정도(약1.5~2미터) 되고 여러 색깔의 보석들로 만들어져 있죠. 빛은 그것들을 통해 쏟아지고 원형 건물의 중심부로 쏟아져 들어가 당신을 에너지로 소용돌이치게 하죠. 그곳이 내가 있었던 곳이에요. 오, 그냥 기분이 아주 좋아요. 수호자가 "우리는 당신의 건강에 대해 이야기할 거예요. 긍정적인 감각을 유지하는 것은 매우

중요해요. 그리고 당신의 영적 사명은 다른 사람들을 돕고 섬기는 것임을 자각하는 것도요. 존, 건강 문제에 대해 너무 걱정하지 말아요. 문제가 되는 것들은 당신의 긍정적인 에너지에 의해 몸 밖으로 방출될 거예요. 만약 살을 빼고 싶다면, 당신이 나타내고 싶은 형태에 집중해요. 그러면 당신이 그 형태가 될 거예요. 집중하는 것이 중요해요. 술과 담배는 정신적 성장에 도움이 되지 않아요. 이런 것들은 결국 당신의 삶에서 완전히 제거해야만 해요. 이 에너지들은 몸과 영적 본체에 고통을 줍니다. 그로 인해 결국 몸을 해치고 성장하지 못할 거예요. 시간이 지나면, 원한다면, 당신의 영혼이 가진 모든 자연스럽고 아름다운 것들이 드러날 거예요. 당신은 올바른 에너지를 끌어당길 것이고, 우리는 치유하고 당신은 치유될 거예요. 그러니 당신의 건강은 더 이상 걱정하지 마세요. 만약 이 신전에 다시 올 필요가 있다면, 단지 이곳에 있기를 바라면, 당신은 여기 있을 거예요"라고 말해주었어요. 그는 사랑으로 가득해요. 방금 나를 꼭 안아주더니 "이제 이곳을 떠날 시간이에요"라고 말하는군요.

D: 떠나기 전에, 줄지어 서 있는 사람들에 대해 물어보고 싶어요. 그들은 질병으로 죽었나요?

J: 그는 이렇게 말해요. "맞아요, 이 사람들은 매우 오랜 기간 병을 앓아 사망했을 뿐만 아니라 건너오기 전에 엄청난 고통을 겪은 사람들이죠. 그들은 암과 같은 다양한 질병들 또는

자동차 사고 등으로 사망한 사람들이에요." 사실 그들은 일렬로 서 있는 게 아니에요. 내 말은, 순서는 있지만 한 사람 뒤에 다른 사람이 있는 형태가 아니에요. 각각 차례로 이 빛 에너지의 방을 통과해요.

D: 안내자들이 이 과정 동안 그들을 데리고 다니나요?

J: 음, 그들 사이에 걷고 있는 수호자들이 있어요. 실은 그들 중 일부는 가족들과 함께 왔어요.

D: 그들이 죽었을 때 만나러 온 사람들인가요?

J: 네, 그들의 가족들이 이곳으로 데리고 온 거예요.

D: 다른 곳으로 가기 전에 그들은 정화되거나 치유될까요?

J: 네. 이 치유 과정이 꼭 필요해요. 그들이 겪은 일들이 매우 고통스러웠기 때문이죠.

D: 이게 그들이 죽고 난 후 첫 순서로 해야 하는 일이겠군요?

J: 네, 이 치유 에너지는 사람들이 질병이나 사고로 인해 육체적으로 엄청난 고통을 겪었다면 가장 먼저 경험하는 것들 중 하나예요. 그들의 경험은 천상체etheric bodies에 질병이나 부정성을 야기했어요. 그래서 이런 천상체들은 그들이 천상계 속으로 들어와서 일하기 전에 치료되어야만 해요. 그래서 이곳은 이 사람들에게 매우 중요한 곳이에요. 그들은 이 센터 공간의 한가운데로 인도되고, 여기서 모든 광선이 내려와 그들을 둘러싸고 소용돌이치며 천상체가 가진 어떤 부정성도 모두 제거하죠. 이후에 가족들과 천상계의 여러 다른 지역으

로 안내하는 안내자들과 재회^{reunion}하게 되는 거예요.

D: 이런 치유 사원에 대해서는 들어본 적이 없어요. 이 정보를 주신 그에게 감사해요.

J: 그는 웃으며 말하네요. "나는 항상 도움이 되기 위해 여기에 있어요. 이것이 나의 임무, 나의 삶, 나의 존재죠. 삶이 아닌, 존재." 그는 따뜻하고, 빛나고, 사랑을 주는 에너지예요. 그의 손길은 마법이에요. 엄마의 사랑 같은 느낌이에요. 알죠? 엄마가 아이를 안아주는 느낌……. 그는 이곳이 육화 중이든 육화가 끝났든 모든 영혼이 올 수 있는 좋은 장소라고 말해요. 또 이 서비스와 치유 공간은 모두를 환영한다고요. 심령 치료 능력을 사용하는 많은 사람은 이 이미지를 투영해야 해요. 그들이 이곳에서 치유될 수 있기 때문이죠. 그는 "이제 이것을 목격하고 참여했으니 존, 당신이 다른 사람들도 이용할 수 있게 이 장소를 잘 설명하는 것이 중요해요. 이것은 돌로레스가 다른 사람들의 치료를 위해 사용할 훌륭한 도구가 될 거예요. 그녀의 최면술로 우리가 넘겨받아 도와줄 대상들을 치유의 사원으로 인도할 수 있어요. 그래서 이것은 돌로레스가 사용할 수 있는 훌륭한 봉사가 될 거예요. 이 영역으로 이끌어 이 경험을 나눔으로써 그녀 또한 성장할 거예요"라고 말해요. 이것은 돌로레스, 당신을 위해 그가 주는 메시지예요.

D: 아, 정말 감사해요. 그리고 이곳에 올 수 있거나 오지 못하는

이들에 관한 어떤 규칙들이 있나요?

J: 그는 "기꺼이 이 상태로의 전이와 여정을 받아들일 의향이 있는 모든 영혼들이 여기에 오는 것을 환영해요. 그러나 모두가 그걸 해낼 의향이 있거나 그만큼 진화한 것은 아니에요. 그러나 기꺼이 치유되기를 원한다면, 우리는 봉사하기 위해 여기에 있어요"라고 말해요. 시간이 되면 그들은 돌아와야 하겠지만, 그건 그들의 부정성에 달려 있어요. 하지만 일단 치료를 받으면 대부분의 영혼들은 계속 나아갈 수 있을 거라고 말해요. 그들이 여기에 머물지는 않아요. 여기로 돌아오는 것이 큰 의미가 있지 않는 한 보통 이곳에 돌아오기를 원치 않아요. 이게 법칙law이죠. 그는 이렇게 말했어요. "그게 법칙이죠. 영혼이 가장 잘 알아요. 우리는 영혼의 본체들을 다루는 거지 의식적인 운용체를 다루는 게 아니에요. 영혼이 주도자master이거나 무슨 일이 일어나고 있는지 이해하면 법칙을 알게 되죠. 아무도 이 에너지에 의존적으로 되지는 않아요. (웃음) 그들은 치유 '중독자들'이 되진 않는다는 의미예요. 그런 식으로는 작용하지 않아요."

D: 그럼 내가 누군가를 퇴행 상태에서 이곳으로 이끌 때, 그들이 원한다면 이 과정을 통해 치유받을 수 있겠네요.

J: 그는 이렇게 말해요. "네, 원한다면 우리는 기꺼이 그들을 돕기 위해 여기에 있을 거예요. 명상을 통해 혹은 최면상태를 통해 우리를 향해 조율하면 우리는 도움'이 되기 위해 항상

여기에 있죠. 왜냐하면 그게 우리의 에너지이기 때문이에
요. 당신이 이것에 감응하는 것은 매우 쉬울 거예요." 그는 돌
로레스가 그걸 서비스로 사용하라고 하는군요. 그는 "일단
우리가 서비스를 진행하면 모든 것이 우리를 위해 드러나게
되지요. 우리 각자는 영적 재능을 가지고 있어요. 그리고 돌
로레스, 이건 당신의 영적 재능을 표현할 수 있는 훌륭한 방
법이에요"라고 말해요.

D: 굉장히 좋은 생각이군요. 사람들이 종종 그들의 건강에 대
해 나에게 조언을 구하거든요.

J: 그는 이게 좋은 방법이 될 거라고 말해요. 그들을 퇴행으로
이끌어 이 빛의 신전temple of light으로 여행하게 해봐요. 그들
이 천상체들을 치유하는 만큼 육신을 치유하지 않아도 되기
때문에 큰 도움이 될 거예요. 그들이 육화하면서 인간에게
내재된 몸체들이죠.

D: 하지만 어떤 치유법이든 육체에도 반영될 거라고 생각해요.

J: 그래요. 하지만 그들에게는 긍정적인 감각도 사용해야 해요.
이게 중요한 점이죠. 여기엔 정말 멋진 황금 공간gold place이 있
어요. 벽 전체가 아름다운 황금 디자인으로 빛을 방사하죠.

D: 여기는 치유의 사원과는 별개의 장소인가요?

J: 우린 아직 치유의 사원에 있어요. 그 주변을 걸으며 안내자
와 이야기하는 중이에요. 그는 나에게 다양한 광선 에너지와
그 에너지들이 어떻게 통과하는지 보여주고 있어요. 마치 보

석 상자 안에 있는 것 같아요. 그만큼 멋져요. 사원 전체의 대부분은 전기적 금색electric gold color을 방사해요. 이건 금빛의 갈색gold-brown인데 진짜 치유를 위한 색깔이고, 마치 그 속에 금이 세공되어 있는 것처럼 보여요. 벽은 오팔과 다양한 종류의 반석semi과 보석들로 장식되어 있어요. 하지만 가장 중요한 것은 빛이 들어오는 창문에 있는 보석들이에요.

D: 그렇군요. 우리가 그곳에 들어갈 수 있도록 허락해주고 치료해주신 것에 대해 그분께 깊이 감사드려요. 당신은 지금 그곳을 떠나고 싶어요?

J: 네, 이미 작별 인사를 했어요.

D: 다른 사람들이 치료를 위해 기다리고 있으니 우리는 떠나는 게 좋겠어요.

J: 네, 사람들이 있어요. 저마다 빛 속으로 올라가고 있어요.

D: 그곳은 우리가 알아야 할 매우 중요한 장소군요. 저쪽에(영계-옮긴이) 우리가 그 존재를 모르는 또 다른 장소가 많이 있을 거예요. 이 건물들이 모두 한 단지의 일부라고 했죠? 당신이 나를 안내해 줄 수 있는지 궁금해요. 그럼 거기에 다른 어떤 것이 있는지 우리가 알아볼 수 있을 텐데요.

J: 좋아요. 수호자가 태피스트리 방이 중요하다고 해서, 나는 청금석과 대리석처럼 보이는 벽이 있는 아름다운 복도를 걷고 있어요. 끝에는 이렇게 큰 출입문이 있어요. 문을 열고 있는데, 눈부시게 밝은 빛이 비치네요.

돌로레스 캐넌
죽음과 삶 사이의 세계

D: 무엇이 밝은 빛을 발생시키는 거죠?

J: 그건 한 인간^{man}, 또는 영체의 형태예요. 그는 자신이 태피스트리 방의 수호자이며 내가 들어갈 수 있도록 하고 있다고 말해요. (태피스트리 방은 《노스트라다무스와의 대화》 2권 〈개정판〉에 소개되어 있다) 이곳은 매우 영광스러운 장소예요. 공기에서 좋은 향기가 나는군요. 소금기가 있는 상쾌한 미풍과 정원에서 나는 향기가 어우러져 아주 기분좋은 냄새가 나고 있어요. 마치 향을 피우는 것 같아요. 아름다운 방이고 아주 높아요. 아마 200~300ft 정도(약 60~90m) 올라갈 거예요. 아니, 아마 100ft(약 30m)가 더 정확할 거예요. 천장은 교회 본당처럼 둥근 꼭짓점이 있어요. 그 꼭대기와 벽의 양쪽에는 창문이 있고요. 창문은 높은 곳에서 방을 밝혀줘요. 그리고 알라딘의 램프처럼 생긴 샹들리에가 천장에 매달려 있어요. 15~20개 정도로 꽤 많아요. 벽과 바닥은 대리석으로 만들어진 것 같아요. 그리고 태피스트리 맞은편에 있는 의자와 테이블 같은 무거운 가구들이 서로 다른 간격으로 놓여 있어요. 그것들은 현대적이지 않고 고전적이지도 않지만 매우 기능적이고 편안하게 마음을 끌어요. 수호자는 선생들이 태피스트리의 경이로움과 정교함을 설명하기 위해 가끔씩 학생들을 여기로 데려온다고 말해요. 이것을 조사하고 연구하기 위해 사람들이 올 수 있는 특별한 박물관에 있는 것처럼 느껴져요. 나는 이제 태피스트리를 보러 갈 거예요. 아! 정말 아름다워요.

금속 실들로 만들어졌어요. 정말 끝내줘요! 반짝거리고 빛을 내고 있어요. (갑자기 숨을 들이마시며) 그리고 숨 쉬는 것처럼 보여요. 이건 마치…… 살아 있는 것 같아요. 내 말은 이게 물결치고 반짝인다는 거예요. 어떤 가닥은 빛을 발하고, 어떤 가닥은 약간 무뎌요. 아, 정말 말로 표현하기는 어려워요. 이건 실제로 살아 있는 것 같지만 무섭지는 않아요. 아름다워요. 실의 종류는 모두 달라요. 지구에 있는 어떤 것도 비유 대상이 될 수 없어요. 이게 얼마나 영광스러운 것인지 설명할 수 있는 방법이 없어요. 이건 살아 있는 것처럼 활기차고 거의 전기에 가깝기 때문이에요. 수호자는 각각의 실이 하나의 생명을 상징한다고 말해줬어요.

D: 무척 복잡하게 들리네요.

J: 일부는 복잡하지만, 아름다운 디자인이에요. 영원한 디자인. 그리고 이것으로 그 너머의 세상을 볼 수 있어요. 이 태피스트리를 보면 일어났던 어떤 일도 볼 수 있어요.

D: 그게 무슨 뜻이에요?

J: 마치 태피스트리를 통해 보는 것 같죠. 사람들의 일상을 볼 수 있어요. 그들은 태피스트리에 실타래처럼 연결되어 있어요. 수호자는 지금까지 살아온 모든 삶이 이 태피스트리에 실타래로 표현된다고 설명하고 있어요. 이곳은 인간 삶의 모든 실타래, 육화하는 영혼들이 연결되는 곳이에요. 결국에는 모든 인류가 영향을 받을 때까지, 어떻게 각각의 삶이 모

152 | 돌로레스 캐논
죽음과 삶 사이의 세계

든 다른 삶들과 서로 짜여 있고, 교차하고 접촉하고 있는지를 완벽하게 묘사하고 있어요. 인류의 절대적 일체성은 태피스트리로 표현되죠. 그것은 하나지만 이 모든 여러 가지 부분들로 구성되어 있죠. 각각은 서로가 없이는 존재할 수 없고 그들은 서로에게 얽혀 영향을 미치는 거죠.

D: 음, 만약 그것이 모두의 삶으로 구성되어 있다면, 그것은 살아 있겠네요. 수호자^{guard}는 우리가 들여다보는 것을 신경 쓰지 않나요?

J: 네. 그는 우리에게 목적이 있다는 걸 알아요. 그는 "계속해요, 들여다보세요. 하지만 더 깊게 보지는 마세요. 나는 당신이 다른 사람들의 삶을 들여다보는 걸 원치 않아요. 그 내용이 알려지는 게 그들의 발전에 해로울 수 있기 때문이죠." (존은 다시 묘사로 돌아갔다) 태피스트리가 엄청 커요. 와, 높이는 내가 보기에 적어도 20에서 25ft(약6~9m) 정도 되어 보이네요. 그리고 그건 영원히 뻗어나가는 것 같은데요. 그 길이를 따라 걷는 데만 몇 시간은 걸릴 거예요. 그것은 1마일(약 1.6km) 이상 계속되고 있어요. 태피스트리는 왼쪽 벽을 따라 펼쳐져 있는데, 창문에서 들어오는 빛이 그 위를 비춰요. 하지만 내가 넘어갈 수 없는 지점이 있어요.

D: 왜 그런지 알아요?

J: 태피스트리의 수호자가 "그것은 모든 영혼의 영적 진화의 일부"라고 말해요. 오직 영적으로 진화한 사람들만이 태피스

트리의 그 부분에 접근할 수 있다고요. 작은 표지판 같은 곳에 '이 지점을 넘어서지 말라'고 쓰여 있는 것과 같은 거예요. (웃음) 그렇다고 내가 더 이상 갈 수 없는 곳이라는 느낌이 드는 그런 표지판은 아니에요. 세상에서 가장 아름다운 예술적 창조물을 보는 것 같아요. 작은 끈 조각부터 우리 손목만큼 두꺼운 케이블 사이즈에 이르기까지 다양한 가닥들로 구성되어 있어요.

D: 나는 그것들을 실 같은 형태로 떠올리고 있었어요.

J: 아니요, 실처럼 작지 않아요. 서로 얽혀 있어서 그렇게 말했지만, 작은 끈에서 시작해 어떤 곳에서는 더 큰 사이즈로 연결되어 있어요. 대부분 밧줄 크기인데 갈수록 두꺼워져요. 초록색, 파란색, 빨간색, 노란색, 주황색, 검은색 등이에요. 네, 검은색도 일부 들어 있군요. 검은 것들은 다른 색깔들이 뻗어 있는 곳까지 가지 않는 것 같아 눈에 띄어요. 음, 이상하네.

D: 이 색깔들이 어떤 의미가 있나요?

J: 수호자에게 물어볼게요. 그는 "네, 그것들은 모든 영혼의 영적 에너지를 대표해요"라고 말하네요.

D: 음, 밝은색과 반대되는 어두운 색상의 의미는 무엇일까요?

J: 그가 말해요. "더 어두운 색들은 정말 아무 의미가 없습니다. 검은색은 매우 독특한 길을 선택했기 때문에 특별하죠."

D: 나는 어두운 색이 의미하는 것이 좀 더…… 뭐랄까, 부정적인 삶이라고 생각하고 있어요.

J: 아니요. 그는 이 태피스트리에 부정성은 없다고 해요. 검은 색의 사람들은 단지 독특한 표현 방식을 선택했을 뿐이에요. 그러나 그는 "그것에 대해 질문하지 마세요. 그건 당신이 이 순간 알아야 하는 것이 아니에요. 당신은 다른 목적으로 이 곳에 왔어요"라고 주의를 줬어요.

D: 네, 몇 가지 물어보고 싶은데요. 이 태피스트리에 대해 학생들에게 가르치는 선생들이 있다고 했잖아요. 그들이 전생의 패턴을 볼 수 있는 방법이 있나요?

J: 네. 지금 한 그룹을 보고 있어요. 선생님은 멋진 예복을 입고 있고, 무척 자애로운 표정을 짓고 있어요. 그는 다른 영혼들에게 무슨 일이 일어나고 있고, 일어났는지를 가르치고 있어요. 태피스트리와 여러 패턴의 복잡성이 무엇을 의미하는지를요. 그는 반짝이는 포인터 같은 걸 가지고 있어요. 금빛을 띠고 있고 끝 부분에 수정처럼 보이는 건데, 사실은 스스로 빛을 발하는 다이아몬드예요. 그는 태피스트리에 있는 실을 가리키고 있는데 실, 케이블, 밧줄 등 당신이 뭐라고 부르든 간에, 그건 스스로 빛을 발하는 것처럼 보여요. 그는 생애들의 다른 특성들, 사람들이 어떻게 진화해왔고 어떤 부분에서 성장해야 하는지에 대해 지적해요. 다들 필기를 하고 있어요. 펜과 종이로가 아니라 자신의 머리로요.

D: 그가 이 학생들에게 미래의 삶에서 결정을 내릴 수 있도록 그들의 삶에 대해 설명하고 있나요?

J: 네, 그들의 전생들이 이 생의 태피스트리에 어떻게 엮여져 왔는지 공부하고 있다는 인상을 받았어요. 이것이 고대인들이 '아카식 기록'이라고 부르는 것이에요. (나는 무척 놀랐다) 진보된 영혼들advanced souls이 이해하는 아카식 기록들인 거죠. 일부 기록들은 책의 형태로 보관되고 있지만, 그건 그렇게 높은 수준으로 진보되지는 않은 영혼들을 위한 거라고 그가 말하는군요.

D: (나는 이해하지 못했다) 그럼 모두가 이 태피스트리에 실을 갖고 있지는 않은 거군요?

J: 아니요, 모든 생명체는 태피스트리에 실을 갖고 있지만 오직 진보된 영혼들만 이 태피스트리의 개념을 이해하고 접근할 수 있어요. 덜 진보된 영혼들은 그들이 살펴볼 수 있는 아카식 기록 책들Akashic record books을 가지고 있고요. 마치 어린아이가 대학 도서관에 오는 것과 같은 거예요. 그들은 지역 도서관의 어린이 책 분야로 가야 해요.

D: 그러면 그들이 여기 와도 무엇을 보고 있는지 이해하지 못할 거라는 건가요?

J: 맞아요. 이 태피스트리에는 목적이 있기 때문에 그들은 이해하지 못할 거예요. 더 높은 차원들로, 심지어 여기보다 더 상부의 그곳은 매우 복잡하죠. 이 태피스트리는 결국 모든 것이 밝은 신성 안에서 끝이 나요. 모든 것들이 이 아름다운 빛으로 인도되죠.

D: 수호자에게 육체를 가진 사람들이 이 태피스트리를 보러 온 적이 있는지 물어봐 줄 수 있나요? 아니면 우리가 여기 있는 게 특별한가요?

J: 그가 말하길, 아직 몸 안에 있는 사람들이 얼마나 많이 이 방에 왔는지 알면 놀랄 거라고 하네요. 많은 사람들이 태피스트리를 예술 작품으로 보기 위해 와요. 그렇게 해서 때때로 회화, 조각, 직물 예술에 숙달된 예술가들에게 영감을 불어넣어 주었다고 그가 말해요. 이것은 모든 창조물 중에서 가장 위대한 예술 작품 중 하나이기에 그들은 가끔 이곳에 오죠. 야생의 현대적 무늬, 동양적 무늬, 북미 원주민의 패턴 등 다양한 디자인을 가지고 있죠.

D: 그들은 그곳에 어떻게 가죠?

J: 어떤 이들은 꿈을 꿀 때 천상계 상태로 온다고 그가 말해요. 명상, 천상계의 투영, 또는 당신이 지금 사용하고 있는 최면을 사용해서, 또 다른 이들은 영혼 세상들 사이에서 여행하는 동안 와요.

D: 당신이 여전히 몸 안에 있는 동안 여기에 오는 것이 특이한 건지 궁금해요.

J: 그가 말해요. "아니, 당신이 생각하는 것만큼 특이하진 않아요. 이곳에 오는 그들의 숫자를 알면 놀라겠지만, 그렇다고 모든 인류가 이곳에 올 준비가 된 것은 아니에요."

D: 우리가 궁극적으로 죽지 않았다는 걸 그가 알고 있나요?

J: 네, 같이 걷고 있는데 내가 아직 몸 안에 있다는 걸 알고 있어요. 그는 내 뒤에 연결된 '은실silver thread'을 봐요.

D: 아, 당신이 여전히 몸에 연결되어 있다는 것을 그가 알고 있군요. 그리고 우리가 이것을 일종의 실험의 의미로 하고 있다는 것도요.

J: 네, 이해하고 있어요. 여기 사람들 대부분은 몸에서 나오는 '은실'을 갖고 있지 않거든요.

D: 음, 아직 몸속에 있는 동안 여기 온 사람이 그 방에 들어가는 것을 거부당한 적이 있나요?

J: 그는 "놀랄 만한 일들이 있었죠. 우리가 그들에게 이곳을 떠나라고 요청해야만 했던 일들요. 한 영혼이 와서 태피스트리에서 그의 실을 뽑으려고 한 적도 있었지요. 그는 이것이 자신의 존재를 끝낼 수 있는 가장 좋은 방법이라고 생각한 거죠. 그 남자는 지구 차원에서 치매를 앓고 있었고, 자신이 영적 차원에 있다는 것을 깨닫지 못했어요. 무척 혼란스러워해서 우리는 그를 잘 안내해 돌려보내야 했죠. 그는 지금 요양원에 있는데 강한 진정제를 맞고 있어서 쉽게 가능했던 이런 퇴행 상태로 들어가지 못해요. 어쨌든 그는 태피스트리 전체나 그의 실이라고 생각했던 것을 파괴하려고 왔어요. 심지어 그건 그의 실도 아니었죠"라고 말해요.

D: 하지만 그런 일을 하려는 사람들이 많은 건 아니죠?

J: 네, 아주 드문 경우죠. 그 남자는 신체적 육화 때 강력한 영적

힘을 부여받았지만, 그걸 망상이라고 생각했고 결국 그의 정신에 불균형을 초래했어요. 그 결과, 그는 신체적으로 구속되었을 뿐만 아니라 천상계 여행을 하지 못하게 화학물질을 투여받고 있어요. 만약 그가 자신의 패턴을 찾도록 허용했다면 훌륭한 세계의 공헌자가 되었을 거예요. 하지만 그는 천성 중 지적인 면이 너무 많은 영향을 끼치도록 내버려 두고 말았죠.

D: 그게 수호자가 거기에 있는 이유 중 하나라고 생각되는군요.

J: 음, 수호자가 있어야 해요. 가끔은 여기서 이상한 일이 일어나는데 이건 시간의 초상이기 때문이고, 일들은 균형 상태를 유지해야 하죠. 이 태피스트리를 따라 견제와 균형이 있어요.

D: 가끔 그곳에서 떠나라고 요청받는 사람들이 있다고 말했죠? 그들은 보면 안 되는 것을 보려고 하나요? 아니면 무엇 때문이죠?

J: 그가 말해요. "여러분은 어떤 것들을 볼 수 있어요. 태피스트리 뒤에 여러분의 시간 감각이 있고, 여러분은 하나의 줄을 찾을 수 있고 시간을 통해 갈 수 있어요. 대부분의 사람들은 몸 안에 있는 동안 그들의 미래를 알 필요가 없어요. 그 지식을 영적 여정에 사용하려는 게 아니라면."

D: 이런 사람들이 떠나라고 요청받는 사람들인가요?

J: 그가 이렇게 말해요. "아뇨, 이곳은 사랑의 장소이고 태피스트리를 훼손하고 망가뜨리지 않는 한 아무도 이곳을 떠나라

고 할 수 없어요. 우리는 단지 태피스트리를 지켜봐야 해요. 드문 경우이긴 하지만 사고들이 일어나기 때문이죠. 거대한 힘들이 태피스트리 자체를 통해 일어난 적도 있었어요. 한번은 핵폭발이 있었는데 많은 사람들이 지구를 너무 빨리 떠나서 한꺼번에 태피스트리를 통해 들어왔어요. 그래서 그들에게 서비스를 제공하기 위해 우리는 여기에 있어야 했죠."

D: 그곳에서는 온갖 이상한 일들이 다 일어나는 것 같은데, 이런 것들을 내게 말해줘서 정말 감사해요. 우린 무척 궁금했거든요.

J: 그가 말해요. "그건 이해할 수 있어요. 걱정하지 마세요. 우리는 당신의 임무와 영혼의 성장을 잘 알고 있어요. 나는 여러분 모두에게 봉사하기 위해 이곳에 있어요."

D: 우리는 가능하면 이 정보를 긍정적인 방식으로 사용하려고 해요. 내가 부정적인 방식으로 사용하려 한다면 여기 다시 오는 것이 허락될까요?

J: 아니요. 여기선 아무것도 위장하거나 숨길 수 없어요. 우리는 당신의 동기를 당신이 알고 있는 것보다도 더 잘 알고 있어요.

D: 나는 긍정적이기 위해 정말 열심히 노력해요. 우리가 떠나기 전에 당신이 태피스트리에서 더 보고 싶은 게 있나요?

J: 이제 내 실을 보고 있어요. 그것은 태피스트리를 통해 짜여 있고 은색과 구리 색깔이에요. 태피스트리의 수호자는 내

가 떠날 시간이라고 하는군요. 이렇게 말하면서요. "이런 지식은 필요 없어요. 시간이 되면 볼 수 있지만, 지금은 아니에요." (잠깐 멈추었다) 그는 내 영혼의 성장에 대해 논의하고 있어요. 그리고 그것에 대해 말하려고 나를 불렀어요. (존은 웃었다) 그는 내가 한 줄기 빛이었고, 스스로 흐릿해지도록 내버려두었다고 말해요. 그게 내가 지구 학교로 돌아가야 했던 이유죠.

D: 그럼 교정할 수 있겠군요?

J: 음, 우주적 법칙과 사랑을 이해함으로써 나의 빛을 되찾을 수 있죠. 지구 학교를 거치는 것이 다른 차원들로 육화하는 것보다 쉬워요. 더 빠르거든요.

D: 그가 당신에게 그렇게 말한 것에 대해 어떻게 생각해요?

J: 좋진 않죠. 사실 부끄러워요. 꾸지람을 들은 것 같아요. 내 잘못이라는 그의 말이 딱 맞아요. 지금껏 내 책임을 회피해왔고, 그래서 나는 육화해야 했어요. 하지만 그가 손가락질하며 "틀렸어, 틀렸어, 틀렸어"라고 힐난하는 건 아니에요. 그는 사랑스럽게 표현하고 있어요. 그는 이제 저를 껴안고 말해요. "당신의 임무에 행운을 빌어요."

나는 결국 유혹을 뿌리칠 수 없어 "궁금한데, 혹시 내 실도 거기 어디에 있나요?"라고 물었다.

J: 네, 저기 있어요. 당신의 실은 점점 더 강해지는 밝고 빛나는 구리색이네요. 처음에는 작다가 점점 커져서 다른 많은 실들에 영향을 미쳐요. 이 태피스트리는 정말 마법이에요. (황급히) 아! 그가 우리에게 떠날 것을 요구해요. "당신은 자신의 삶을 보고 있었군요! 지금 시점에서 그건 좋지 않아요"라고 말하고 있어요.

D: 그렇죠. 하지만 이건 단지 인간의 호기심일 뿐이에요.

J: 지금은 계단을 보여주고 있어요. (웃는다) 그가 "저기로 내려가서 뭐가 있는지 보는 게 어때요?"라고 말해요.

D: 내 생각엔 우리가 너무 소란스럽게 하지 말아야 할 것 같아요.

J: 그가 "당신은 이미 충분히 봤어요"라고 말해요. 내 생각에 태피스트리의 수호자가 한 말은 우리 자신의 미래를 너무 많이 엿보지 말라는 뜻인 것 같아요.

D: 말이 되네요. 우리에게 무슨 일이 일어날지 미리 안다면 계획했던 일들을 계속할 수 있을까요? 좋아요, 그럼 당신은 거기를 떠나야 한다고 생각해요?

J: 네, 지금 태피스트리 방에서 계단을 내려오고 있어요. 나는 지혜의 성전the Temple of Wisdom 안에서 복도를 걷고 있고요. 벽에는 에메랄드, 루비, 감람석, 수정 같은 귀중한 돌들이 보여요. 정말 아름다워요. 무척 밝게 빛나고 거룩해요. 느껴지는 건…… 굉장히 고요한 느낌이에요. 내 앞에 도서관이 있어요. 지금 그 안으로 걸어가고 있어요. 보석들이 모든 선반과

문 위에 있는 것처럼 보이고, 각자의 빛으로 반짝거려요. 이
제 나는 커다란 서재에 있어요. 책꽂이에는 모든 것에 대한
책들과 두루마리들, 온갖 종류의 필사본들이 놓여 있어요.
그곳 전체를 밝히는 아름다운 한 줄기 빛이 있고……. 그것
은 금, 은, 보석들로 만들어졌지만 모두 빛을 반사해서 우리
가 읽을 수 있어요. 건물 전체가 경이로운 재료로 만들어진
것 같아요.

영체 차원에 있는 도서관이 내게 낯선 곳이 아니었다. 대상자들
의 도움으로 여러 번 그곳을 방문한 적이 있다. 몇몇 사람들이 도서
관을 언급했는데 그들의 묘사가 조금씩 다를 뿐이다. 도서관의 수
호자는 항상 내 지식탐구를 돕고자 했고, 나는 여러 주제에 대한
정보를 얻기 위해 이곳을 방문해왔다.

D: 이곳은 내가 가장 좋아하는 곳 중 하나예요. 나는 책들과 필
사본들이 있는 곳이라면 어디든 좋아해요. 거기에 다른 사
람들도 있나요?
J: 아, 다른 곳에도 사람들이 있네요. 넓은 장소군요. 거의 대성
당 크기예요. 저기에 어떤 남자가 있는데 그는 영체이고, 빛
을 발하고 있어요. 지구 학교를 위한 준비에 대해 이야기하고
있는데 몇몇이 그의 말을 듣고 있어요. 다른 사람들은 무리
지어 있거나 묵묵히 필사본들과 책들을 들고 다른 장소로

걸어가고 있어요. 그건 어떤 분위기인데…… (그는 그 단어를 찾는 데 어려움을 겪고 있었다) 학자들 같은…… 그들은 공부하고 있어요. 누구나 목적의식이 있고, 평온해요. 그 공간을 가득 메우는 음악이 있어요. 희미하지만 옅게 울려요. 듣기 좋은 음악이에요.

D: 정말 아름다운 곳이군요!

J: 네, 정말 좋아요. 모든 것이 깜빡이고 모두 아름다운 예복들을 입고 있어요. 그 옷은 투명해 보이지만, 그 사이로 전기적인 색깔들이 빛나요. 그건 사람들의 후광들^{auras}이에요.

D: 책임자가 있나요? 당신이 찾고 싶은 걸 어떻게 찾아요?

J: 네, 도서관의 수호자인 영체 안내자가 있어요. 그는 저기 책상에 앉아 글을 쓰고 있어요. 그리고 나에게 질문해요. "당신의 요구사항은 뭐예요?"

D: 그는 지금 바쁜가요?

J: 오, 아니요. 그가 말해요, "아뇨, 아뇨, 아뇨, 아뇨. 이 일은 멋져요. 봉사하는 것은 매우 중요해요."

D: 좋아요. 그가 우리를 위해 정보를 찾아줄 수 있나요?

J: 몇 가지 제한이 있다고 말하는군요.

D: 그게 뭔지 말해 줄래요? 내가 규칙을 어기는 게 언제인지 알고 싶어요.

J: 이렇게 말해요. "당신의 개인적 미래에 대해 너무 깊이 파고드는 것은 좋지 않아요. 그것은 '절대 안 된다$^{no-no}$'는 규칙이

죠. 그건 좋지 않아요. 부조화를 야기하죠."

D: 알겠어요. 그렇게 하지 않을게요. 다른 제한 사항은 없나요?

J: 그게 가장 주요한 제한이라고 해요.

D: 아직 육체를 가진 사람들도 도서관에 올 수 있나요?

J: 그가 말해요. "그들은 천상계 여행들, 꿈을 통해서 와요. 사실 꿈은 천상계 여행이에요. 육화된 사람들이 우리를 찾는 건 드문 일이에요. 많지는 않고 일부 있어요." 그는 나에게 주위를 보여주고 있어요. 사람들이 삼삼오오 모여 공부하고 토론하는 거대한 원형 장소huge rotunda가 도서관에 있어요. 자료들을 보기 위해 이 방의 가장자리 근처에 있는 시청각실들viewing rooms로 들어갈 수도 있고요. 모든 지식은 이 안에 저장되지만 컴퓨터 같은 건 아니에요. 여기 사람들은 컴퓨터가 필요 없어요. 정보는 지적인 생각에 의해 전달될 뿐이에요. 그리고 그는 우리가 필경실scriptorium(수도원의 문서를 필사하는 장소로 자료들이 보관되어 있는 장소-옮긴이)에 들어갈 수 있다고 해요. 여기가 사물을 읽는 곳이에요. 이곳은 쓰기와 읽기에 관련된 사람들이 가고 싶어 하는 장소죠. 도서관 단지 안에 있어요.

D: 필경실은 도서관의 다른 부분인가요?

J: 네. 그건 매우 진보된 영혼들very advanced souls이 아닌 사람들을 위한 것이에요. 그들의 의식에 이해가 되려면 아직 문자가 필요한 중간급의 진보된medium advanced 영혼들이죠.

D: 그들은 시청각실을 이해하지 못하나요?

J: 음, 이해는 하겠지만 책을 읽으면서 배우는 형태가 그들이 선택한 배움의 방식이죠.

D: 그렇다면 책을 가지고 가서 읽고 쓸 수도 있는 건가요?

J: 맞아요. 그 책들 속에도 또다시 쓸 수 있죠. 그들 중 몇몇은 그렇게 해요.

D: 그게 허용되나요? 그 자료들을 변화시키지 않을까요?

J: 그는 이렇게 말하는군요. "네, 허용됩니다. 영혼의 성장을 위해서는 무엇이든 허용됩니다. 그게 끔찍하게 체형이 망가진 질병을 갖고 태어난 아이들을 볼 수 있는 이유예요. 모든 것이 허용되죠. 이 모든 것이 영적 완전함spiritual perfection에 도달하기 위한 동일한 목적을 위한 거예요."

D: 하지만 나는 그게 영원한 기록eternal records이기 때문에 훼손defaced이나 변동changed을 막기 위해 이 책들에는 뭔가를 쓸 수 없다고 생각했어요.

J: 태피스트리는 영원한 거예요. 건드릴 수 없는 건 그것뿐이죠. 그러나 그는 영혼의 성장을 위해 필요한 건 무엇이든 허용된다고 말해요. 어떤 사람들에게는 책으로 보이지만, 대부분의 진보된 영혼들에게 그것은 단지 정보일 뿐이죠.

D: 시청각실에서 지식을 더 잘 흡수할 수 있는 사람들이 그들인가요?

J: 네.

D: 도서관에 올 수 있는 사람에 대해 어떤 제한이 있는지 궁금하군요.

J: 아무런 제한이 없어요. 그러나 낮은 에너지를 가진 영혼들 low level energy souls은 이 영역으로 발을 들여놓는 걸 무척 어려워해요. 그들은 이곳에 대해 두려움을 느끼거나 무서워하기 때문에 오려고 하지 않는다고 말하는군요.

D: 왜 그곳이 그들을 두렵게 만드는 건가요?

J: 그들은 이전 존재의 부정적인 자질 대부분을 여전히 지니고 있어요. 탐욕, 질투, 욕망 등 인간의 진동을 낮추는 것들이죠. 그래서 그들은 대부분 하부 천상계 lower astral world라고 불리는 곳에 머무르게 되죠. 그 사람들은 이 지역에 들어오는 걸 정말 어려워해요. 일종의 거부감 같은 거죠.

D: 어쨌든 그들이 지식을 추구할 것 같지는 않군요.

J: 그가 말하길 "음, 우리는 그들에게 봉사하기 위해 여기에 있어요. 사실 우리는 하위 천상계 사이에 분기 도서관들 branch libraries을 가지고 있죠. 그리고 이런 분기소들 stations을 다루기 위해서는 정말 대단한 영적 실체가 필요하죠. 하지만 그것들은 거의 이용되지 않아요. 이 하위 실체들은 여전히 물질적 형태의 경험을 찾고 있기 때문이에요. 이것이 인간의 영혼에 비해 퇴화되었거나 뒤처진 장소에 그들이 머물러 있는 이유예요."

D: 우리가 이곳에 들어올 수 있게 허용된 이유는 뭐죠?

J: 당신의 유일한 목적의 감각이 드러났거든요.

D: 그들은 우리가 정보를 찾는 이유를 알고 있군요.

J: 오, 그들은 이해해요. "하얀 빛의 원형 안으로 들어가도록 스스로를 허용하는 것만으로도 우리는 당신이 더 높은 천상계the higher astral에 있다는 걸 알 수 있어요. 그리고 우리는 당신이 찾고 있는 것에 대한 숨은 동기를 읽을 수 있죠. 아무것도 숨길 수 없거든요."

D: 우리가 이 정보들 중 일부를 살펴봐도 될까요?

J: 시청각실로 들어가도 된다고 하는군요.

D: 거기가 어디죠?

J: 나를 다른 방으로 데려가고 있어요.

D: 알겠어요. 나는 이 존재의 다른 차원들different planes of existence에 관심이 있어요. 다른 차원들로 가는 대신, 당신이 이런 것들을 시청각실에서 볼 수 있다면 더 쉬울 거라고 생각했어요. 당신이 시도하기 불편할 수도 있겠군요. 하지만 수호자가 당신에게 그것들에 대한 정보를 주거나 보여줄 수 있다면 더 쉬울 거예요. 그렇게 할 수 있을까요?

J: 네. 그는 천상 세상astral world은 세 부분으로 나뉜다고 해요. 하부, 중부, 상부 천상 차원들.

D: 우선 하부 차원들lower planes이 궁금하니, 거기서부터 시작하죠. 그것들은 어떤 것들인지, 어떤 종류의 사람이나 영체가 있는지 말해주세요.

J: 우리는 시청각실로 걸어 들어갔고, 그는 나에게 보여주고 있어요. 그가 말해요. "당신이 보고 싶은 게 무엇이든 그것에 주의를 집중하면 모든 종류의 이미지가 들어올 거예요." 그것들은 벽에 걸려 있어요.

D: 한쪽 벽에 있는 스크린 화면 같은 건가요? 뭐죠?

J: 화면처럼 보이진 않아요. 그것이 당신을 둘러싸고 있어요. 지금 보고 있는 중이죠. 그리고 그는 하부 천상계가 정말 끔찍하다고, 이렇게 말해요. "우리는 이 하부 실체들$^{\text{lower entities}}$을 위해 기도하지만, 그들은 마치 지구에 묶여 있는 것 같아요. 그들은 인간의 형태를 하고 있지 않지만 여전히 지구상에 있어요. 그리고 그들은 마치…… 오! (역겨워하는 소리) 이건 너무 징그러워요!"

D: 뭘 보고 있나요?

J: 음, 방금 누가 총에 맞는 걸 봤어요. (불편한 듯이) 그리고 한 영체 그룹이 그걸 보고 소리쳐요. "오, 대단하지 않니? 저 피와 내장 좀 봐."

D: 그들은 육체를 가진 사람이 총에 맞는 것을 보고 있었다는 건가요?

J: 두 사람을 보고 있어요. 한 흑인과 또 다른 흑인이 마약 거래로 서로 총격전을 벌였어요. 그리고 뭐랄까……. 오! 천 명 정도의 영체들이 이걸 지켜보고 있어요. "아, 또 하나 있네! 다음에는 어디로 갈까? 이 소녀 좀 봐! 강간당하고 있어! 저걸

보자고!"그들은 이 모든 잔혹함을 목격하고 있어요. 그리고 수호자가 내게 말해요. "그들은 자신의 삶을 어떻게 살아왔는지 보기 위해 이걸 봐야 해요. 그들은 이렇게 매우 타락한 방식으로 살아왔어요." 그리고 그는 이 영체들이 이것으로부터 배워야 한다고 말해요.

D: 당신 말은 그들이 죽은 후에 이 지역 주변에 머무른다는 뭐 그런 건가요?

J: 그들은 강제로 머무르고 있어요. 그들은 더 높이 올라갈 수 없었죠. 그들의 진동수는 영적으로 매우 낮아요. 그들은 고밀도 진동이고 더 높은 곳으로 올라갈 수 없기에 물질적 세상을 지켜봐야 해요. 그들은 이 세상과 상호작용해요.

D: 그건 우리가 알고 있는 지옥처럼 느껴져요.

J: 그게 한 상황이에요. 지옥이지요. 그들이 윤회하는 법을 배우고 영적으로 더욱 진보할 때까지 가끔씩 비슷한 상황이 계속해서 반복돼요. 그리고 그들 중 몇몇은 거의 짐승 같다고 그가 말해요. 이게 그가 사용한 표현이에요. "짐승 같은."

D: 나는 항상 지옥과 같은 그런 실제 장소는 없다고 생각해왔어요.

J: 그들에게 그건 말 그대로 지옥이죠, 맞아요. 만약 그들이 마약이나 술을 과하게 했거나 욕망에 사로잡혔다면, 그런 것들에게 조종당하기 때문이에요. 그들은 이 세계로 넘어온 후에도 여전히 그 욕망을 갖고 있지만, 표현할 수는 없어요. 그래

서 지구를 떠나기 전에 이런 어떤…… 소위 '악^{vices}'이라 불리는 것들을 갖지 않는 것이 아주 중요해요. 그렇지 않으면 그들이 여전히 그런 것들을 지니고 다음 차원으로 옮기기 때문이에요. 그가 말해요. "예를 들어, 담배를 피우고 싶어 하는 사람들이 있지만 여기엔 담배가 없기 때문에 담배를 피울 수 없어요. 그래서 그들은 담배를 피우고 싶어 하는 육체의 사람들과 어울리며 시간을 보낼 겁니다. 아니면 마약을 하고, 총을 쏘고 싶어 하고……. 그들의 삶에 그런 패턴을 만든 영체들이 있죠. 그들은 총을 쏘는 사람들 주변에 있을 겁니다."

D: 그들이 삼투압이나 그런 어떤 것에 의해 동일한 감각을 얻으려고 한다는 뜻인가요?

J: 네, 그러려고 해요. 그게 그들 주변을 어슬렁거리는 이유죠. 삶에서 그저 욕망이 이끄는 대로 산 사람들은 매춘부 집이나 이런 종류의, 인간의 형태로 많은 욕망이 일어나는 장소 주변에 있을 거예요. 그는 이런 사람들이 '천상계의 하부 거주자들'이라고 말해요.

D: 정말 악순환으로 들리는군요. 마치 그들이 아무데도 가지 않을 것처럼. 그들은 어떻게 그 행성에서 빠져나올 수 있죠?

J: 그는 이게 사랑하는 사람을 위한 기도가 필요한 이유이고, 그렇게 함으로써 그들이 빛을 볼 수 있게 도울 수 있다고 말해요. 그곳은 자신만의 지옥과도 같아요. 하지만 그들이 이런 일을 더 이상 못하겠다고 느낄 때, 수호자 영체$^{guardian\ spirits}$

들이 그들에게 다가온다고 말해요. 그들이 예를 들어 "내가 더 이상 보고 있을 수 없는 이런 일을 하는 모든 사람들을 보는 것에 이젠 완전히 지쳤다"라고 말하는 것을 배운 후에야 그럴 수 있어요. 그러면 수호자들이 와서 그들을 지도하고, 그들이 스스로 변화를 만들어 낼 수 있는 방법을 보여주기 시작해요. 그러나 그는 "그들이 다시 윤회할 때가 되면, 우리는 그것들을 반드시 처리한다"고 말해요. 그는 그들이 모두 재평가를 받을 수 있는 장소인 컴퓨터실computer room로 간다고 말해요. 컴퓨터실은 그것을 설치하고 육화가 일어날 때를 맞춰 이번 육화에서 가르칠 어떤 형태의 교훈을 연결시키죠. 그들은 그 삶을 어떻게 빨리 사용할 수 있는지를 그들에게 보여줘요. 그러나 그가 말하길 "이 모든 것이 매우 짧은 시간 내에 바뀔 거예요. 지구는 이런 영체들에겐 너무 고도로 진화되어 갈 것이기 때문이죠. 그래서 우리는 이 영혼들을 밖으로……." (존은 갑자기 웃었다) 당신도 알다시피, 그건 "좋아, 넌 여기서 기회를 가졌어. 다음 배는 아르투리스(영화 〈스타트랙〉에 등장하는 사라진 존재들의 행성-옮긴이)로 간다"라는 것 같아요. (농담처럼 웃으며) 사실 좀 웃겨요. 이 영체 안내자는 유머 감각이 뛰어나네요. (웃는다) 그는 유쾌하고, 약간 둥글게 생겼어요. 이렇게 말하네요. "당신은 여기서 기회를 가졌어요. 이제 우린 당신을 아르투리스 근처에 있는 다른 행성들로 보내야 해요."

D: 그 행성들은 부정성을 갖고 있는 것들인가요?

J: 네, 여전히 진화 중인 행성들이라고 하네요. 하지만 이런 영체들은 지구가 변하고 있기 때문에 여기로 돌아오지 않을 거예요. 우리가 보고 있는 이런 영체들은 영적 수준^{spiritual level}이 낮고 밀도가 높은 진동을 가진 영혼들이죠. 그는 말해요. "더 높은 진동수의 영혼은 달라요. 그들이 건너갈 때는 보통 지혜와 지식의 신전으로 향합니다. 그들은 이미 그곳에 가본 적이 있기 때문이죠."

이곳은 학교들이 위치한 곳일 수도 있다.

D: 그들은 모든 부정성을 우회하는군요.

J: 그가 말해요. "중간 수준의 영혼들이 있죠. 그들은 지난 생의 가족들과 행복한 상황 속에서 자신을 표현하는 것을 좋아해요. 그런 이들을 위한 집과 호수, 리조트, 보트들이 있어요."

D: 지구에서의 생활방식과 비슷하다는 거죠?

J: 네, 이곳에는 호수의 둑 중 하나를 따라 지어진 다양한 종류의 집들이 있어요. 가파른 언덕 중 한 곳에는 아름다운 집들이 있어요. 이곳은 그들이 선택하면 사는 곳인데, 특히 천상세계에 적응하기 힘들어하는 사람들이 대부분이죠. 그들은 여기서 많은 시간을 보낼 거예요.

D: 그들이 익숙한 집에서 살고 싶어 할 거라는 뜻인가요?

J: 맞아요. 물질계에서 알던 그들의 집과 같은 집에서 살 수 있어요.

D: 이런 집들은 가구나 다른 사람들 같은 것들을 포함하나요?

J: 다른 사람들을 포함하고 그들이 원하는 것은 무엇이든 표현해요. 그래서 그들이 아르데코 시대^{art deco period}(1920~1930년대 프랑스에서 태동한 기하학적 문양을 포함하는 현대적 디자인의 시대-옮긴이)의 가구를 원한다면 갖게 되죠. 또 그들이 등나무 가구를 원하면 가질 수 있어요. 루이 14세풍을 원한다면, 그대로 가질 수 있고요. 원하는 스타일이 무엇이든 다 가질 수 있어요. (웃는다) 알다시피, 이런 사람들은 고도로 발달된 영혼들이 아니에요. 거기에서 다음 생을 기다리고 있을 뿐이죠. 고도로 발달된 영혼들만 도서관과 그 단지의 다른 영역에 있는 것 같아요. 이 영혼들은 여전히 지구와 연관되어 있어요.

D: 아마 그게 그들이 이해할 수 있는 전부겠지요.

J: 정말 그래요. 좋은 지적을 했네요.

D: 아마도 그들은 그것이 그쪽에서(영계에-옮긴이) 존재할 수 있는 전부라고 생각할 거예요.

J: 그들은 보통 같은 방식으로 생각하는 사람들 사이에 있죠. 도서관의 수호자가 말해요. "옛말에 이르기를 '유유상종'이라 했어요. 그걸 기억하세요. 그건 당신 세상에서 사용하는 말이에요. 상부 실체들과 높은 에너지의 사람들은 서로 이

끌릴 거예요. 낮은 에너지의 사람들이 낮은 실체를 가진 사람들에게 끌리는 것처럼." 이 단계의 사람들은 그들에게 익숙한 생활방식을 유지하고 싶어 해요. 그리고 이것을 자신이 가진 것들을 정리하기 위해 사용하죠. 중간 단계를 거치면서도 강한 애착을 가지고 있기에 후대의 육화에서 많은 가족의 까르마가 일어나는 이유가 되죠. '하부-천상', '중부-천상', 그리고 '상부-천상'이 있는데 '중부-천상'이 이런 유형이에요. 그건 일종의 미국 교외 같은 곳이죠. 멋진 집들이 있고 사람들은 기본적으로 친구, 친척들과 이야기를 나누는 것 같은 오래된 좋은 추억을 갖고 있어요. 때때로 영체 안내자들이 집으로 와서 그들에게 다음 생의 준비를 시작해야 한다고 말해요. 그러면 그들은 이렇게 말하죠. "글쎄요, 우린 그저 가족들과 좀 더 즐기고 싶을 뿐인데요. 우리에게 그럴 시간이 있나요? 우리의 영적 성장에 그게 꼭 필요한가요?"라고. 그러면 그가 이렇게 말하죠. "필요해요. 당신은 사원으로 올라갈 필요가 있어요." 하지만 그들은 약간 두려워해요. '글쎄요, 난 잘 모르겠어요'라는 태도인 거죠.

D: 그들은 익숙한 것에 머무르고 싶은 거군요.

J: 네, 더 나아가는 것을 좋아하지 않아요. 하지만 그들은 좋은 것들을 표현할 수 있고, 꽤 행복해 해요. 이제 우린 상부 천상계로 들어가요. 그는 그것이 우리가 다른 사회 계층을 갖는 것과 같다고 말해요. 중부 천상계도 좋아요. 멋진 교외로 가

는 것 같죠. 상부 천상계는 아름다운 풍경이 있는 정말 멋진 곳이에요. 그곳에는 정원과 아름다운 산, 바다, 개울, 호수, 폭포의 전형들이 있어요. 모두 거기 있어요. 경이로워요! 지혜의 신전은 아름다운 보석 같은 도시에 있어요. 상부 천상 실체들인 일부 사람들이 살고 있고, 그곳을 둘러싼 산들이 있어요. 그들은 신전으로 들어와요. 가정생활과 가족의 편안함을 좋아하는 영혼들이에요. 많은 수의 매우 진화한 영혼들이 이런 종류의 삶을 좋아한다고 그가 말해요. 이게 그들이 산비탈에 작은 별장을 가지고 있는 이유예요. 그곳은 무척 아름다워요.

D: 영체들은 그들에게 익숙한 지역이 무엇이든 그곳으로 가는 것 같군요. 그리고 그들은 충분히 준비가 될 때까지 다음 단계로 올라가지 않을 거고요. 맞아요?

J: 네. 우리는 일정 단계까지 발전해야 한다고 그는 말해요. 하지만 그는 또 우리가 여기로 올 때 가고 싶은 곳은 상부 천상계라고 해요. 그가 이렇게 말해요. "여기가 바로 그곳이고, 정말 멋진 곳이죠. 하지만 중부 천상계도 중요하지요. 영혼들 대부분이 오는 곳이고요. 그들은 좋지도 나쁘지도 않고 퇴보하지도 않고, 그저 그들의 가족과 친구들이 보고 싶을 뿐이에요. 그들에겐 시간이 필요해요. 하지만 그들이 컴퓨터실로 올라갈 시간이 되면, 드디어 그들이 갈 시간이 된 거예요."

D: 그들은 그것에 대해 뭐라 할 말이 없겠군요.

J: 그래요, 그들은 그게 슬픈 거예요.

D: 결국엔 모두 컴퓨터실에 가나요?

J: 그럼요. 모두 다 가죠. 여기는 처리실processing room이에요. 그러나 하부 실체들이 이 모든 부정성을 거쳐 육화하기까지 얼마 남지 않았다고 그는 말해요. 내게 컴퓨터실을 보여줄 수 없다고 하는군요. 여긴 기본적으로 영체 수호자들만 들어갈 수 있는 처리실이거든요. 매우 중요한 지역이라서, 당신이 천상 상태에 있을 때조차도 지금 바로 들어갈 수는 없다고 말해요.

D: 괜찮아요, 보지 않아도 돼요. 단지 이런 것들에 대해 알고 싶을 뿐이에요.

J: 이곳은 영혼들이 줄을 서서 그들이 육화할 수 있는 적절한 신체와 맞춰보는 처리실이죠. 그런데 그가 상부 천상계에서 온 영체가 육화하기를 원할 때는 다르다고 말해요. 그건 마치 좋은 구비서류를 가지고 있는 그에게 우선권이 있는 것 같은 거죠. (웃는다) 내 말은 그중 일부는 그냥 무사통과예요. (웃음) 내가 받은 인상은 그래요. 이 영혼들의 일부에게는 그게 사실이라고 하는군요. 에티오피아 기근으로 사망한 사람들의 고통과 고난의 많은 부분은 그들 전생에서 완전히 방종했던 생활에 의해 야기된 거라고 해요. 이런 삶들은 그들을 위한 더 높은 영적 에너지로 처리된다고 하는군요.

D: 그러고 나서 그들은 오래 살지 못할 삶으로 보내져요. 단지 그 태만의 일부를 갚기 위해 노력하기에 충분할 만큼만.

J: 고난을 겪기 위해. 그들이 영적으로 성장해야 함을 가르치기 위해서요.

D: 음, 이 컴퓨터실도 가족과의 최종 까르마적 연결 같은 것들이 해결되는 곳인가요?

J: 이곳은 거대한 컴퓨터 처리 센터 같아요. 어떻게 생긴 곳인지 알 것 같은데 안으로 들어갈 수가 없어요. 귀를 쫑긋 세우고 들어가길 기다리는 영혼들이 줄지어 서 있어요. 더 상부 단계의 영혼이 오면 우선순위의 서비스를 받는 것 같아요. 그들은 이미 빠르게 처리될 거란 걸 알고 있고 곧 다른 곳으로 안내돼요.

D: 그러면 하부 단계의 영혼들 중 다수는 이런 고통스런 삶을 살기 위해 보내지고, 이런 나라에서 재앙과 기근 속에 집단으로 죽도록 예정되어 있는 사람들이군요. 맞나요? 그런 곳에서 살기 위해 돌아오는 사람들이에요?

J: 아니요, 그는 그렇게 보지 말라고 말해요. 그들은 몸을 잘못 사용한 삶에 대한 대가를 치르고 있어요. 똑같이 우리의 성전 temple을 잘못 사용하면, 우리도 고통받을 수 있어요.

D: 사람들이 갖고 있는 천국에 대한 인식이 천상 차원과 부합하나요?

J: 상부 천상계는 무척 아름답기 때문에 우리가 말하는 천국과

비슷할 거라고 하는군요.

D: 이게 그들의 천국에 대한 인식인가요?

J: 그건 아니라고 해요. 천국과 지옥을 믿는 사람들은 여전히 인지의 중부 단계에 있다고 해요. 그들에게 주어진 것은 천국이나 지옥이 아니에요. 다만 교외 같이 보이는 지역에 멋진 주택을 제공받은 거죠. 이것이 그들이 기대하는 것이고, 이게 바로 그 결과죠. 여기 위에 하프를 가진 천사들은 없어요.

D: 나도 하프를 들고 구름 위를 떠다니는 누군가가 있는지 궁금했어요. (웃는다)

J: 구름은 없어요. 하지만 상부 천상계는 그냥 너무 아름다워요. 빛나는 보석 같은 화려한 꽃 색깔들로 가득해요. 정말 천국일 수도 있어요.

D: 그곳이 사람들이 천국에 기대하는 모습에 가장 잘 맞을 거예요. 그가 말해줄 수 있는 또 다른 상부 차원들이 있나요? 아니면 그게 최상인가요?

J: 그는 이게 당신이 상부 천상계에 도달했을 때 만날 수 있는 더 진보한 등급들이라고 해요. 하지만 이것보다 훨씬 더 높은 등급들도 있어요. "하지만 당신은 여전히 몸에 얽혀 있고, 그래서 신경 쓸 다른 것들이 있어요." 그가 또 말해요. "더 멀리 보지 말아요. 존, 당신의 인식 단계에서는 그걸로 충분해요."

D: 높은 단계들로 올라갈 때마다, 다시 돌아와서 육화해야 하나요?

J: 아니요. 그들은 우주적 계획에서 훨씬 더 중요한 임무를 수행해야만 한다고 해요. 그리고 무척 중요한 임무가 아니면 그들은 보통 물질적 육화를 다시 겪지 않는다고 말하는군요. 그는 역사 속의 위대한 인물들, 예를 들어 예수와 부처는 다시 돌아온 매우 높은 상부 천상계의 실체들이었다고 말해요.

D: 그럼 그들은 어떤 특별한 목적을 위해 돌아왔군요.

J: 맞아요, 아주 중요한 목적.

D: 우리 진화의 목표가 그 차원을 넘어서는 것인지 궁금해요.

J: 그는 우리가 상부 천상계를 넘어 우주적 영체가 되기 위해 영적 충전과 배움 속으로 들어간다고 해요. 그렇다고 우리가 단지 지구의 천상 영역에만 묶여 있는 건 아니에요. 내가 그걸 이해할 수는 없어요. 그도 "지금 시점에서 당신이 이해할 수 있는 건 아니에요"라고 말하는군요. (웃는다)

D: 최종적인 우리의 목표는 무엇이죠?

J: 완전함. 우리는 커져요. 물리적 법칙으로부터 우리가 아는 것처럼 에너지는 생성되지도, 파괴되지도 않아요. 단지 원천 source 으로 돌아올 때마다 그 형태를 바꾸는 거죠. 그리고 원천에 도달할 때, 그건 동일한 에너지죠. 그는 이것이 영적 물리학에도 마찬가지로 적용된다고 말해요. "그게 실마리죠. 당신은 스스로를 위해 그걸 생각해야 해요."

D: 최종적으로 그 목표는 완전함이죠? 그걸 성취하기 위해서는 지구의 여러 삶들을 거쳐 그 이상으로 진화해야 하는 거

고요?

J: 그는 각각의 생애가 완전함을 추구하는 과정에서 배울 필요가 있는 각각의 다른 자질을 가르친다고 말해요. 우린 단지 몇 번의 삶들을 갖는 게 아니에요. 어떤 사람들은 삼백, 사백, 오백, 육백 생애까지 나아가지요.

D: 물론 그들 중 많은 수가 반복하는 수업들을 계속해야 하는 거죠, 그렇죠?

J: 맞아요. 어떤 진보된 영혼들은 단 열 번의 생애만으로도 완전함에 도달할 수 있다고 해요. 하지만 평균적인 숫자는 약 120번이죠. (갑작스레) 그가 이제 우리는 충분히 보았고, 이 영역을 떠나야 할 때라고 말하고 있어요. 나를 도서관 밖으로 안내해서 신전 영역 밖으로 이끌면서 숨이 막힐 정도로 멋진 정원으로 내려가는 계단을 보여주고 있어요. "저 밖에 뭐가 있는지 보러 가는 게 어때요?"라고 그가 말했어요. 우리가 너무 많은 질문을 했다는 느낌이 드네요. 이 정원을 걷고 있는데 정말 아름다워요. 그곳에는 분수대와 도관conduits 이 있어요. 새들이 지저귀고 꽃들의 향기가 정말 환상적이에요. 여기에 빛나는 영체가 있는데 이렇게 말하네요. "정원에 대해 이야기해요. 그건 당신들이 지구에 가지고 있는 모든 꽃과 나무, 연못, 호수, 분수의 원형이고 그래서 이쪽이 훨씬 더 섬세해요." 정말 그래요. 모든 것이 정교해요. 그 꽃들은 마치 수공 보석 같아요. 뿜어져 나오는 향기는 한 번도 느

껴보지 못한 신비한 느낌을 줘요. 세상에서 제일 비싼 향수가 사방에 뿌려졌다고 상상해봐요. 자연이 당신을 사랑하기 위해 손을 뻗는 것만 같아요. 그리고 아름다운 나비들도 있어요. 오, 정말 멋져요. 여긴 모든 것이 너무 아름다워요. 이것은 물질세계에서 정원이 어떻게 보이는지에 대한 전형이에요. 이것이 진짜real 세상이죠. 천상 세계가 진짜 세계이고 이 정원은 우리 지구 정원의 전형이지요.

D: 나는 지구의 꽃들에 대해 생각하고 있어요. 꽃은 피었다가 질 거예요.

J: 아니요, 이것들은 영원해요. 결코 변하지 않아요. 이게 그것들이 보석 같은 완벽함을 가지는 이유지요.

D: 가장 완벽한 장미 같은 그런 건가요?

J: 네, 꽃잎 하나하나가 정교해요. 그 꽃들은 최고로 완벽한 보석들 같아요.

D: 나무도 마찬가지인가요? 그게 이런 나무들의 가장 완벽한 예가 될까요? 이것이 당신이 의미하는 것인가요?

J: 그는 우리들의 세계, 물질세계의 나무들은 단지 이것들의 반영reflections일 뿐이라고 말해요.

D: 오, 나는 그 반대를 생각하고 있었어요. 아마 천상 세상이 이 세상의 반영일지도 모른다는.

J: 아니, 아니, 아니에요. 그가 말하길 "이 세상이 훨씬 더 나아요. 물질적 세상에서 창조된 모든 아름다운 것들은 여기 세

상에 그것들의 상응이 있죠. 지구는 단지 영적 세상의 반영일 뿐이에요. 그러나 지구의 세상은 너무 거칠고 조잡해요." 그런 말을 한 사람은 이 멋진 정원의 수호자였어요.

D: 그렇다면 각 장소마다 수호자가 있겠군요.

J: 네, 이 단지의 각 장소마다 다른 수호자가 있어요. 그리고 여기엔 아름다운 호수가 있어요.

D: 거기가 어디죠?

J: 정원에 호수의 둑 한쪽을 따라 지어진 다양한 종류의 집들이 있어요. 그리고 분수, 사원, 산과 모든 풍경은 완전하고 영원해요. 색채의 강도는 숨이 막힐 정도예요. 이 차원의 놀라운 아름다움은 말로 표현할 수 없어요. 음, 그는 이제 우리가 돌아가야 할 것 같다고 말하고 있어요. 그가 외쳐요. "당신의 여행이 끝났어요. 이제 돌아가요. 돌아가요, 존!"

D: 좋아요. 하지만 내가 알 필요가 있는 다른 장소는 없나요?

J: 아니요, 지금 당장은 아니에요. 일부 영역은 유아나 미취학 아동을 대학에 끌고 가는 것과 같이 중심에서 벗어난다고 그가 말해요. 그는 이 정보가 지금 시점에서는 당신에게 필요하지 않다고 하는군요.

D: 알겠어요. 하지만 그에게 내가 이것들에 대해 알아보려고 한다고 전해줘요. 그래야 죽음을 두려워하는 사람들이 저기 건너편이 어떤 곳인지 알게 될 거라서요. 그게 가장 중요한 거죠. 그들이 진실을 안다면 두려워하지 않을 거예요.

J: 그는 당신의 봉사를 이해해요. 멋지고 훌륭한 일이라고 말해요. 하지만 그는 또한 우리가 계속 감춰두어야 하는 것들이 있다고 말해요.

D: 음, 존중합니다.

J: 그가 말하고 있어요. "이제 잘 가요. 사랑과 빛 속에서 행복과 숭고함^{high}을 느끼세요. 당신을 축복하고, 하얀 빛이 당신을 감싸 안전하고 행복하게 만들도록 하세요."

D: 좋아요. 그럼 오늘은 더 이상 질문하거나 정보를 알아내려고 하면 안 된다는 거군요?

J: (놀라며) 그가 사라졌어요!

D: 음, 지금은 어디에 있어요? (잠깐 멈춤) 어떤 것을 보고 있나요?

J: 나는 회색 속에 있어요. 그게 전부예요. 온통 회색뿐이에요. 구름의 일종이에요.

D: 좋아요. 우리가 질문을 그만하길 바라는 모양이네요. 당신은 괜찮아요? 하지만 당신에겐 선택의 여지가 별로 없는 것 같은데, 그렇죠? (웃음)

J: (당황해서) 난 더 이상 거기에 없어요.

D: 괜찮아요. 우리는 꽤 많이 알아냈어요.

그러고 나서 나는 존이 완전한 의식을 되찾도록 했다. 우리의 탐험을 더 이상 이어가지 못해 조금 아쉬웠지만 그들이 소통의 흐름을 막자, 우리는 더 이상 선택의 여지가 없었다. 우리가 어느 지점까지만 진입할 수 있게 허락된 것 같았다. 그들이 우리가 갈 시간이 되었다고 결정했을 때, 그들은 그냥 우리를 문밖으로 밀어내고 문을 닫아버렸다. 그 장면은 완전히 단절된 상태였다. 이것은 매우 이례적인 경우였고, 우리가 확실히 이 세션을 통제하는 사람들이 아니라는 것을 보여주었다.

6장

존재의 다른 단계

존재의 다른 단계에 대한 또 다른 정보는 어떤 여성이 삶 사이의 중간 지대in-between lives에 머물며 영체 차원들spirit planes에 있는 학교에 다니고 있을 때 드러나기 시작했다. 그러나 이번에는 일부 유사점들이 있었지만 이전에 내가 들었던 지식의 학교와는 다른 학교처럼 들렸다. 그녀는 그것이 일곱 번째 단계에 자리 잡고 있다고 말했다.

S: 나는 삶에서 매일의 경험을 어떻게 받아들여야 할지, 그것들을 어떻게 가치 있고 즐겁게 만들지, 또 그 경험이 어떻게 많은 가치를 만들어 내는지에 대해 배우고 있어요. 우리는 지구에서 일어나는 다양한 상황들에 대해 배우죠. 그리고 인류가 필요한 단계로 나아갈 수 있게 다른 사람들이 지식을 쌓을 수 있도록 돕는 노력을 하고 있어요.

D: 일종의 안내자 역할을 한다는 말인가요?

S: 어느 정도는 그래요. 사람들이 가능성의 차원realms of possibility을 여는 걸 돕고 있어요.

D: 당신이 있는 곳에서 이걸 할 수 있나요?

S: 대부분 여기서부터 진행되지요. 우리가 줄 수 있는 지식과

정보를 다룰 수 있다고 느껴지는 사람의 주의를 끌기 위해 노력해요. 일곱 번째 단계에 있는 것들에 개방된 이들은 소수에 불과해요. 여섯 번째 단계의 것들에 개방된 사람들은 좀 더 많아요. 우리는 영적 지도자^{spiritual leaders}나 발명가 등에게 개방시키려고 노력하고 있어요. 그리고 지구에서 200년 이상 기억되는 이가 드물다는 측면에서 많은 이들이 중요하게 여기지 않는 이들도. 하지만 그들은 중요한 어떤 일을 하고 있어요. 아마 유명해질 누군가의 아버지가 되거나, 그런 아이들을 지도하거나 가르치게 되겠죠.

D: 당신은 정신적인 단계^{mental level}에서 일하려고 노력하나요?

S: 네. 그들의 꿈과 유사한 다른 것들을 통해서.

이 일곱 번째 단계는 발명, 음악 및 창조적인 영역에 영향을 주는 곳으로 보인다. 나는 세상이 준비될 때마다 열린 마음을 갖고 이곳에서 주는 아이디어를 낚아채는 사람이 여러 분야의 발명에 기여할 사람일 거라고 느껴 왔다. 반대편에 있는(영계-옮긴이) 이들은 때가 되었을 때 이루어지기만 하면, 실제로 누가 창조를 하는지는 별로 신경 쓰지 않는다고 생각한다. 이것으로 전 세계 많은 사람들이 동시에 같은 일을 하면서 완성^{completion}을 향해 서두르는 사례를 설명할 수 있을 것이다. 그동안 많은 유명한 발명가들과 작곡가들은 그들이 영감을 받게 되는 이런 영향들에 대해 더 심리적으로 열려 있는 꿈 같은 상태에서 떠올랐다고 주장해왔다.

D: 이런 영적 차원들이나 단계에 대해 설명해줄 수 있나요?

S: 피라미드에 비유해서 상상한다면 신은 맨 위에 있고, 인류는 맨 아래나 그 즈음에 있을 거예요. 그 차원은 삶과 삶 사이 in-between에 있고 높아질수록 더 영적으로 되어가지요. 그 차원들에서 진보해가는 사람은 점점 자각의 폭이 넓어지고 신과 가까워지죠. 그러나 이 피라미드식 유추는 여러 가지 측면에서 결여되어 있는데, 그중 하나는 맨 윗부분이 무한하다 infinite는 거예요. 신이 되려면 무한해야 해요.

D: 우리는 어떻게 여러 차원들을 거쳐 진보하죠?

S: 당신은 지금 이 순간에도 차원을 거쳐 진보하고 있어요. 육화는 한 방식이죠.

D: 그건 그저 영적 발달의 문제인가요?

S: 맞아요. 물질적 발달은 다른 것이죠.

D: 우리는 진보하기 위해 반드시 하나 이상의 삶을 살아야 하나요?

S: 당신이 원한다면 더 이상 삶을 살 필요가 전혀 없어요. 육화는 필수적이지 않아요. 더 효율적일 뿐이죠.

D: 무엇에 더 효율적인 거죠?

S: 당신을 위해. 당신의 시간을 위해. 당신의 배움에 대한 경험을 위해서. 영적인 상태로 남아 있는 것보다 육화하는 것이 더 완전한 배움이죠. 이 길은 궁극적 목적지까지 가는 지름길이에요.

D: 그럼 궁극적인 목표는 대체 무엇이죠?

S: 신과 하나 되는 것. 다시 신과 함께하고 완전함에 이르기 위해. 그러고 나면 당신은 더 이상 돌아오지 않아도 돼요.

D: 얼마나 많은 영체들, 영혼들이 차원의 최고 단계에 도달했나요?

S: 많은 이들이 이미 신과 함께했고 다시는 하위 차원으로 돌아갈 필요가 없어요.

D: 보통 얼마나 많은 삶들을 살아야 하지요?

S: 개인마다 달라요. 그들이 설정한 목표와 패턴을 지킬 수 있다면, 그리고 그들이 왜 그곳에 있는지 잊지 않고, 그들의 내면과 접촉하고 엄격하게 그 길에 머문다면 그다지 많이 걸리지 않아요. 하지만 너무 많은 사람들이 세상의 방식에 갇혀 있어요. 자만심과 허영심이 그들을 둘러싸고 그들의 존재 이면에 있는 영적이고 더 깊은 진실과 접촉을 잃게 만들지요.

D: 만약 우리가 육화하지 않았다면, 어떻게 신에게 도달할 수 있나요?

S: 다른 방법들을 통해서요. 육화된 존재들을 돕고, 보조함으로써. 영체 차원들에서 안내자, 교사, 조력자, 친구로서 길잡이가 되는 것들이죠. 그 외에도 여러 가지 다른 방법들이 있어요.

D: 다른 방법으로도 할 수 있다면, 이런 차원들을 거쳐 육체적으로 작용하며 올라가는 목적은 무엇이죠?

S: 우리는 상승하는 존재ascendant beings예요. 우리는 사다리를 만들고 있어요. 전체적 목적이 고정적인 다른 이들도 있어요. 이건 마라톤에 참가하는 사람들과 비슷해요. 특정 지점에서 물을 들고 지나가는 선수들에게 건네주는 역할만 하는 사람들이 있죠. 뛰는 선수들은 원한다면 처음부터 끝까지 올라가는 사람들이지요. 천사들은 오르지 않고 단지 봉사하는 조력자의 역할을 해요. 우리의 목적은 처음부터 종결 지점에 닿을 때까지 달리는 거예요. 하지만 여기엔 1등도 꼴찌도 없어요. 결승선finish line을 통과하는 모든 선수가 그 경주에서 우승자인 거죠.

나는 이런 단계들이 궁금했다. 어떤 영체들은 그것들을 '차원'이라고 불렀지만, 묘사로 보아 그들이 같은 것을 말하고 있음을 알 수 있었다. 누구와 이야기 하느냐에 따라 조금씩 달라지지만 열 단계, 열 세 단계부터 가능한 한 무한한 숫자에 이르기까지 여러 단계가 있다고 들었다. 하지만 그들은 모두 더 높이 올라갈수록 신과 하나가 되는 것에 더 가까워진다는 것에 동의한다.

D: 다른 단계들에 대해 말해줄 수 있나요?
S: 당신이 각 행성이나 차원을 이해할 수 있는 경험이 없기 때문에 이해할 수 있게 설명할 수는 없어요. 하지만 몇 가지 정보를 주도록 노력할게요.

D: 지구는 1단계로 간주되나요?

S: 지구의 단계는 다섯 번째 단계로 간주돼요. 그 아래에는 몇 가지 단계가 있어요. 가장 낮은 것으로는 자연원소들elementals이 첫 단계에 있죠. 그 기초 차원은 가장 순수한 감정들과 에너지들로 구성되어 있어요. 그것들은 기본적인 에너지일 뿐이고, 당신은 거기서 위로 올라가요. 그것들은 어떤 개인적인 인격들을 갖고 있지 않은, 그들의 시간들을 기다리고 있는 집단적인 생명 형태collective life forms일 뿐이죠. 자연원소들은 그들이 개별화될 미래를 가지고 있어요. 그들은 대기 중이죠. 그들의 잠재력을 과소평가하지 마세요. 그들은 매우 강력할 수 있으니까요. 그들을 비난하거나 저평가하지 마세요. 그들은 이전의 인간의 미래가 그랬던 것처럼, 꽤 주목할 만한 미래를 가지고 있기 때문이죠.

D: 우리가 '빙의possession(혼령에 씌임-옮긴이)'라고 부르는 것과 자연원소들은 상관이 있나요?

S: 일반적인 이해의 측면에서는 아니에요. 빙의는 현실reality이지만, 자연원소들은 이끌려 오기만 하지 침략자invaders 같은 것이 아니에요. 자연원소들은 지시를 받을 수 있기에 꽤 쉽게 영향을 받는 경향이 있고 어떤 식으로든 흔들릴 수 있어요. (자세한 내용은 10장 참조)

D: 다른 단계들은 어떤 것들이에요?

S: 나무와 언덕을 보호하는 두 번째 단계가 있어요. 이것들은

서로 다르죠. 자연원소들은 보통 장소들을 다뤄요. 반면에 나무를 보호하는 이들은 각각 나무나 자신만의 형태를 가진 식물을 가지고 있어요. 그리스인들이 정령들sprites과 드리아드driads(그리스 신화의 님프〈nymphs〉. 숲속에 사는 여성의 모습을 한 자연 정령-옮긴이), 그런 것과 비슷한 것들을 말할 때와 같아요. 그것이 이 단계의 이해력 같은 것이죠.

D: 그들은 지능이 있나요?

S: 지능보다는 장난mischief이 더 심하죠. 기본적으로 매우 친절한 마음이긴 하지만. 그건 진보의 문제예요. 당신의 신체 수준은 또 다른 에너지 수준일 뿐이죠. 그것은 단순히 당신이 가장 편안하게 느끼는 곳에 대한 인식의 문제예요. 이것이 당신이 어느 단계의 육화로 가는지를 결정해요. 어떤 사람들은 요정fairies과 신발 요정leprechauns(아일랜드 민화에서 신발을 고쳐준다는 고깔모자를 쓴 난쟁이 남자 요정-옮긴이)의 모습으로 돌아오는데, 그것이 그들이 편안하게 인식하는 상태이기 때문이에요.

D: 그게 가능한가요?

S: 네. 보통 그들은 당신들의 언어에서 '소인류little people(난쟁이-옮긴이)'라고 불리는 것들로 육화해요. 그들은 관련된 에너지와 그것들을 조종하는 방법을 알기 때문에 그들의 영적 수준에 더 잘 맞아요.

D: 그런 존재들이 실제로 존재하나요?

S: 네, 그들은 영체 차원에 존재해요. 물질적 세계에 존재하지는 않아요. 하지만 그것들은 물질적 발현으로 나타날 수 있어요. 이건 매우 중요해요. 그들은 나타날 수 있지만 매우 영적인 상태예요. 그들의 영혼도 당신의 영혼처럼 완전함을 향해 성장하고 있어요. 그리고 그들은 숲, 바다 및 대기의 모든 식물과 동물에 의지해요. 그들은 이 지역에 숨어 있는 유목민이나 셰이커shakers (춤추는 이들-옮긴이) 같아요. 하지만 그들이 발현되면 녹색 수풀 지역에서 인간과 비슷한 생물로 나타나지요. 그래서 신발 요정이나 요정, 엘프elf 같은 것들에 대한 이야기가 존재하는 거죠.

D: 일상적 상태에서는 영체지만 작은 생물로 나타날 수 있다는 건가요? 왜 그렇게 특이한 형태로 나타나죠?

S: 계획의 일부예요. 그들은 자연을 돌보는 방법을 배우기 위해 시험을 받고 있죠. 배움을 마쳤을 때, 그들은 나아가서 스스로를 돌볼 수 있어요.

D: 그게 무슨 뜻이에요?

S: 말한 그대로예요.

D: 그 말은 그들이 진화하고 결국 인간으로 육화할 수 있다는 뜻인가요?

S: 당신들은 다른 생애에서 요정이었던 적이 있었어요, 맞아요.

D: 네? 우리 모두가요?

S: 그래요, 우리 모두. 현재 상태에서 영혼의 진화에 대해 너무

많은 이야기를 할 수는 없어요. 이해하기 어렵거든요. 하지만 우리가 사다리를 오르는 것처럼 그들도 사다리를 타고 올라가고 있죠.

D: 인간이 이런 것들에게 매료되는 이유는 무엇인가요?

S: 아마 그런 상태에 있어 봤기 때문일 거예요. 그들은 요정들이었어요. 특히 지구와 주파수가 잘 맞는 그런 사람들 말이에요. 그들은 여전히 이런 형태의 창조물 상태로 지구에서 영체로 살아온 생애의 기억들을 떠올리고 있어요.

D: 민간 설화에 따르면 그들은 마법의 힘 비슷한 것들을 가지고 있다고 하죠. 사실이에요? 그런 힘들을 갖고 있나요?

S: 그건 그냥 민간 설화예요. 그들은 놀라운 재능들을 정말로 가지고 있어요. 하지만 영적 차원을 인지하지 못하는, 교육되지 않은 사람은 그들이 나타날 때 그들을 육체적인 형태가 아닌 영체로 보았어요. 그들은 영적인 의미에서 생명을 갖고 있죠.

D: 그들을 영체로 보고 나서 발현되는 존재로 본다는 것이 이해하기 어렵네요.

S: 필요할 때 그들은 그렇게 하도록 허락되었지요. 그 점이 그들이 인간에게 자주 나타나지 않는 이유예요. 만약 당신들에게 예지력이 있다면, 모든 자연에는 끝없이 자신의 책무를 다하는 영체들이 함께 있다는 걸 알 수 있을 거예요.

D: 그들 역시 죽음을 경험하나요?

S: 아니요, 그들은 죽음을 겪지 않아요. 단지 더 개별화할 뿐이죠. 그들은 자신의 까르마적 운명을 해결하기 위해 집단영혼 group soul에서 벗어나 더욱 두드러진 개별화로 옮겨가죠.

D: 오랫동안 지속되어온 민간 설화가 있어 왔고, 그것에는 어떤 근거가 있어 보여요. 사람들이 그들을 엘프, 요정, 노움 gnomes(16세기 르네상스 시대의 신화적 존재-옮긴이) 등 다양한 방식으로 보는 이유가 있나요?

S: 몇몇은 호수와 물의 생물들을 돌보죠. 다른 이들은 숲의 생물들을 돌보고요. 또 다른 이들은 지구의 카펫 역할을 하는 잔디를 돌보지요.

D: 이게 그들이 다르게 보이고 다른 모양, 다른 형태, 다른 성품 등을 갖고 있는 이유인가요? (그녀는 고개를 끄덕였다) 이 생명체들이 부정적인 어떤 것을 만들어낸 적이 있나요?

S: 아니요, 그렇게 하지 않도록 프로그램되어 있으니까요.

D: 음, 나는 민간 설화를 생각하고 있어요.

S: 네, 하지만 저 바깥에는 이런 존재들로 가장한 악마들demons이 있어요. 이들은 지구에 산 적이 있지만, 이곳에 다시 환생할 수 없기 때문에 화가 난 몇몇의 부정적인 천상계 실체들이죠. 그들은 문제를 일으킬 수 있어요. 과거에는 이런 일이 더 자주 일어났어요. 당신도 알다시피 인간들은 기술적인 발전 때문에 오히려 이런 영체들을 무시해왔죠. 악마들은 요정으로, 혹은 동물로서 사람들을 괴롭히곤 했어요. 그러나 이제

인간은 농경 생활 방식에서 기술적인 생활 방식으로 옮겨 갔기 때문에, 그런 일은 자주 일어나지 않는 거죠.

D: 사람들이 그런 것들을 어떻게 알 수 있나요?

S: 걱정하지 마세요. 자연의 영체들^{nature spirits}은 유한한 인간에겐 잘 드러나지 않아요. 그건 흔하지 않아요. 하지만 그들이 그렇게 할 때는 중요한 이유가 있어요. 보통 그것은 땅이나 자연 그 자체와 관련이 있어요. 예를 들어 사람들이 신성한 땅을 남용하려 하면 그들은 문제를 일으킬 거예요. 그들은 "제발 이 땅을 학대하지 말아요"라고 말하기 위해, 사람들이 잠잘 때와 깨어 있는 시간에 접촉하려고 시도할 거예요.

D: 우리가 알고 있는 인디언의 전설처럼 들리네요. 하지만 예전만큼 자주 나타나진 않잖아요.

S: 그렇죠. 하지만 그들은 언제나 그들이 돌보는 식물과 동물들에게 이로운 일들을 해요.

D: 한 가지 궁금한 게 있어요. 각각의 식물과 동물에게 별도의 보호자가 있나요?

S: 없어요. 식물과 동물들은 모두 집단 영체를 갖고 있기 때문이죠. 이 집단 영체들은 우리가 엘프, 요정 등으로 부르는 개별 영체들에 의해 보살핌을 받아요.

D: 이건 이해하기 너무 어렵군요. 나는 모든 식물들을 돌보는 한 집단 영혼이 있고, 이것이 개별화한다고 생각했는데…….

S: 그들은 별개의 존재들이에요. 집단 영혼은 도와주는 영혼만

큼 진화하지 않았기 때문이죠.

D: 그렇다면 요정들과 엘프들은 영혼들을 돕고 있군요. 우리의 안내자들과 수호자들처럼.

S: 그들은 고깔모자 요정^{pixies}(영국와 아일랜드 민화의 뾰족한 귀를 가진 작은 요정-옮긴이) 같아요. 그래요, 그들은 식물과 동물의 왕국을 위한 안내자들이자 소통자 같은 존재예요. 이 왕국들은 이들을 인지하고 있어요.

D: 우리의 안내자들과 수호자들이 우리를 돕는 방식과 같군요.

S: 네. 동물의 왕국과 식물의 왕국을 위한 것이라는 점만 제외하고는 그렇지요. 신발 요정 혹은 엘프, 혹은 뭐라고 부르든 그들은 인간적 육화를 향해 영적으로 진화하고 있는 독특한 영혼 유형이에요. 그들은 미래에 그 기회를 가질 거예요. 사실 우리 역시 전생에 그런 종류의 에너지였지만, 지금은 인간의 역할을 하고 있죠. 이런 영체들은 집단 영혼을 가진 동물들과 새들에게 봉사하고 있어요. 동물들이 생명을 보는 방법은 그들의 번식을 통해서죠. 그게 그들이 살아가는 방식이에요.

이 중 많은 부분이 우리가 미신적인 헛소리로 치부했던 민담설화, 신화와 매우 비슷하게 들렸다. 아마도 고대인들은 자연에 더 가까이 살고 있었기에 이러한 기본적인 원리를 더 많이 이해했을 것이다. 동시에 그들은 그에 대한 두려움도 있었다. 그렇게 자연에 대한 경외감으로 그들은 이야기를 만들어 냈고, 민담과 신화에 이름이 전해 내려오는 독특한 유형의 생물들로 그 이야기들을 채웠다. 이것은 우리가 기계화되고 복잡해진 사회에서 무시하기로 선택한 이 영체 차원을 이해하려는 고대인들의 시도에서 진화한 것으로 보인다.

D: 이런 영체들은 진화 과정에서 결국 인간이 되는 거군요.

S: 네. 사실 나는 이 정보에 대해 많은 이야기를 해선 안 돼요. 하지만 그게 맞아요. 그들은 인간으로 발전하는 법을 배우고 있어요. 젊은 영혼이죠. 그들은 모든 인류와 자연에 대한 사랑으로 가득 차 있어요. 특히 자연에 대한 사랑으로요. 지구의 전환^{Earth Shift}(돌로레스의 다른 책에서 언급된 미래 지구의 변화-옮긴이) 후에 그들은 진화의 규모를 키울 거예요. 그런 후에 물질적 몸으로 육화하기 시작할 거예요. 그들은 현재 지구의 전환을 위해 세상을 준비하고 있어요. 그게 사람들이 살기 위해 국가의 특정 지역으로 안내되는 이유예요. 이런 영체들이 인간의 삶으로 육화하면 세상은 낮은 행성적 진동체계에서 높은 행성적 진동체계로 변하게 되고, 이것은 그들의 빛과 삶에 반영될 거예요. 수많은 그들이 세상의 재건을 돕고 식량을 생산하기 위해 운용되고 육화할 거고, 지구의 전환으로 충격을 받아온 동물들과 교감하게 될 거예요.

D: 우리 같은 유형의 영체들은 어떻게 될까요?

S: 지구의 전환이 일어나면서, 영혼의 그룹들에도 다양한 변화가 일어나요. 우리는 의식이 더 높은 감각을 가진 존재로 진화할 거예요.

D: 그때가 오면 우리가 지구에 육화하기를 원하지 않을까요?

S: 우리는 까르마의 의미를 채우기 위해 지구에서 다시 윤회할 거예요. 그러나 지구에 올 대부분의 사람들은 영적으로 진화될 거예요. 덜 진화된 모든 존재들은 그들의 우주적 여정을 다시 시작하기 위해 다른 우주로 보내질 거예요.

D: 지구의 전환 이후에 많은 변화가 있을 것 같군요.

S: 자연의 영체들이 그것에 대해 준비하고 있어요. 오, 나는 정말 그 부분에 대해 더 이상 이야기해선 안 돼요.

다가올 지구의 축 이동axis shift of the Earth에 대한 주제와 원리는 내 책《노스트라다무스와의 대화》3권에서 더 자세히 다루고 있다.

D: 동물들은요? 그들에게는 개별적인 영혼이 없다고 했잖아요?

S: 없어요. 동물의 영체들은 인간과 달라요. 사람의 영혼과 너무 달라서 그걸 잘 설명할 수가 없어요. 그들은 집단 영체들을 갖고 있고, 이것들은 다른 자연원소들과 같이 작용해요. 소나 말 같은 동물들은 집단 영체로 쉽게 구별될 수 있는 무리적 성향을 가지고 있어요. 하지만 동물의 영혼은 인간이

가진 것 같은 인격을 가지고 있지 않아요. 그러나 그것들은 생명의 원동력이며, 동물의 몸에 내재된 것이죠.

D: 그들은 인간이 하는 육화와 같은 것을 하나요?

S: 육화를 하죠. 그래요, 육체를 생명력으로 채우는 건 있어요. 그래서 육화라고 할 수 있죠.

D: 동물의 영체가 인간으로 육화한 적이 있나요?

S: (그녀는 인상을 찌푸렸고 어리둥절해 보였다) 네, 결국 그렇게 되죠. 그것은 영적 성장의 일부예요. 당신이 보다 높은 단계로 계속 나아가는 것처럼 동물들의 영체도 집단 영체로부터 분리되어 개별적 영혼이 되고, 영적으로 성장 과정을 시작하죠. 수만 년 전에는 지구의 많은 사람들이 다른 행성의 다른 생애에서 동물이었던 적이 있어요.

D: 그럼 이게 진화의 일부라는 건가요? 나는 우리가 최초에 어디서부터 시작했는지 궁금해요. 우리가 처음 시작했을 때, 어떤 종류의 에너지였나요?

S: 우리는 가스, 물질, 식물, 동물, 인간, 영체, 신성divine의 모든 발전 단계를 거쳐야만 해요.

D: 그러면 동물은 집단 영체의 일부인데, 개별화되고 집단에서 분리될 수 있나요?

S: 네, 그것은 사랑 때문에 일어나지요. 동물에게 사랑을 보여주는 인간들은 그들에게 인격을 부여하죠. 사랑은 그것이 분리되도록 돕고 더 개별화하게 만들어요. 그렇게 해서 그들

의 의식을 높이죠. 이 점이 우리가 항상 모든 생명체를 사랑해야 하는 이유예요. 하지만 나는 말벌, 모기 같은 해로운 생물들에 대해서는 이해가 안 돼요. (그녀는 역겨운 표정을 지었고 나는 웃었다) 그들은 계획의 일부예요. 대부분의 벌레들은 이유가 있어서 거기에 놓였지만, 일부는 생산적이지 않기에 그냥 거기에 있을 필요가 없다고 느껴요. 하지만 지구가 바뀐 후, 그들은 더 이상 그곳에 있지 않을 거예요.

D: 동물의 영체는 어떤 단계에 있나요?

S: 일부는 두 번째에, 일부는 세 번째에, 그리고 일부는 그 중간 어딘가에 있어요. 예를 들어 개미는 많은 사랑을 받는 개나 말과는 다른 단계에 있을 거예요. 이것은 이것에 있고, 저것이 저것에 있다고 말할 수 있을 만큼 항상 뚜렷한 단계가 있지는 않아요. 각각의 특성에는 많은 일면이 있으니까요. 지구에는 이런 낮은 단계에 있는 인간 형태의 이들도 있어요. 그들은 자신을 끌어올리고자 하는 희망으로 이 일을 하게 허락되었죠. 일부 사람들은 육화된 후에도 여전히 세 번째 단계에 있어요. 그들은 양심이 없는 인간들이죠.

D: 그건 무슨 말이죠? 그들이 나쁜 건가요, 아니면 그냥 관심이 없는 건가요?

S: 그들은 좋거나 나쁘다고 할 만한 지능을 가지고 있지 않아요. 이런 이들은 매우 소수죠. 세 번째 단계보다 네 번째 단계의 육화자들이 더 많지요. 우리가 반사회적 인격 장애라고

말하는 건 네 번째 단계의 개인일 거예요. 그들에겐 양심은 없지만, 지능은 가지고 있어요.

D: 반사회적인 세 번째와 네 번째 단계에 있는 이들이 살인자와 범죄자들인가요?

S: 네, 상당한 부분은. 그 단계까지 떨어졌거나 아직 다른 단계에 도달하지 못한 이들이죠. 양심 따윈 없어요. 그리고 매일의 일상적 존재로 살아가는 다섯 번째 단계가 있지요. 또 일부는 여섯 번째 단계에서 지구적 차원으로 건너오는 이들이 있어요.

D: 여섯 번째 단계는 지구 위에 있나요?

나는 확실한 경계를 가진, 별개라고 인식할 만한 장소에 있는 이런 단계들을 물질적으로 구별하려고 시도했지만 불가능하다는 것을 나중에 알게 되었다.

S: 여섯 번째는 영계 차원spirit's realm 으로 알려져 있는 것이죠.

D: 지구를 떠나고 싶어 하지 않았던 영체들인가요?

S: 가끔 그들 자신의 동기로 인해 지구적 차원에 갇혔거나 그들의 가족이 슬픔이나 그 비슷한 것들로 그들을 잡아둘 수 있었던 이들이지요.

D: 지구는 다섯 번째 단계에 있군요. 그 다음은 여섯 번째, 일곱 번째, 그리고 더 높은 단계인가요? 학교들이 있는 곳이 이런

차원이죠?

S: 학교와 지도자들, 그리고 다른 것들이 있죠. 맞아요. 여덟 번째와 아홉 번째 단계는 위대한 지도자들이 있는 곳이죠. 그리고 열 번째에 이르면 다시 신과 하나가 돼요.

D: 사람들이 퇴보한 적이 있나요? 나는 인간이 동물로 육화한다는 이론에 대해 생각하고 있었어요.

S: 아니요. 극악무도한 괴물이 아니라면요. 만약 동물처럼 행동하고 동물이 되고 싶다면 그래요, 그럴 수 있어요. 하지만 그런 경우는 극히 드물어요. 보통은 허용되지 않죠. 한때는 가능했었지만 더 이상 그렇지 않아요. 그건 실험 초기 동안 행해졌죠. 더 이상은 아니에요. 가능하지 않다는 말은 아니지만, 허용되지 않아요. 만약 어떤 사람이 그렇게 낮게 떨어졌다면, 그들은 더 아래로 내려가기보다는 그들이 성장할 때까지 이쪽에(영계-옮긴이) 머무르게 될 거예요. 사람이 정신적으로 동물 단계로 떨어지는 것은 가능하지만, 동물의 몸에 들어갈 가능성은 거의 없을 거예요. 일단 인간의 의식을 갖게 되면, 동물의 존재로 되돌아가는 것은 매우 드물어요.

D: 그러면 육화하는 인간은 세 번째, 네 번째와 다섯 번째 단계에 있겠군요.

S: 가끔은 여섯 번째도 있죠.

'영계 차원에서 여섯 번째 단계의 존재가 육화하는 것은 어떻게 가능할까'라는 생각이 들었다.

S: '한 발은 한 세계에 두고 다른 발은 다른 곳에 둔다'는 표현에
  대해 들어봤을 거예요. 이들은 주변의 모든 것에 매우 개방
  적인 사람들이죠.
D: 그들은 의지로 단계들을 바꿀 수 있나요?
S: 그들이 그것을 인식하고 두 세계를 다루기 시작하면 대부분
  은 가능하죠. 그리고 일곱 번째 단계는 많은 지식과 생각의
  학교가 있는 곳이에요. 지식의 많은 부분이 나오는 것이 여
  섯 번째와 일곱 번째 단계죠. 어떤 인간들은 이것을 깨닫지
  못한 채 두 단계를 오가며 작용해요. 한 예는 자신의 지식이
  어디에서 오는지 전혀 모르는 발명가의 경우죠.

문득 사람들이 제7의 천국the seventh heaven에 대해 이야기하는 것
이 떠올랐다. 그곳은 완전한 행복의 장소로 여겨진다. 원래의 개념
이 이 다른 단계들에 대한 이론에서 온 것인지 궁금해졌다.

D: 휴식 장소는 몇 단계에 있나요?
S: 그건 단계가 없어요. 그래요, 어떤 종류의 자극도 없이 있어
  야 하는 필요에 의해 존재하죠. 따라서 그건 어떤 단계도 없
  어요. 당신은 어떤 것과도 함께하지 않기 위해 그곳에 가죠.
D: 다른 천상계에서 멀리 떨어진 특별한 장소에 있나요?

S: 꼭 떨어져 있을 필요는 없어요. 그것은 차원들 사이에 있지만, 그 자체로 완벽하죠. 설명하기 어렵네요. 비유하자면 그건 우리들의 행성 표면에서 곧바로 올라갈 때 공기가 희박해지는 것과 같을 거예요. 위로 올라가면서 구름의 높이로 올라오면 무척 두껍고 단단해 보이는 구름이 보이죠. 그것은 그 자체로 분리되어 있지만, 여전히 공기의 일부예요. 휴식 장소는 그런 곳이죠.

D: 삶 사이마다 당신은 다른 단계로 가요? 아니면 당신이 떠났던 같은 단계로 돌아가나요?

S: 그 삶에서 성취한 것에 달려 있어요. 만약 진보하는 대신 인생에서 퇴보했다면 떠나왔던 단계로 다시 돌아가진 않을 거예요. 가끔은 다른 삶으로 곧장 가기도 해요. 다른 때는 휴식 기간을 갖기도 하죠. 또 가끔은 그냥 학교로 돌아갈 때도 있지만, 반드시 떠난 학교와 같은 곳은 아닐 수도 있어요. 아마도 배워야 할 다른 교훈이 있거나, 다음에 배워야 할 것을 검토하고 있을 거예요. 다시 오고 싶은지, 아니면 그곳에 오랫동안 머물면서 일하고 싶은지 결정하려고요.

D: 각 단계마다 학교가 있나요?

S: 네, 각 단계에는 많은 학교가 있죠. 빛의 학교들, 생각의 학교들……. 그들 각각은 만물의 자연 법칙과 질서인 것의 일부분을 사용하고 있어요. 그들은 진실의 부분에 도달하기 위해 각 개인을 일깨우려고 노력해서 그들이 길을 찾을 수 있도록

하죠.

D: 준비가 될 때까지는 그 다음 단계로 올라가지 않는군요?

S: 맞아요.

이것은 학교에서 학년을 옮겨 다니는 것처럼 들렸다. 어쩌면 정말 그럴지도 모른다. 지구는 그중 하나의 교실일 뿐이고.

D: 그럼 다음 단계로 넘어가기 전에 몇 가지 요건이 있다는 뜻인가요? 우리가 성취한 것에 따라 퇴보하거나 다음 단계로 올라가게 될지도 모른다는?

S: 네. 그리고 아홉 번째 단계처럼 어떤 특정 단계를 넘으면 이제 육화하는 경우는 아주 드물어요. 말했듯이, 매일매일 마주하는 유혹에 너무 압도되어 그것들을 향상시키는 대신 그 유혹이 당신을 격하시키지 않는 한은.

D: 상부 단계에 도달했을 때라면 유혹을 넘어설 수 있을 것 같은데요.

S: 지구적 존재로 영겁의 삶을 살았다면, 뭔가를 거부당한 누군가와 같을 거예요. 한 아이가 오랫동안 먹지 못하던 사탕을 건네받으면, 아마도 단숨에 사탕을 먹어치워버릴 거예요. 가끔씩 일어나는 그런 경우죠. 그건 하부 단계처럼 흔하지는 않지만, 일어나기는 하죠. 아무리 위대한 아바타, 반신반인 demigods이라도 유혹에 빠질 수 있죠, 그래요.

아바타는 육체의 형태를 지니고 지구로 내려오는 반신반인이다. 힌두교 경전에는 이에 대한 많은 예들이 있다. 아홉 번째 단계는 지도자 스승master teacher, 예수가 온 곳이었을 것으로 보인다. 이것은 또한 《성경》에 나오는 예수가 마주한 악마의 유혹에 대한 이야기를 설명해줄 것이다. 이것은 그의 내적 자아와의 싸움이었다.

D: 지구에는 사람들에게 그런 짓을 하는 무언가가 있는 것이 틀림없어요.

S: 지구에는 당신들이 악이라고 부르는 것들의 어두운 면이 여기보다 더 활동적이죠. 그곳에서는 당기는 힘이 더 커요. 맞아요.

D: 그것에 저항하는 건 매우 어려운 일이에요.

S: 하지만 다시 한 번 그것을 저항하는 과정에서 더 강해져요. 생존이 쉽고 저항할 필요가 없는 여기에서는 아마 그만큼 빠르게 성장하지 못할 거예요.

D: 그래서 당신은 모든 최상의 계획들과 의도들을 가진 삶으로 돌아가는 것 같고, 내 생각에는 항상 그것들을 그대로 할 수만은 없는 것 같아요.

S: '생쥐와 인간의 최상의 계획은 종종 어긋난다(로버트 번즈 Robert Burns).' 그곳에 도착하기 전까지 우리는 무슨 일이 일어날지 알 수 없죠. 때론 아래에 있는 이들을 돕기 위해 거꾸로 여행하는 것이 유용해요. 종종 더 높은 차원에 있는 이들이

사람들의 자각을 더 높이기 위해 물질적 세상으로 되돌아 오곤 해요.

그들은 불교에서는 보살^{bodhisattvas}로 불리며 깨달음을 얻은 ^{achieved enlightenment} 사람들이지만, 한편으로 다른 중생들에 대한 연민을 갖고 물질적 차원으로 돌아온 이들로 묘사된다. 불교에서 예수는 보살이거나 깨달은 자^{enlightened one}였다.

S: 이런 일을 하는 사람들에게 주어진 특별 허가가 있어요. 말하자면 그것이 허용되었고, 그것이 이루어졌죠.

D: 한 영혼은 결국 이 모든 다른 차원, 모든 행성으로 가게 될까요?

S: 그것을 위해 우리 모두가 일하고 있는 거죠. 궁극적인 목표인 셈이죠. 궁극적인 계획은 신과의 하나됨^{oneness}, 재회입니다.

다른 이들은 이와 동일한 묘사를 다른 말로 표현했다. 나는 그들이 모순된다고 생각하지 않는다. 그들이 내게 말하는 모든 것은 주어진 우리 언어의 한계 속에, 보고하고 있는 영체의 성장과 그들의 인식과 그들이 인지하는 것을 보고하는 능력의 정확성에 달려 있다. 모든 실체들이 우리의 언어가 그들이 본 것을 묘사하기에 절대적으로 불충분하다고 말한다. 종종 그들은 비유를 사용하여 전달해 보려 하지만, 이것들조차도 전체 그림을 묘사하기에는 너무

나 비효율적이다. 베일 너머에 놓인 것은 압도적이며, 우리의 한시적 존재의 감각으로 정보를 다시 전달하는 것은 최선을 다해도 어렵다. 인간의 한계 안에서 이 실체들을 이해하려고 최선을 다해 노력할 수 있을 뿐이다. 결국은 그렇게라도 노력을 하거나, 전혀 지식을 추구하지 않는 것, 둘 중 하나다.

다음은 존재의 다양한 차원에 대한 다른 실체의 보고다.

S: 서로 다른 차원들은 같은 공간 속에 존재하죠. 예를 들어 지금 당신은 물질적 차원에 존재하지만 당신의 영적 측면은 영적 차원을 반영하고 있어요. 이는 영적 차원들도 여기에 있지만 관련된 진동은 다른 주파수를 이용하기 때문이지요. 영적 눈spiritual eyes에는 대부분의 경우, 거의 물질적 장소처럼 보일 수 있어요. 그건 여기에, 이 지구와 같은 위치에 자리 잡고 있어요. 단지 주파수가 다를 뿐이죠. 라디오의 원리와 같아요. 그것은 동일한 라디오이고, 그것을 통해 들어오는 진동이 동시에 같은 공간을 차지하지만 그건 다른 주파수 차원에 있어요. 그리고 당신은 특정 시간에 특정한 일련의 진동을 수신하기 위해 주파 수신기를 조절하지요. 그래서 이런 다른 차원들이 같이 존재하는 거예요. 그것들은 동시에 존재하지만 주파수가 달라서 서로 충돌하지 않죠. 내가 잘 설명한 건지 모르겠네요.

D: 알 것 같아요. 많이 들어왔던 것들이거든요. 다른 차원들을 인지하지 못한 채로 한 단계에 존재할 수 있다는 거죠.

S: 그래요. 혹은 당신이 인지하더라도 이 차원의 명상 같은 그런 것을 통해서, 단지 어렴풋이 인지할 뿐이죠. 그것의 존재를 알아내기 위해서는 다른 주파수와 상호교류하기에 충분할 정도로 당신 주파수의 일부를 변경할 수 있어요. 하지만 거기엔 장벽이 있죠. 그래서 유리를 통해 비치듯 어둡게, 혹은 베일을 통해 보는 것처럼 묘사가 되는 거예요. 여러 다른 차원들이 있고, 필요하다면 다른 차원에서 온 다른 이들과 소통할 수 있는 중재적 차원intermediate planes도 있어요. 예를 들어 당신의 까르마를 해결하는 과정의 물질적 차원에서 교류해왔던 사람들의 일부는 다른 차원에 있을 수 있어요. 그들은 아직 물질적 차원에 태어나지 않았을 수도 있고요. 당신은 다음 육화를 위해 그들이 무엇을 결정하고 있는지 알아보기 위해 그들과 상담할 필요가 있을 거예요. 언제 어디로 육화할지 같은, 양쪽의 까르마에 어떻게 하는 것이 최선일지를 의논할 필요가 있어요. 그게 까르마와 윤회의 이면에 있는 취지 중 하나예요. 수면 상태에서 이러한 취지를 위해 중간 차원으로 갈 수 있어요. 육화 사이에 있을 때, 당신은 더 높은 차원에 접근할 수도 있죠.

D: 그렇게 진보하지 않았어도 이런 다른 차원들로 갈 수 있나요? 아니면 단지 어떤 단계까지만 갈 수 있는 장벽 같은 게 있

는 건가요?

S: 당신의 이해가 가능한 범위까지 가는 거예요. 마음만이 유일한 장벽이죠. 얼마나 마음을 열고 이해할 수 있느냐에 달려 있어요. 그리고 마음을 더 활짝 열기 위해 당신이 원하거나 필요하다면 언제든 도와줄 사람들이 있지요.

D: 이런 단계들을 이해하기 위해 항상 노력해왔어요. 계속해서 뚜렷한 물질적 경계가 있는 것처럼 그것들을 상상하려고 노력하는데, 내가 깨닫기 시작한 건 불가능할 거라는 거예요.

S: 뚜렷한 물질적 경계 같은 게 아니에요. 비유하자면, 당신 차원의 땅 위에 서 있는 것이 한 단계에 있는 거예요. 당신 행성의 표면에서 곧바로 올라가면, 과학자들이 공기층이 얼마나 옅은지에 따라 다른 층, 성층권 또는 유사한 것으로 분류한 대기를 통과하게 되죠. 그러나 이런 일은 다른 단계에서 나타나는 게 아니에요. 그것은 단지 한 단계에서 다른 단계로 넘어가는 점진적인 변화일 뿐이죠. 지상에서 곧바로 올라갈 때, 당신은 다른 단계의 대기를 보지 못해요. 더 올라갈수록 상황이 점차 변화하고 달라지고 있다는 것을 알아차릴 뿐이죠. 영적 차원들은 이런 식이에요.

D: 얼마나 많은 차원들이 존재하는지 알고 있나요?

S: 아뇨! 그저 셀 수 없이 많은 차원들이 있다고 생각해요. 어떤 차원들은 특별한 목적을 위한 것이고, 다른 차원들은 그저 일반적이죠.

D: 당신이 말한 것처럼 점점 더 높이 진보한다면 누군가가 갈 수 있는 가장 높은 단계는 뭐예요?

S: 글쎄요, 내가 그것에 대해 어떤 말을 할 수 있을지 잘 모르겠어요. 우리가 진보할 수 있는 높이에 대한 한계가 있는지 나는 잘 모르겠거든요. 어떤 한계도 모른 채 지금까지 내 인식은 위로만 나아가고 있거든요. 하지만 나보다 더 앞선 사람들은 더 진보했기 때문에 더 멀리 인지할 수 있어요. 현재의 내 수준에서 아는 모든 것은 누구든 계속 진보해 나갈 수 있다는 거예요. 그리고 더 진보할수록 우리의 까르마는 더 긍정적이 되죠.

D: 추측컨대 우리가 같은 단계에 머물면서 계속 틀에 박힌 생활을 하고 싶지는 않을 것 같아요. 우리는 육화의 단계를 떠난 후에 떠났던 곳과 같은 영적 단계로 돌아가나요?

S: 아니요. 육화 시에 일어났던 일들과 우리가 그것들을 다룬 방법에 달려 있어요. 예를 들어 우리가 육화했을 때 명상 같은 규칙적인 수행을 시작했다면, 물질적 차원에 있는 동안에도 우리의 진보에 도움이 되겠지요. 그럼 영계로 돌아왔을 때, 우리는 더 높은 단계로 갈 수 있죠. 만약 어떤 이가 특정 단계에서 일시적으로 막히게 되면, 그건 대개 거기에서 배워야 할 어떤 것이 있는데 수용에 어려움을 겪고 있는 거죠.

나는 이 실체로부터 물질계(인간) 이하에 있는 지구의 단계에 대한 더 많은 정보를 얻으려고 노력했다. 나는 가장 낮은 단계에 있는 에너지는 바위와 식물, 나무 등의 에너지라고 들어왔다고 말했다.

S: 당신은 지금 자연원소들을 언급하고 있다고 생각해요. 이 우주의 모든 차원과 다른 우주의 일부 차원을 포함해서. 하지만 나는 지금 이 우주에 대해서만 말하고 있어요. 그 모든 것은 다양한 강도와 다른 단계들의 에너지인 거죠. 우리는 물질적 차원을 견고하고 물질적이라고 인식하는데, 그건 우리 몸의 에너지가 그런 방식으로 그것과 비교하기 때문이죠. 하지만 핵과학자들이 인식하듯이 그것도 역시 모두 에너지예요. 바위와 나무 같은 다양한 단계의 창조물에 내재된 에너지가 반드시 낮거나 높은 단계의 에너지이거나, 또는 반드시 더 낮거나 더 높은 차원인 건 아니에요. 에너지나 영체의 다른 진동일 뿐이에요. 그것들을 그렇게 부르고 싶다면요. 그들 뒤에 힘과 생명을 지닌 살아있는 기운이죠. 단지 다른 규칙에 따라 작용할 뿐이에요. 당신에게 지금 있는 차원에서 에너지 규칙들이 어떻게 다르게 적용되고 작용하고 있는지 언급했었죠. 그게 이런 다른 에너지 단계에서도 마찬가지 방식으로 작용하는 거예요. 그래서 지구에서는 좀처럼 설명할 수 없는 일들이 일어나요. 왜냐하면 그것들은 종종 다른 에너지 단계의 실체들에 의해 영향을 받거나 유발되기 때문이에요. 그들은 당신의 에너지 단계와 교류할 수 있어요. 이해

하시겠어요?

D: 나는 그들이 어떻게 우리에게 영향을 미치고, 설명할 수 없는 일을 일으키는지 생각해보려고 해요.

S: 음, 당신들은 이러한 다양한 에너지 수준에 대한 이해에 도움을 받을 수 있는 소인류$^{little\ people}$ 같은 민담을 갖고 있어요. 소인류의 개념은 실제로 존재해요. 다른 에너지 단계에 있는 개체들의 집합이죠. 그건 어떤 이가 들어갈 수 있는 다른 유형의 육화예요. 예를 들어 이런 다른 에너지 단계들이 당신에게 영향을 미칠 수 있는 한 가지 방법은 당신이 지니고 있을 어떤 심령 능력 간의 상호작용을 통해 가능해요. 그리고 또 다른 방법은 날씨의 변화 등에 민감하게 반응하도록 당신을 도와주는 거죠. 혹은 '우연'이라고 불릴 수 있는 일련의 이상한 사건이 일어났다면, 이러한 다른 에너지 단계의 영향 때문이겠죠. 미안하지만 혼란스러울 거예요. 내게는 그렇지 않지만 당신에게는 무척 혼란스러울 거예요. 예를 들어 어떤 사람이 매우 강력하게 무언가를 원했다면, 그 욕망의 힘과 그 생각은 특정한 형태의 에너지를 내보내죠. 다른 에너지 단계의 실체들은 이 사실을 알고 있을 거예요. 그리고 그들은 이 일의 발생을 돕도록 미묘한 방법으로 영향을 미칠지도 모르죠.

D: 이런 다른 실체들은 어떤 일에 부정적인 방식으로 영향을 주게 될까요? 혹은 그들이 그렇게 하도록 허용되나요?

S: 네, 그렇게 하는 이들이 있어요. 음양처럼 균형을 잡는 거죠.

보통 일들에 소위 부정적인 방식으로 영향을 미치는 것들은 장난꾸러기이거나, 여러 가지 욕망에 관련된 에너지를 방출하는 사람이 원하는 바가 명확하지 못해서예요. 그래서 그들은 일어나는 일을 부정적인 것으로 인지하죠.

D: 나쁜 영체나 악마에 대한 우리의 인식에 대해 묻고 싶어요.

S: 아니요, 이들은 그런 게 아니에요.

이런 유형의 질문은 사탄, 빙의, 그리고 악마를 다루는 10장에서 이어질 것이다.

D: 가톨릭교회가 연옥purgatory이라고 부르는 영역은 어때요? 실제로 그런 곳이 있나요?

S: 아뇨. 내가 보기에 연옥과 가장 유사한 것은 손상된 영혼들을 위해 휴식하는 장소일 거예요. 하지만 그곳은 천주교 신자들이 연옥이라는 말로 암시하는 것 같은 처벌의 장소가 아니에요. 연옥이나 지옥 같은 그런 특별한 장소는 없어요. 그런 경험은 과거의 육화에서 일어난 일들의 결과로 우리의 마음에 의해 만들어지는 거죠.

D: 마침 지옥에 대해 물어보려고 했어요. 어떤 사람들은 임사체험을 했을 때, 나쁜 장소처럼 보였던 장소들을 묘사했어요. 그것에 대해 아는 게 있나요?

S: 그들은 그걸 기대하고 있었죠. 그건 그들이 '지옥에 가도록'

만들기에 충분한 생을 살아왔다고 스스로 믿어온 것의 결과예요. 그들이 살아온 삶의 유형 때문에 부정적인 에너지와 영향을 그들 자신에게 끌어당겼죠. 그들이 영적 차원으로 넘어갈 때, 그런 부정적인 영향들이 여전히 그들에게 모여 있어요. 하지만 이제 그들은 이러한 영향을 의식하고 있고 영적 차원에 있기 때문에 그것들을 인지할 수 있어요. 이런 것들이 그들을 완전히 감싸 마음에 영향을 미치며, 매우 불쾌한 어떤 장소에 있다고 생각하게 만들어요. 실은 이전의 육화에서 그들에게 끌어당겨진 부정적인 에너지로 인한 마음의 상태지요.

D: 그럼 그곳은 실제로 그들이 머무르게 되는 곳이 아닌가요?

S: 아니예요. 지옥의 상태는 전환 시기^{period of transition} 동안 우리의 마음이 어떤 상태에 있느냐의 문제예요. 천국과 지옥에 대한 생각은 우리의 관점에선 어느 정도 우화나 전설이 되어 왔어요. 이것을 믿기로 선택한 사람들은 그들이 건너갈 때, 그들만의 현실을 스스로 창조하죠. 그럼으로써 진짜 현실이 되는 거예요. 당신의 성전(聖典) 속 천국과 지옥에 대한 묘사는 임사체험을 겪었던 사람들의 결과지요. 그들이 되돌아와서 그때 본 것들을 묘사한 거예요. 그리고 그들이 본 것은 전환 시기 동안 그들 주변의 영적 에너지를 인지했던 방식이죠. 그러나 그들은 실제로 일어나고 있는 일을 알 수 있을 만큼 멀리 건너가지는 않았어요. 만약 그들이 아름답고 즐거운 어

떤 것을 이야기했다면, 그것은 천국이라고 보고되겠죠. 반면에 무척 공포스럽고 끔찍한 무엇인가를 말한 사람들은 그것을 지옥으로 보고했을 거예요.

D: 그래요, 그들은 항상 화염과 그 비슷한 것에 대해 이야기해요.

S: 부정적인 에너지는 당신이 불타는 것처럼 느끼게 하는 방식으로 마음을 괴롭힐 수 있죠. 그렇다고 이것이 육체적 화상은 아니에요.

D: 그럼 내가 이것에 대한 글을 쓸 때, 어떻게 하면 사람들이 이런 사실들을 이해하도록 도울 수 있을까요? 그들은 너무 오랫동안 이것이 진실이라고 교회에서 가르침을 받아 왔어요.

S: 좋은 질문이에요. 이 세션과 다른 이들에게서 발견한 것들을 쓰고 그 정보들을 연관시키세요. '죽음은 두려운 것'이라는 그들의 정신적 태도를 극복할 수 있도록 사람들이 임사체험에 대한 책을 읽도록 격려하세요. 죽음은 숨 쉬는 것만큼 두려울 것이 없어요.

D: 어떤 사람들이 죽어서 지옥에 갈까 봐 두려워한다면, 그렇게 보게 될 거라고 들었어요. 그들은 나쁜 삶을 살았다고 확신하고 이게 그들이 기대할 수 있는 유일한 것이기에, 나쁜 경험을 하도록 만드는 거죠.

S: 네, 그래요. 왜냐하면 그게 '부정적 에너지의 끌어당김'을 돕는 태도 중 하나이기 때문이죠. 그들이 즐거운 경험을 기대한다면 그게 일어날 것이고, 전환 시기를 더 쉽게 만들 거예

요. 그들의 태도를 교정하고 부정적인 기운을 발산하기 위해 휴식 장소로 갈 필요가 없어지겠죠. 만약 그들이 삶에서 긍정적인 태도를 기를 수 있다면, 그것 자체가 부정적인 기운을 없애는 데 도움을 줄 거예요. 부정적인 상황에서 건너가는 사람들은 이런 문제들을 해결할 필요가 있어서 종종 휴식 장소로 보내져요. 그들이 부정적인 진동을 끌어당긴 것에는 특별한 경우가 있는데, 그건 그 태도를 해결하기 위해서죠. 이런 것들을 끌어당기게 그들이 한 일과 부정적인 영향에 더 이상 이끌리지 않도록 그들 스스로 성장하고 개선하게 도울 수 있는 것이 무엇인지 알아낼 필요가 있어요. 자신의 다른 면들을 해결할 때, 그들이 어떤 태도를 바로잡거나 치유함에 따라 더 이상 끌어당김의 에너지energy of attraction는 그곳에 없어요. 그것들을 붙잡을 에너지가 없으니 부정적인 영향들은 흩어지거나 떨어져요. 그건 자력magnetism, 전기, 중력 혹은 그런 것들의 조합 같은 거예요.

D: 누군가가 이런 영향이 사라지기 전에 윤회하면 어떻게 될까요?

S: 보통은 부정적인 영향이 사라지게 하는 긍정적 발전의 시작을 위해 휴식 장소에서 시간을 보내려고 노력하죠. 그런데 그것을 미처 없애기 전에 육화하게 된다면…… 무슨 일이 일어날지 모르겠어요. 그냥 그들의 까르마에 더해질 것 같아요. 정확한 건 알 수 없어요. 혹은 이건 내 오해일 수도 있어

요. 태어날 때, 젊고 순수할 때, 옳고 그름을 깨닫기 시작할 때인 '책임의 상태'라고 불리는 시기에 도달할 때까지 일정 기간 동안은 이런 것들로부터 보호된다고 생각해요. 마음이 옳고 그름을 분별할 수 있을 만큼 충분히 성숙한 시기가 되면, 일반적으로 그런 힘을 끌어 모아 지니게 될 마음의 상태를 선택하겠죠. 그리고 보통 그들은 더 많은 기운이나 부정적인 에너지를 끌어당기게 되죠. 하지만 그건 그들이 죽으면 휴식 장소에 가서 이런 태도를 점검해서 사라지도록 하는 문제일 뿐이에요.

D: 나는 그들이 여전히 이런 힘들과 함께 돌아왔다면, 그래서 그들이 첫 단추를 잘못 끼웠다는 뜻인지 궁금해요.

S: 그들이 여전히 순수할 때, 일종의 유예 기간이 주어져요. 그들이 책임질 나이가 되었을 때, 무언가를 해야 할지 말아야 할지, 옳고 그른지, 혹은 그것을 하고 싶은지에 대해 그들이 결정하기 시작할 때. 옳고 그른지에 상관없이 말이죠. 그 시점에서 이러한 태도는 다시 스스로를 드러낼 것이고, 그 에너지는 돌아오겠죠.

D: 책임질 나이는 언제 시작되나요?

S: 발달 정도에 따라 사람마다 다르죠. 어떤 사람들은 다섯 살 정도의 어린 나이일지도 모르죠. 다른 이들에게는 열두 살 정도일 수도 있고요. 그건 개인에 따라 다르지요.

D: 옳고 그름에 대한 그들의 인식에 달려 있다는 건가요?

S: 네. 어떤 사람들은 절대 순수함을 잃지 않아요. 지적장애나 그와 유사한 사람들은 평생 동안 순수함을 유지해요. 그들이 죽으면 어떤 면에서는 운이 좋은 거죠. 왜냐하면 그들은 부정적인 에너지를 털어내려고 노력할 필요가 없으니까요. 그들은 이러한 에너지를 끌어당길 수 있는 태도를 가지고 있지 않아요. 게다가 그런 유형의 삶을 사는 어려움은 그들이 많은 까르마를 성취하도록 도와줄 거예요. 그것은 나쁜 까르마를 좋은 까르마로 바꿀 거예요.

D: 왜 누군가는 지체나 심각한 장애를 가진 삶을 살고 싶어 하는지 궁금해요.

S: 그건 휴식 장소의 순환을 반복하지 않아도 되는 한 가지 방법이에요. 어떤 사람들은 윤회하기 전에 휴식 장소에 갈 수 있고, 그곳에서 그들의 문제를 해결할 수 있어요. 하지만 또 다른 사람들은 언제나 그 정도로 성공적이지는 못해요.

D: 실제로 무슨 일이 일어나는지에 대해 사람들이 더 많이 알고 있을수록 모든 이들에게 더 좋을 것 같아요, 비록 교회가 사람들을 위해 무엇이 더 좋은지에 대한 내 생각에 동의하지 않더라도요. (웃음)

S: 그들에게 이건 권력의 문제죠. 우리 세계에서 종교는 정치극이나 권력극으로 타락하여, 영적인 것이 대중의 행동을 잠재의식 차원에서 통제하기 위한 도구가 되었죠. 그것들의 윤색에는 매우 기본적인 의미에서 사실일 수 있는 몇 가지 측면

이 있어요. 그러나 전체적인 그림은 현재 물질적 차원에 있는 대부분의 사람들에게 심각하게 잘못 이해되고 있어요.

D: 교회는 그들이 말한 것을 하지 않으면 지옥에 갈 거라고 사람들에게 겁을 줘요. 나는 그게 공포적 태도를 만든다고 생각해요. 만약 사람들이 실제로는 어떤지에 대한 막연한 인식이라도 가질 수 있다면, 그들은 준비를 더 잘할 수 있을 텐데요.

S: 말로 하는 언어의 한계 때문에 그것이 정확히 어떤 것인지 표현한다는 것은 극도로 어려운 일이에요. 하지만 아마도 우리의 이런 대화가 그들에게 실제 개념에 대한 단서를 줄 거예요.

7장

나쁜 삶

S: 모든 우주의 지도자인 유일하게 진실하며 사랑하는 신^{God} 은 복수심에 불타거나 증오로 가득찬 신이 아니에요. 우주 어디에도 그런 신은 없어요. 그는 응징을 사용하지 않아요. 신의 계획에는 처벌이 필요 없어요. 지금 당신의 지구에는 이미 더하지 않아도 충분한 처벌이 존재하죠. 까르마의 개념은 원인^{cause}이 아니라 결과^{effect}라고 말할 수 있어요. 왜 어떤 일들이 일어나는지에 대한 설명으로 세심한 고려를 통해 주어졌던 개념이죠.

D: 우리는 어떤 사람들이 다른 이들보다 더 불행한 것처럼 보이는 이유를 이해하기 어려워요. 쉬운 대답은 단순히 다른 삶에서 온 까르마로 받아들이는 거예요. 어떤 사람들은 인생이 꽤 순탄하게 돌아가는 것 같고, 어떤 이들은 왜 그토록 고통과 갈등이 많은지 설명해줄 수 있나요?

S: 아마도 한 번에 하나의 삶을 보기 때문일 거예요. 그 영혼의 진보$^{soul's\ progression}$를 확장된 시각$^{extended\ view}$으로 보게 된다면, 즉 하나의 삶 대신에 백 번의 생애를 본다면, 아마도 당신은 모든 삶이 모든 이에게 쉽지도 않고, 모든 이에게 어려운 것도 아니라는 것을 알게 될 거예요. 그 특정한 일생에 적합

한 경험들은 그것이 쉽든 어렵든, 각각의 진보 상태에 따라 주어져 있어요. 한 생애의 경험이 전부가 아니에요. 그 일생에서 배우는 교훈이 중요하죠. 그리고 그 안에 진실이 놓여 있지요. 그 교훈이 그 인생의 결실이에요. 인생이 얼마나 쉽거나 어려운지는 중요하지 않아요. 다시 한 번 많은 생애들을 확장된 시각으로 본다면 모든 경우들 안에 더 쉬운 것과 더 어려운 것이 있다는 걸 알 수 있을 거예요. 어느 사람이 한 생에서 아주 힘든 삶을 살고 있다는 말은 그의 교훈이 다른 이의 것보다 상대적으로 더 어려운 삶을 요구한다는 것을 의미해요.

D: 그럼 윤회의 의도는 뭐죠? 우리가 과거에 했던 일을 바로잡기 위해?

S: 더 많은 배움! 항상 더 많이 배우기 위함이죠. 한 번의 단순한 생애에서 알아야 할 모든 것을 배울 수는 없어요. 다시 살아가는 목적은 바로잡기 위해서가 아니라 더하기 위해서예요. 당신의 지식은 한 번의 인생으로 완성될 수 없어요. 스스로에게 부여한 교훈을 완전히 이해할 수 있도록 많은 인생을 살아야 하는 거죠. 당신의 시체를 묻어버리고 건너편에서 벌을 준 뒤에, 이 불쾌한 땅으로 몇 번이고 다시 돌려보낼 준비가 되어 있는 그런 식의, 손에 채찍과 삽을 든 견고한 감독관의 존재는 없어요. 삶과 재탄생의 경험을 좀 더 긍정적인 시각으로 바라봐야 해요. 그것은 배우고 사랑하는 것의 하나

일 뿐, 처벌과 슬픔이 아니에요. 모두 태도에 달려 있죠. 왜냐하면 당신이 창조한 것을 살고, 당신의 삶을 당신이 창조하기 때문이에요.

D: 지금 당신이 있는 곳에는 좋은 영체들만 나요?

S: 진화하는 영체들evolving spirits이 있죠. 좋고 나쁨은 없어요.

D: 하지만 사람들은 나쁜 삶들을 살기도 하잖아요. 그런 부분을 어떻게 보세요?

S: 사람들은 도드라진 요점적 문제들, 그들 스스로가 선택하도록 되어 있는 문제들을 다루지 않기 때문에 나쁜 삶을 살아요. 그들은 일어나는 일을 통제할 수 없는데 왜 그것을 위해 노력해야 하느냐고 생각하죠. 우리는 인생에 열심히 임해야 해요. 하루하루를 가볍게 넘겨버릴 수는 없어요.

D: 일생 동안 악행을 행하는 사람들이 있어요. 그건 어떤 의도를 갖고 있는 거죠?

S: 때론 그 일을 하고 있는 사람이 전부인 것은 아니에요. 다른 힘들이 개입하기도 하죠. 그것은 타인에게 사람이 얼마나 낮게 추락할 수 있는지를 보여주는 것 외에는 다른 의도를 담고 있지 않아요. 그것은 그런 방식으로 의도에 부합해요. 그러나 그 사람, 혹은 그 영혼이 얼마나 깊이 추락해 있든 작업과 준비를 통해, 그리고 그들이 가진 문제에 직면함으로써 그들 자신을 그 상황에서 끄집어낼 수 있는 여지는 항상 있어요. 이게 바로 작업할 필요가 있는 부분이죠.

D: 《성경》에서 우리는 완전해지는 법을 배워야 한다고 하지요.

S: 인간이 완전해질 거라고 기대하지는 않아요. 일부는 그렇겠지만. 물론 이건 규칙이라기보다는 예외라고 볼 수 있죠. 완전해지려고 노력하는 것이 그 교훈이죠.

D: 내 생각엔 완전해지기 위한 유일한 방법은 이 모든 교훈을 배우는 건데, 지구에서는 그게 너무나 어려워요.

S: 사람들은 완전하지 않은 것을 경험함으로써 무엇이 완전한지 배우게 돼요. 그래서 완전하지 않은 것을 배우는 것은 완전한 것을 배우는 것만큼 중요해요. 빼앗김을 경험할 때까지는 주어진 것에 대한 이해가 있을 수 없지요.

D: 모든 사람들이 이것들을 이해할 수 있도록 그들의 진화에서 소위 '나쁜 삶'을 경험해야 한다는 걸 의미하나요?

S: 꼭 그래야 한다는 건 아니에요. 그렇지만 많은 사람들이 배움을 가속화하는 방법으로 이 길을 선택해요. 어느 누구도 진정한 존재의 상태가 아니기에, 물질적인 형태로 있어야만 하는 시점보다 더 오래 남아 있고 싶어 하지 않아요. 그래서 더 이상 육화할 필요가 없는 지점까지 배움을 가장 빠르게 가속할 수 있는 그런 교훈들이 가장 소중하게 간주되거나 추구되는 교훈들이에요.

D: 선을 이해하려면 악도 있어야 한다, 이렇게 당신의 말을 이해했는데요.

S: '악을 반드시 경험해야 한다'는 규칙은 없어요. 그렇지만 한

쪽에 대한 완전한 이해는 다른 한쪽의 경험을 통해서 온다는 통찰의 현실이 있어요. 이것은 규칙이 아니라 사실이에요.

D: 네, '슬픔을 알지 못하면 행복에 대해 감사할 수 없다'는 말을 들은 적이 있어요. 당신은 모든 것의 이면을 이해하고 있군요.

S: 그래서 가장 부정적인 상태의 사람들에 대해 연민을 갖고 바라보는 것이 맞아요. 그들은 가장 긍정적으로 변하게 하는 교훈을 배우고 있는 중이기 때문이죠.

D: 그들이 성장을 위해 이런 부정적인 경험을 선택했다고 생각하나요?

S: 많은 이들이 그래요. 이런 상황에 처한 자신을 발견하는 이들은 그 교훈을 더욱 충분히 느끼기 위한 선물을 받은 거라고 말할 수 있겠죠.

D: 선택권이 있다면, 아무도 부정적인 경험을 하고 싶어 하지 않을 것 같은데요.

S: 맞아요. 그런 경험을 선택하는 이유를 이해하려면 교훈에 있는 경험 그 자체를 넘어선 것들을 봐야 해요. 이런저런 '나쁜' 경험으로부터 기쁨을 이끌어내는 온전한 인격은 없을 거예요. 부조화는 조화의 본성에 대한 더 충분한 감사와 이해를 위해 내재된 교훈이고, 교훈 그 자체지요. 그 교훈은 이런 방식으로 배워지는 거예요.

D: 한 생애로 오는 사람은 과거에 행한 것을 보상하기 위해 부정

적인 경험들을 결심할 거라고 생각하고 있었어요.

S: 우리는 '보상'이라고 말하지 않아요. 그게 우주적 법칙에 대한 정확한 개념은 아니니까요. 어떤 이의 행위 이면에 있는 이치를 반드시 이해할 필요가 있을 거예요. 그 사람을 깨닫게 해서 이러한 행위가 재발하지 않고 그들의 진보를 방해하지 않도록 하기 위해서요. 이러한 자각을 확립하기 위해서는 그 실체가 부가적인 현실을 경험하거나 다른 쪽 끝에 서는 경험이 필요할 거예요.

D: 내 생각도 바로 그거예요! 그들이 일부러 이런 경험을 선택했을 거라는 거죠. 하지만 육체에 들어가면 지나침에 대한 경고가 주어지겠죠.

S: 이 경고는 다른 신체적 에너지들을 고려해서 주어지는 것이 더 합당할 거예요. 어떤 하나의 특정 교훈에 관한 것이 아니라. 육체적 본성의 많은 부분은 유쾌하지만 과도하게 탐닉하면 해로워요. 그리고 어떤 특정한 에너지에 과몰입하면 진로의 행보를 잃을 수도 있고요.

D: 맞아요, 좋은 일도 정말 많이 할 수 있어요. 아무 일도 일어나지 않고 해결해야 할 어떤 문제도 없는 좋은 삶을 산다면…… 사실 무척 지루할 것 같아요. 당신 생각에 중요한 건 한 사람이 그 경험으로부터 무언가를 배우는 것인가요?

S: 그것이 애초부터 경험이 필요한 전반적 이유이자 정당성일 거예요.

D: 하지만 어떤 사람들은 아무것도 배우지 못하는 것 같아요. 그들은 어째선지 똑같은 실수를 계속 반복하는 것처럼 보이거든요.

S: 결국엔 그들이 배울 때까지. 배움 뒤에는 이런 실수를 반복할 필요가 없게 되겠죠.

D: 그들이 무엇을 하든 처벌은 없다고 들었어요.

S: 아뇨, 처벌은 확실히 있어요. 가장 나쁜 처벌은 우리가 스스로에게 가하는 처벌이죠. 우리 스스로가 자신의 판사이자 배심원인 셈이에요. 우리가 적절한 행동과 그렇지 않은 행동을 결정하죠. 그래서 우리는 보편적이든 개인적이든, 허용되는 것과 허용되지 않는 것에 대해 명시하는 법칙을 위반했다는 것을 알게 되면, 스스로의 속죄를 결정해야 하지요.

D: 스스로에게 직접 하는군요! 우리에게 형벌을 명하는 신이나 고등판사higher judge는 없는 거군요? 제 말이 맞나요?

S: 꽤 정확한 설명이네요. 다만 과몰입으로 인해 자각이 너무 흐려져 통찰력이 상실되고, 문제의 범위에 대한 적절한 자각이 없는 상황들이 있어요. 그러면 그 실체의 인식 정리에 필요한 경험을 적절하게 돕는 더 상위의 지침이 필요해요.

D: 그게 더 말이 되네요. 어떤 사람들은 우리가 모든 것을 스스로 한다고 말하죠. 그런데 이런 적이 있었죠. 전생에서 실수를 많이 했던 한 소녀가 있었어요. 그녀에게는 다음에 해야 할 것을 가르치는 안내자가 있었는데 그 문제에 있어서 그녀

가 내릴 수 있는 선택의 여지가 없었기 때문에 앞의 말들이 모순처럼 보였거든요.

S: 절대법칙을 세울 때는 항상 모순이 있어요.

D: 다른 누군가는 이것이 그녀가 자신의 일을 관리할 수 없음을 증명한다고 말했죠.

S: 그럼 그게 더 정확한 표현일 거예요.

D: 당신 생각에는 가끔 그 인격이 이런 부정적 경험과 상황에 사로잡혀 변화하려는 노력을 하지 않는 건가요?

S: 정확해요. 많은 이들이 자신이 의도한 목표의 경로에서 이탈했음을 발견하고 나서는 이런 부정적 경험을 유지하는 것처럼 보여요. 이건 육화 시의 실제적 가능성이자 관련된 위험 중 하나예요. 신체적 에너지의 과몰입으로 자신의 경로를 이탈할 가능성에 대한 이런 자각은 각각의 육화에 앞서 설명되지요.

D: 지도자들은 "그 일을 이렇게 할 수 있지만, 어쩌면 당신이 너무 나갈 수도 있어요"라는 말로 그들에게 선택을 제안하는군요.

S: 이것은 경고로 주어지죠, 선택이라기보다는. 그 실체 스스로가 아카식 기록과 우주적 진리에서 얻은 정보로 그들의 길을 선택해야 해요. 이런 정보들을 통해 그 실체들은 육화에 가장 적합한 것과, 현실을 드러낼 방법적 상황을 결정하죠.

D: 죄[sin]는요? 그런 게 있나요?

S: 죄는 기본적으로 우리가 잘못이라고 알고 있는 것을 행하는 거예요. 알면서 하는 거지요. 잘못인 걸 모른다면 우리는 죄를 행할 수 없지요. 죄를 지으려면 의외로 도덕성이 있어야 하죠. 이게 인간과 동물의 차이예요. 인간이 양심을 갖고 있다는 사실. 그가 누군가를 죽이고 그게 잘못이라는 것을 안다면, 그것은 죄가 돼요. 짐승은 모르고 행하는 것이기에 죄가 없는 거죠. 동물은 대부분 생존을 위해, 혹은 먹이를 얻기 위해 분별없이 그 일을 하는 거니까요.

D: 그럼 누군가가 의도하지 않은 행동을 하거나 무언가 잘못하고 있다는 것을 깨닫지 못한다면, 그건 죄가 되나요?

S: 그건 '작은 죄'인 거죠. 배워야 하는 것을 자각하지 못하는 죄. 동료 존재들을 의식하는 법을 배워야 해요. 그들을 해치고 싶어 하지 않고, 그들의 고통이 자신의 것인 그 지점까지요.

D: 나는 항상 당신이 있는 쪽에서는 어떤 것을 죄라고 여기는지 궁금했어요.

S: 그들은 그걸 굉장히 부당한 것으로 여기지요.

D: 음, 지구에는 《성경》이 있고 거기엔 많은 것들이 죄라고 쓰여 있지요.

S: 가톨릭교도들이 생각해낸 '7대 죄악Seven Deadly Sins' 같이 당신이 들은 것 중 많은 것들은 그들 스스로가 원해서 추가한 것들이었어요. 그건 일종의 통제였죠.

D: 그럼 다른 차원의(영계의-옮긴이) 사람들은 이것들을 나쁘다

고 생각하지 않나요?

S: 그중 일부는 나쁘지만, 사람들은 자신의 문제들을 해결해야 하죠. 어떤 이가 영원히 지속되는 불구덩이에 던져질 만한 그런 처벌은 없어요. 그 사람이 그런 방식으로 스스로를 벌주려는 게 아니라면요.

D: 사람들은 모든 것이 흑과 백이며《성경》을 따른다고 말해요.

S: 하지만《성경》자체는 수 세기에 걸쳐서 그들이 옳다고 느끼는 것, 혹은 진실이 되어야 한다고 느끼는 것으로 바뀌어 왔어요. 수 세기 동안 그것이 사람들, 대중들에 대해 그들이 가진 통제력이었지요. "우리가 말한 대로 하지 않으면 지옥에서 불타게 될 것"이라고 말하는 식으로요.

D: 하지만 그들은 그게 '신의 말씀'이라고 말하지요.

S: 그런 방식으로 시작되었죠. 그리고 대부분은 여전히 그렇죠. 하지만 누구나 자신의 관점에 맞춰서 말을 바꿀 수 있어요.《성경》은 매우 고귀한 책이지요. 의도는 흠잡을 데 없었지만 기록transcription에는 다소 흠이 있었어요. 부정확성들이 있어요. 그러나 그 의도는 오늘날에도 진실합니다.

D: 이 부정확성들은 번역본에서 나왔나요?

S: 고의적인 것은 아니지만, 인간의 노력에서 일어나기 마련인 실수일 뿐이죠. 하지만 똑같이 유효하고 마찬가지로 깨달음을 가르치는 다른 위대한 책들도 있어요.《바가바드기타Bhagavad Gita》,《코란Koran》과 같은.

나중에 이 대상자가 깨어났을 때, 그녀에게 《바가바드기타》를 발음해 달라고 요청했지만, 그녀는 하지 못했다. 그때 우리는 둘 다 그것에 대해 들어본 적이 없었다. 나는 프랭크 게이너$^{Frank\ Gaynor}$의 《신비주의사전$^{Dictionary\ of\ Mysticism}$》에서 기타^{Gita}의 정의를 찾았다. "《바가바드기타》는 산스크리트어로 '신성의 노래'를 뜻한다. 《마하바라타^{Mahabharata}》 힌두 경전본에 삽입된 유명한 철학적 서사시의 제목으로 힌두교의 행동 철학(까르마 요가)에서 도덕과 절대 윤리적 가치 사이의 관계를 명확하게 나타내는 크리슈나^{Krishna}와 아르주나^{Arjuna}의 대화를 담고 있다. 산스크리트 문학의 가장 영향력 있는 철학 시 중 하나로 여겨진다. 정확한 기원은 알려지지 않았다."

산스크리트어는 지구상 가장 오래된 언어 중 하나로 '현대 인도-유럽어족의 어머니'로 여겨진다. 기타의 번역본은 많이 있다. 《코란》은 무슬림의 신성한 경전이며, 많은 이슬람인들은 《코란》이 너무 신성해서 다른 언어로 번역하는 것은 불가능하다고 여긴다.

S: 모든 경로는 한 방향으로 통해요. 어떤 이들은 좀 더 돌아가는 길을 걷지만, 모든 사람들이 이러한 모든 것들로부터 배울 수 있고, 그렇게 함으로써 더 균형 잡힌$^{well-rounded}$ 사람이 될 거예요. 마음을 닫으면 많은 생의 경험을 놓치게 돼요. 우리는 그 길, 그 궁극적인 길에 있기 위해 절대 한 가지 경로에만 의존해서는 안 돼요. 모든 경로에는 진실이 있고, 동시에 모든 경로에는 거짓이 있기 때문이죠. 우리는 찾아낼 우리의

진실이 무엇인지, 우리 스스로가 진실이라고 아는 것을 찾기 위해 겪은 것들을 가려내며 삶을 보내야 해요. 그것이 반드시 타인들에게 진실일 필요는 없어요. 우리는 이걸 받아들여야 해요. 모두가 가는 길이 아닌 나만의 길을 가는 것은 쉬운 길이 아니에요.

D: 사회는 보통 이런 시도들을 좌절시키죠. 사람들에게 의문을 가지라고 장려하는 것이 현명한가요?

S: 네. 질문을 함으로서 그들은 진실을 찾을 것이고, 그것이 그들을 지탱할 거예요.

살인자들

D: 어떤 사람이 범죄자가 되는 과정에는 무슨 일들이 일어나는 거죠?

S: 이런 일이 일어나는 데에는 많은 이유가 있어요. 그건 학습된 기능일 수 있죠. 많은 이들이 부모의 방임이나 학대를 통해 범죄자가 되도록 교육받게 될 수 있지요. 범죄는 사회적 경계를 벗어나는 것에 대한 정의이고, 사회적으로 용인할 수 있는 경계를 넘어서는 거예요. 물론 다양한 사회적 관습이 있으니 한 문화에서조차 한 시점에서는 어떤 활동이 범죄일 수 있지만 또 다른 시간대의 동일한 문화에서는 그렇지 않을

돌로레스 캐논
죽음과 삶 사이의 세계

거예요. 이건 사회적 경계를 넘어서는 사회적 현상이기 때문에, 영적 관점에서 보면 범죄라는 건 없어요. 우리는 어떤 이의 진보를 지연시킴으로써 해를 끼치려는 그의 철학을 탓하려 할 거예요. 그러나 영적 관점에서 범죄행위라고 부를 만한 것은 없어요. 이런 건 영적 불균형의 표출일 수 있지요. 그건 사회적 범죄이지 영적 범죄인 것은 아니에요. 물질적 차원에서 표현된 행동들은 사회적 경계를 넘어서거나 벗어나게 되고, 그러면 그 활동이 소위 '범죄'라고 색칠되거나 선언되겠지요.

D: 당신은 더 높은 신성^{higher deity}이 당신을 벌하지 않는다는 것과 사람들은 스스로에게 처벌을 한다고 말했어요. 누군가가 살인자였다고 가정해봐요. 그들은 스스로를 어떻게 처벌하지요?

S: 그들은 돌아가는 선택을 할 수 있죠. 예를 들면 가장 행복한 삶의 절정기에 그 존재를 떠나야 하는 사람은 그런 식으로 그들이 목숨을 끊은 사람의 상황에 자신을 놓이게 하여 스스로를 벌주고 있는 거예요. 그게 어떤 기분인지 그들이 알아야 하니까요. 상대방 입장에서 봐야 해요.

우리 모두는 가장 이해하기 힘든 죽음의 경우에 대해 알고 있을 거라고 생각한다. 어느 누구에게도 해를 끼친 적 없는 선량해 보이는 사람들이 인생의 절정기에 단절되고, 드디어 일생의 꿈을 이루려는 그 순간에 갑자기 죽게 된다. 그런 경우는 항상 너무 불공평해 보였지만, 까르마의 항상적 균형 척도ever-balancing scales에서는 확연히 완벽한 의미를 갖게 된다.

D: 그들 스스로 선택한 처벌인가요?

S: 그래요. 아무도 강제로 몸으로 돌아가지는 않아요.

D: 그간 살인자는 항상 다른 사람에게 살해당하는 형태로 처벌 받을 거라고 생각해왔어요. '칼에는 칼'인 거죠.

S: 다른 대안들이 있어요. 만약 그가 해결할 수 있는 유일한 방법이 자신을 죽이는 것뿐이라는 게 사실이라면, 그 부정적인 까르마는 다른 누군가에게로 옮겨질 거예요. 이건 그것을 해결하고 인간성을 얻는 대신, 단순히 짐을 주위로 옮기는 것에 불과할 거예요.

D: 그들이 살해한 희생자에 의해 살해당한다면?

S: 그럼 이전 피해자는 그들의 까르마에 살인을 더하게 되죠. 비록 그들이 이전의 육화에서 살해되었지만, 그 까르마의 해소는 방향을 돌려 다른 사람을 죽이는 것으로는 해결되지 않아요. 그건 다소 극단적인 방법이지요. 좀 더 부드러운 방식의 다른 대안들이 있어요. 장기적으로 보면 그게 더 잘 해결한 거예요. 부드러운gentle 방식으로 해결하는 것.

퇴행과 관련된 일을 하면서, 전생에서 그들이 죽인 희생자의 가정에서 태어난 사람들의 사례에 대해 많이 들었다. 이런 경우에 그들은 사랑을 통해 서로 까르마를 해결하려고 시도한다. 아마도 이건 부드러운 방법 중 하나일 것이다. 이것이 "네가 날 죽였으니, 이젠 내가 널 죽일 거야"보다 훨씬 더 나은 방법일 것이다.

또한 앞 장에서 언급했듯이, 되돌아와서 그들이 죽인 자의 하인이나 보호자가 되어, 그런 방식으로 희생함으로써 해결할 수도 있다.

다른 묘사:

S: 열정의 광기로 저질러진 살인 같은 폭력적 행위 등은 그것을 되갚기 위해 여러 번의 생애가 걸릴 거예요. 되갚는 방식은 그것이 행해졌던 시간만큼 많아요. 그건 관련된 사람들의 개인적 까르마에 달려 있어요. 일반적으로 일어나는 것은 미래생에 그들이 살해했던 사람과 여러 종류의 가까운 관계가 지속적으로 포함될 거란 거죠. 그리고 보통 처음 몇 생애에는 적대적인 유형의 관계가 되죠. 왜냐하면 살해당한 사람은 어떤 이유에서인지 이 사람을 두려워하거나 미워하는데 그 이유는 이해하지 못하기 때문이에요. 한편 살인자인 이 사람은 지난 생애에 했던 일을 만회하고 싶기 때문에 그들의 곁에 있어야 한다는 느낌에 이끌리게 되죠. 그걸 해결하는 데는 여

러 번의 생애가 걸려요. 살인처럼 폭력적인 행동을 한 사람은 영계로 가서 그의 까르마적 순환^{karmic cycle}을 계속하기 전에, 육체적 부분^{physical portion}의 까르마적 순환에 머물러 있어야 하는 시간의 양이 거의 무한대로^{indefinitely} 늘어나게 되지요.

D: 살인은 영계에서 가볍게 다룰 수 없는 주제인 거군요. 그건 물질계에서 다루어져야 하고요.

S: 물질적 단계는 관련된 폭력적인 진동을 다룰 수 있을 만큼 충분한 기초가 있으니, 물질적 단계에서 폭력적 까르마^{violent karma}를 해결하는 것이 최선이지요. 영적 단계에서 해결하려면 타인들의 까르마를 침해할 위험이 있어요. 그건 섬세한 균형^{delicate balance}이기 때문이지요.

D: 까르마에 이 기운이 강하다면 그 사람이 다시 살인을 저지를 가능성이 항상 있는 게 아닐까요?

S: 그게 삶들 사이^{in-between lives}의 차원에 있는 학교들^{schools}의 목적이지요. 미래의 삶에서 다시 살인에 이끌리지 않을 경지에 이르도록 그들을 돕기 위해서요. 우리는 그들이 악순환에 빠지는 것을 막으려고 노력해요.

D: 그럼에도 그들이 이런 짓들을 계속한다면, 그들은 그 감정들을 떨쳐낼 만큼 충분히 그곳에 있지 않은 것으로 보이네요.

S: 그들은 휴식 장소로 갈 거예요. 아…… 어떻게 이걸 설명할 수 있지? 음…… 그 영체가 훼손되었기 때문이 아니라 단순히 진보하지 않아서 휴식 장소에 있다면, 그리고 그가 물질

계로 재진입하려고 결심한다면 정말 우리가 할 수 있는 게 없어요. 그들이 건강한 영체인데 단지 진보하지 않은 상태라면 물질계에 들어가도록 우리는 허락해요. 그러나 그들의 과거 육화에서 행한 일들로 인해 훼손된 영체는 비록 그들이 물질계로 들어가고 싶어 할지라도, 더 높은 단계에 있는 누군가의 도움을 받지 않고서는 그들이 입은 손상이 물질계로 들어가는 것을 막기 때문에 불가능할 거예요. 때때로 손상된 영혼은 그들 까르마의 특정 부분을 해결할 수 있도록 도움을 받아요. 하지만 아직 때가 되지 않았다면 그들에게 "아뇨, 당신은 치유를 좀 더 해야 해요"라고 말하죠.

D: 그들이 돌아오길 원한다면 당신이 막을 방법이 있나 해서요.

S: 건강한 영체라면 막을 방법은 없어요. 그들은 계속해서 윤회할 수 있어요. 우주를 다스리는 힘forces은 모든 것을 질서정연하게 하고, 이미 영체가 깃든 몸으로 윤회를 시도하지 않도록 확인하죠.

D: 나는 누군가 죽은 즉시 돌아오고 싶어 하는 경우를 접했어요. 그들은 저쪽에서 전혀 시간을 갖지 않았죠.

S: 맞아요. 그들이 전환 시기에 있을 때, 그런 일은 자주 일어나요. 앞서 언급했듯이 그들이 전환 시기를 마친 후에 즉시 돌아오기로 결정한다면 가능해요. 그들이 건강하기만 하면 그렇게 할 수 있어요. 그저 더 많은 까르마를 가지고 일할 뿐이죠. 하지만 대부분의 영체들은 더 배우고 진보하기 위해 잠

시 동안 이 차원에(영계-옮긴이) 머무르기를 선택해요. 여기서 하는 배움과 준비는 그들의 잠재의식과 얻을 수 있는 모든 지혜에 대한 그들의 태도에 심어지기 때문이죠. 이런 식으로 그들의 까르마 속에서 더 성공할 수 있어요.

D: 그럼 영체가 곧바로 방향을 틀어 즉시 돌아오는 건 좋지 않은 일인가요?

S: 정말 좋지 않아요. 역효과가 날 수 있어요. 하지만 어떤 영혼들은 참을성이 없죠.

D: 내 생각엔 그들 중 일부는 물질계에 너무 몰입해서 거기에 있는 게 전부라고 생각하는 것 같아요. 만약 그들이 즉시 돌아온다면, 까르마적 관계에 대해 생각해보거나 그들의 패턴을 들여다볼 기회가 없었을 것 같은데요. 그렇지 않아요?

S: 사실이에요. 그들은 보통 자신의 삶이 모든 게 엉망이고 혼란스럽다고 생각하면서 '난 왜 이렇게 일이 제대로 안 풀리지?' 하고 불평하는 사람들이죠. 그건 그들이 무계획적으로 돌아왔기 때문이에요.

D: 그들은 어떤 행동 계획도 없었던 거죠?

S: 맞아요. 그래서 모든 게 엉망이 되는 거죠. 그들은 너무 일찍 돌아왔고 준비가 부족했어요. 조금만 더 기다렸다가 스스로 정리할 수 있었다면, 일이 훨씬 잘 풀렸을 거예요. 때때로 한 영체가 변하고 싶어 하지 않는 것처럼 보이면, 다음 육화에서 그들이 성장하고 발전하도록 돕기 위해 생애들 사이의 특별

한 장소에 머무르게 되지요. 하지만 그것은 매우 미묘한 균형을 유지하고 있고 매우 조심스럽게 행해져요.

D: 어떤 종류의 장소예요?

S: 설명하기가 어렵군요. 그런 특별한 문제를 해결하는 다른 차원이 있어요. 더 높은 영적 차원들이 하는 것처럼 장기간 머무르지는 않아요. 주로 특정한 문제를 해결하려는 이들을 돕기 위해 생애 사이의 세계에서 이용되는데, 그 덕분에 그들은 다음 생애에 더 잘 대비하고 까르마의 진보를 만들어 낼 수 있죠. 만약 그렇지 않다면 몇몇은 악순환에 빠져서 절대 앞으로 나아가지 못할 거예요.

D: 이 특별한 장소는 학교 같은 건가요? 아니면 어떤 종류의 환경인가요?

S: 일종의 안거the retreat 같아요.

D: 그들을 다른 사람들로부터 격리시키는 건가요?

S: 아니요, 마치 수도원에 가서 명상과 사색을 하는 것 같은 거지요. 그들은 그곳에서 비슷한 문제를 가진 다른 사람들과 만나고 영적 안내자를 만나게 되죠. 그들은 문제들을 해결하고 왜 그런 일을 했는지, 이러한 것들을 극복하기 위해 어느 부분에서 발전해야 하는지 알아내야 해요.

D: 나는 사람들이 지옥에 대해 가지고 있는 개념을 생각하고 있었어요. 그런 곳인가요?

S: 아니요, 그건 기독교인들에 의해 발전된 개념이죠. 정말 그렇

게 적용될 수가 없어요. 주로 정교회의 세력 형성을 돕고 영지파Gnostics의 영향력 극복에 도움을 주기 위한 정치적 도구로서 개발되었죠. 이곳은 우리가 배우기 위해, 우리의 실수와 과거에 한 일을 숙고하기 위해 가는 차원이에요. 우리의 발전을 돕고 다음 삶의 준비를 돕기 위해 자발적으로 그 자리에 있는 진보된 영혼들이 항상 있지요. 그건 성장 과정이기 때문이에요. 마치 아이를 키우는 것과 같아요. 아이가 나쁜 짓을 한다고 해서 난로에 던져버리지는 않을 거잖아요.

그것은 확연하게 지옥에 대한 우리의 믿음과 비슷한 무엇일 것이다. 죄인을 불 속에 던지는 것은.

S: 우리는 아이와 무엇을 잘못했는지에 대해 이야기하고, 왜 그게 잘못인지 깨닫도록, 나중에 비슷한 상황에서 더 나은 행동을 할 수 있도록 노력하죠.

D: 하지만 만약 그 사람이 듣기를 거부하고 어쨌든 물질계로 돌아가고 싶어 한다면요?

S: 그들이 물질계로 돌아갈 준비가 되지 않았다면, 그럴 수 없어요. 그들이 갈 수 있도록 모든 것이 정확히 균형을 이루어야 하기 때문이죠. 만약 그들이 중요한 실수를 보고도 아무것도 배우지 못했다면, 그들은 아직 균형 잡힌 상태에 있지 않은 것이니 약간의 시간이 더 주어져요. 때때로 누군가가

여전히 특정한 실수로부터 아무것도 배우지 못했고 이에 대해 배움을 거부한다면, 그들은 비슷한 상황에 다시 보내지고 대안적 행동을 깨달을 수 있게 추가적인 기회를 갖게 될 거예요. 지도자들은 그들의 진보가 어렵지 않게, 영체의 까르마에 심각한 결과를 초래하지 않는 방식으로 이런 일을 하려고 해요.

D: 하지만 분명히 도덕성이 전혀 없어 보이는 사람들이 있잖아요.

S: 사실이에요. 그게 항상 잘 작동하는 건 아니에요. 구제불능인 몇몇이 있지요. 하지만 대부분의 영혼들은 성장하고 더 나아지고 더 진보하기를 원해요. 우리는 그들을 위해 그곳에 존재하는 지식에 마음을 열 수 있게 그들에게 말해주고 이끌어줄 뿐이에요.

D: 하지만 짐승처럼 보이는 사람에게는 무슨 일이 생긴 거죠? 도덕이나 양심은 없어 보이고 같은 실수를 계속 반복하기만 하는 것 같은 사람들이요!

S: 그들은 많이 발달하지 못한 영체들이에요. 수많은 까르마를 가지고 있지만 아예 신경 쓰지 않는 이들이죠. 그들은 단지 물질계에 있는 존재성의 육체적 감각을 즐기고 싶어 할 뿐이에요. 이 차원에는 또 다른 특별한 장소가 있어요. 아마 물질계의 병원과 비슷할 거예요. 그건 심하게 손상된 영혼들을 위한 것이고, 우리는 그들이 더 나아질 수 있게 노력해요. 심

리치료와 비슷하고 시간이 오래 걸릴 때도 있어요. 또, 얻는 것이 너무 미미해서 그것들을 추적하기 어렵죠. 이건 매우 느린 과정이에요. 많은 인내와 지식이 필요한 부분이라 대부분 진보된 영체들이 이들과 함께 일하죠.

D: 그건 인간들이 하는 방식 같아 보이는데요. 하지만 나는 지옥과 같은 장소에 대한 우리의 관념을 계속 생각해요. 영혼이 너무 심각하게 손상된 적이 전혀 없나요? 당신 말처럼, 그냥 손을 털고 그들을 포기해서 내버릴 정도로?

S: 아뇨, 그들을 내버릴 곳이 없어요. 우리는 모두 여기 있어요. 그렇기에 모두가 서로 교류하고 협력해야 해요. 그리고 특히 같이 일하기 어려운 사람들은 가장 많은 인내심과 지식을 가진 영체들의 도움을 받아요.

D: 그 사람의 까르마에도 도움이 되겠죠? 그런 이들과 함께 일할 수 있게 되면.

S: 아, 맞아요. 이들은 보통 거의 궁극^{the ultimate}에 가깝게 도달한 영체들이지요.

D: 그들은 무한한 인내심을 갖고 있겠군요. 그래서 그들은 "아, 잊어버려. 그는 희망이 없어"라고 말하는 법이 없는 거고요.

S: 그럼요. 그들과 계속 같이 일해요. 때때로 몇 번의 육화 후에 소위 '인간적'이라고 불리는 감정들이 그들의 마음속 방식으로 작용하기 시작하죠. 그리고 그들은 삶과 존재의 더 높은 차원이 있다는 것을 드디어 깨닫기 시작해요. 그때가 마침내

그들의 까르마를 바꾸는 일에 적극적으로 나서서 일하기 시작하는 때죠. '병원'에 오는 이런 영혼들이 얼마나 손상되었는지 예를 들자면, 당신의 차원에서 '아돌프 히틀러'라고 불리는 사람이 있지요. 그의 영혼은 그렇게 심하게 손상되지는 않았기에 병원으로 보내지지는 않았어요. 그는 그 차원의 배움의 부분인 안거로 보내졌어요. 그는 조용한 성찰^{reflection}의 시간이 필요했는데, 왜냐하면 그가 치료의 시간을 가져야 했기 때문이죠. 다른 비유를 하자면, 그의 신경이 엉켰기 때문이에요. 그 생애의 문제는 그가 극도로 창의적인 사람이라는 것이었죠. 그는 창의적인 천재가 될 수도 있었지만 그가 자라난 경제공황 시대의 문화가 창의적 표출을 허용하지 않았기에, 그에게는 배출구가 없었어요. 이러한 천재들에겐 항상 그렇듯이, 창의성 뒤에는 과도한 양의 에너지가 있어요. 어딘가에 다른 배출구가 있어야 했는데 그렇지 못했고, 그것이 그의 인생에 대한 견해와 그의 생각까지도 뒤틀리게 했어요. 그러고는 최종적인 배출로 발전된 거죠. 그 일은 그의 까르마보다는 그의 아버지의 까르마가 주로 반영되었어요.

D: (이것은 놀라움 그 자체였다) 맙소사! 나는 그 일을 그런 식으로 생각하지 않았어요.

S: 문제의 뿌리는 그의 아버지가 아들이 창의적인 것을 공부하도록 허락하지 않았기에 시작되었어요.

D: 하지만 여전히 히틀러가 그런 끔찍한 일을 저지른 장본인이

잖아요.

S: 그건 설명하기가 어려워요. (그녀는 어떻게 말해야 할지 생각하기 위해 잠시 멈췄다) 그는 예술가나 건축가 혹은 그 예술적인 무엇이 되기를 원하면서 좋은 의도로 시작했어요. 그러나 그 방향으로 발전하는 것이 허락되지 않았기에 거기에 있던 에너지는 뒤틀렸어요. 그의 주된 실수는 창의성 외에 다른 형태, 건설적인 형태로 그 에너지를 다룰 수 없었던 거죠. 그는 그것을 파괴적인 것으로 변화시켰어요. 그게 그가 해결해야 했던 가장 중요한 일이었죠.

D: 그의 아버지가 허락하지 않았다고 해도 그는 더 창의적인 형태로 배출구를 찾을 수 있었던 것처럼 보이는데요.

S: 네, 예를 들면 그는 엔지니어가 될 수도 있었어요.

D: 혹시 아버지 탓으로 책임을 전가하는 건 아닌가요?

S: 아니요. 히틀러도 역시 책임을 져야 합니다. 그러나 문제는 그의 아버지가 발전시킨 편협한 태도에서 시작되었기에 온전히 히틀러에게만 전가될 수는 없어요. 그의 아버지는 더 포용적인 태도를 가질 수도 있었어요.

D: 하지만 여전히 그의 행동은 이해할 수 없지요. 그의 행동이 그렇게 광적으로 될 필요는 없었으니까요. 무슨 일이 있었는지 당신도 알잖아요.

S: 그건 창조적인 에너지의 강도에 의해 야기되었어요. 만약 그가 예술가로 발전할 수 있었다면, 미치광이 예술가가 되었을

것이고 그것에 대해서도 열광적이었을 거예요. 그것은 보헤미안[4]의 광기로 받아들여졌을 거고요.

D: 그랬다면 적어도 아무도 해치지 않았겠지요.

S: 맞아요, 아마도. 자신 외에는.

D: 하지만 그것은 결국 눈덩이처럼 불어나서 수백만 명이나 되는 사람들에게 영향을 끼쳤어요. 난 그가 분명히 '병원'에 입원하게 되었을 거라고 생각했는데요!

S: 그는 그렇게까지 손상되지는 않았어요. 뒤틀렸긴 했지만, 손상된 건 아니에요. 그가 주로 필요했던 것은 조용히 일을 정리할 시간이었어요. 병원에 있는 영혼들은 동일한 부분의 까르마를 반복해서 겪으면서 그것에 갇힌 느낌이 들 정도로 너무 손상된 상태예요. 반면에 아돌프 히틀러의 경우, 이건 그에게 처음으로 일어난 일이었어요. 이전 생애에서도 그는 강한 창조적 충동을 가지고 있었고 그걸 발전시킬 수 있는 상황에 있었지요. 그러나 이 생애에서는 차단되었어요. 그가 배워야 할 교훈은 그가 원하는 대로 할 수 없을 때 그 에너지를 어떻게 다루어야 하는가 – 어떤 방식으로든 그가 살아야 하는 패턴에 맞게 에너지를 적절하게 다루어야 하는 것 – 였던 거죠. 그런데 그는 그 부분을 잘 다루지 못했어요. 그것이 그가 미래의 생애에서 다시 일해야 할 – 바람직하지 않은 상

---

4   본래는 15세기경 프랑스인들이 집시를 일컫는 말이었고, 19세기 중반부터는 자유분방한 예술인을 의미한다.

황을 다룰 수 있게 되는 것 – 까르마의 주요 부분이에요.

D: 그럼 그가 한 일과 영향을 준 모든 사람들의 삶으로 인해 자신에게 더 많은 까르마를 만들지는 않았나요?

S: 그는 스스로를 위해 더 많은 까르마를 창조했어요. 사실이에요. 여기 시점에서는 너무 최근에 일어난 일이라 얼마나 많은지 말하기는 어려워요.

D: 아직 다 분석되지 않았다는 말인가요?

S: 그래요. 어떻게 그게 일의 균형에 영향을 주었는지, 얼마나 더 많은 일을 해야 하는지 알 수 있게 되기까지는 여러 번의 생애와 여러 번의 육화가 이루어질 거예요.

D: 그의 삶의 직접적인 결과로 수백만 명의 사람들이 살해당했다고 생각해요.

S: 사실이에요. 그가 그들을 죽이라는 명령을 내린 건 사실이지만, 부분적으로 주변 사람들의 영향을 받았어요. 그리고 그는 실제 사형 집행자들이 했던 것처럼 거기서 직접적인 육체적 쾌감을 얻지는 않았어요. 내가 말하는 건 그가 이 사람들을 죽이라는 명령을 내렸고, 그것은 그의 까르마에 반영되지만 가스실을 짓고 사용하라는 이런 명령을 받고 직접 실행한 사람들, 군인들과 다른 이들은 사람들이 죽는 것을 보면서 직접적인 육체적 기쁨을 누렸어요.

D: 그가 직접 살인을 한 건 아니지만, 그것을 막기 위해 아무것도 하지 않았잖아요.

S: 그는 사람들이 살해당하는 걸 허용하도록 만들었죠. 그래서 그 일이 일어나게 허용한 것이 그의 까르마에 반영되는 이유죠. 하지만 그 스스로 직접 살인은 하지 않음으로써 자신의 손을 깨끗이 했어요. 물론 이를 허용하는 정치체제를 만든 것은 그의 까르마에 나쁘게 반영되지요. 더불어, 그 체제의 많은 사람들이 그 일을 원했기에 이루어진 일들이에요. 그들은 정상적인 사회에서는 부적응자들이었고, 이런 잔학 행위를 저지르는 데 직접적인 육체적 쾌감을 누렸어요.

D: 하지만 그는 한 인종의 말살에 광적인 집착을 갖고 있었잖아요. 그의 광신주의와 박해로 유대인의 전 민족적 몰살을 시작했어요.

S: 그래요. 그는 순수한 독일인이 아닌 어떤 인종도 반대했고, 그것을 '아리안^{Aryan}(나치즘이 이용했던 용어로 유럽의 순수 혈통이라는 의미–옮긴이)'이라고 불렀죠. 그는 자신이 사랑하는 독일이 100년이나 150년 전의 미국처럼 성장하고 강대국이 되고, 인구를 확장할 수 있는 공간을 확보하길 원했어요. 그는 미국이 그랬던 것처럼 많은 독일인들로 넘쳐나는 거대한 국가를 만들어서 그들의 문화가 전 세계에 막대한 영향을 끼치게 하고 싶어 했지요. 이 목표를 가로막는 인종은 모두 말살하려고 했어요. 창조적 충동이 뒤틀리는 과정의 일부였지요. 많은 사람들을 해치지 않고는 이 일을 하는 것이 확연히 불가능했으니까요. 또 다른 길로, 너무나 사랑했던 독일의

위대한 문화에 기여할 수 있는 창의적인 천재가 될 수도 있었을 텐데요.

D: 나는 그가 까르마적 작용으로 인한 편견을 갖고 있었다고 생각했어요.

S: 그의 영혼이 뒤틀린 부분이죠. 그는 심사숙고와 영적 지도자들과의 만남을 통해 그 편견을 해결할 수 있었어요.

D: 히틀러는 정말 상당히 이해하기 어려운 경우군요.

S: 그래요, 매우 복잡한 상황이지요.

D: 잭 더 리퍼Jack the Ripper(19세기 말 영국의 연쇄살인범-옮긴이) 같은 사람은 어때요? 연쇄살인마로서의 이번 삶이 다음 생에 전혀 영향을 미치지 않을까요?

S: 당연히 미치지요. 여기서 우리는 매우 조심스럽게 당신에게 이야기하고 있어요. 당신의 도덕적 기준을 침해하지 않길 바라기 때문이지요. 우리는 당신의 도덕의식이 매우 섬세하다고 느끼기 때문에 이것들을 방해하고 싶지 않아요. 하지만 우리가 당신이 갖고 있지 않을 통찰력을 주는 동안 우리를 참아줄 것을 정중히 요청하고 싶어요. 아마도 당신이 말한 잭 더 리퍼의 그 경험으로부터 배운 교훈이 있었을 거고, 그것은 그 사람에게 긍정적인 것이었죠. 물론 희생자들에게 많은 해를 입혔고, 당신의 사회적 기준에 따르면 범죄는 극악무도했어요. 이러한 행동들은 용납할 수 없는 사회적 행동이었어요. 그러나 이 개인은 그런 행위들에 참여함으로써 무

언가를 배웠다고 말할 수 있어요. 어쩌면 자기기만이 무엇인지, 자기 개입과 인간의 생명을 고려하지 않는 것에 대한 교훈이 될 수도 있어요. 아마도 이건 개인에게 중요한 교훈이었을 거예요. 우리는 또한 당신이 '피해자'라고 부르는 사람들이 배운 교훈들 역시 있다고 말할 수 있어요. 그리고 어쩌면 여기에 다른 가능성을 주입할 수도 있을 거예요. 이 사건의 참가자들이—그렇게 보이지 않겠지만—내부 차원에서 지원한 이들이라는 거죠. 그들은 이 사건에 참여하기 위해 육화 이전의 계획 단계에서부터 계약을 맺었어요. 당신 사회에 도덕 기준을 측정할 수 있는 척도를 주기 위해서죠. 용인될 수 있는 사회적 행동인지 아닌지에 대한 예를 보여주기 위해서요. 좋은 행동이든 나쁜 행동이든 모든 행동에는 배울 것이 있다는 걸 아시겠죠? 직접적인 참여자들뿐만 아니라 방관자나 관찰자들도 마찬가지예요. 그렇게 해서 이것이 끔찍한 범죄라는 것이 알려질 것이고, 그것이 받아들여지게 되지요. 그러나 그러한 범죄의 끔찍함을 부정하지 않고, 관련된 모든 사람들이 많은 교훈을 얻었다는 것 또한 받아들일 수 있게 돼요. 이제 생명의 힘에 대해 말할게요. 몸 안에 있던 그 의식은 죽지 않았어요. 다른 존재의 차원으로 옮겨졌을 뿐이죠. 당신 몸의 모든 세포 안에 있는 생명의 힘은 옮겨지는 것일 뿐 손실되지는 않아요. 단순한 몸의 신체 구성이 조직적인 상태에서 비조직적인 상태로 바뀌었죠. 엄밀히 말하면 죽음은 물질적 단계에서 분자의 재배치에 불과하고, 의식을 육신의 울타리에서 자유로운 본성의 상태로 옮기는 것이지요. 삶은 항상 그래왔고, 앞으로도 그럴 거예요. 생명이란 그저 다른 형태로 변하기에 생명을 빼앗는 그런 것은 없어요. 우리는 지금 모든 도덕적 기준과 감정적 가치를 제거한 채 엄격한 기술적 관점에서 이야기하는 거예요.

D: 오! 그럼 피해자는요? 다른 사람에게 폭력적으로 살해당한 사람은요? 이건 그들에게 정신적 충격이 아닌가요?

S: 그것은 상당 부분 영혼을 위한 준비에 달려 있어요. 전혀 충격을 받지 않은 채로 전쟁을 겪고 이 차원으로 온 수많은 영혼들이 있어요. 죽음이 그들에게 일어날 거란 걸 알았고, 받아들였죠. 다른 이들은 너무 큰 충격을 받아 휴식 장소로 가야만 했고요. 항상 동일한 상황인 건 아니에요. 두 사람이 같은 강도의 트라우마로 보일 동일한 사건으로 나란히 죽을 수도 있어요. 그러나 한 명은 그것에 의해 정신적 외상을 받을 수 있고 다른 한 명은 그렇지 않을 수도 있죠.

D: 영혼들의 나이와 그들의 이전 경험과 관련이 있나요?

S: 영혼들의 나이보다는 범아(梵我)all-self 안에 있는 그리스도 Christ에 대한 이해 때문이지요. 때때로 젊은 영혼이 나이 든 영혼이라고 규정된 이들보다 더 넓은 이해력으로 포용할 수 있어요.

D: 누군가가 죽는 방법은 그들이 사는 방식만큼 의미가 있다고

말했잖아요.

S: 사실이에요. 많은 경우, 특정한 유형의 죽음은 거대한 까르마를 지워요. 길고 느린 죽음은 그 개인에게 배움을 가져다주지요. 그것을 통해 무언가를 배운다면 그들은 훌륭한 까르마를 쌓을 거고요.

자살

D: 자살은 어때요?

S: 이건 정말 비극적인 경우들이고, 존재하는 가장 슬픈 사실들 중 하나예요. 전반적으로 이 상황은 어떤 말로도 설명이 불가능해요. 자살에 관해서는 저지른 일의 중대성을 깨달아야 해요. 단순히 삶의 계약을 깨는 것이 아니기에, 개인의 영혼 에너지는 완전한 부조화에 내던져지죠. 어떤 상태의 자살인가에 따라 병원에 갈 때도 있고 사색 공간으로 갈 때도 있어요. 대부분의 경우, 생명을 끊는 것이 왜 극도로 잘못된 것인지 설명하기 위해 한두 사람의 다른 실체entities가 이 사람에게 배정되지요. 생명은 너무 소중하기에 자신의 생명을 끊는 것은 이 차원(영적 차원-옮긴이)에서 진정으로 죄라고 생각할 수 있는 유일한 것이에요. 자살한 사람들은 인생의 의미와 이루어야 할 것들에 대해 혼란스러워지고 엉망이 되지

요. 그들 손에 가진 까르마를 풀 수 있는 해결책을 볼 수 없게 되는 거예요. 그리고 돌아온 영계에서 시야를 넓혀 사물들의 더 거대한 측면을 보는 법을 배우게 되고, 결국 포기하지 않고 문제들을 해결할 수 있게 돼요. 자살한 사람은 보통 몸으로 빨리 돌아가지 않아요. 정신적 외상이 너무 심하니까요. 자살을 단행하게 만든 문제들은 그들이 육신으로 곧장 돌아갈 정도로 빠르게 해결될 수가 없어요. 그들은 대화를 하고 도움을 받지요. 왜 그랬는지, 무엇이 그들을 그 지경까지 끌고 갔는지 되돌아보며 배워야 해요. 그것을 직면할 준비가 되기까지는 보통 오랜 시간이 걸려요. 상황이 극도로 나쁘다면, 그들은 휴식 장소로 가서 왜 삶의 이 단계까지 이르렀는지 살펴 보고 삶을 끊는 것을 선택하게 한 트라우마를 잊게 될 거예요. 자살은 영혼에게 나쁜 까르마를 안겨주는데, 그것은 전후의 삶 속에서 많은 선행으로 지워져야 해요.

D: 이것이 사람들이 할 수 있는 가장 나쁜 일이라면, 돌아올 때 그들 스스로를 벌주나요?

S: 그들이 항상 바로 이전에 겪었던 문제들을 해결하기 위한 삶으로 들어가는 건 아니에요. 때때로 그들이 그 문제들을 직면할 수 있다고 느끼는 지점에 이르기까지는 여러 번의 존재가 필요해요. 하지만 모든 문제는 결국 해결이 되지요. 그걸 피할 수는 없어요. 그걸 다루는 가장 좋은 방법은 지난 생애와 상당히 유사한 문제를 가진 한 생으로 돌아오는 것일 거

예요. 자살은 이러한 문제들을 해결하고 그 속에서 버텨 내며, 원만한 노년기까지 활발하게 살아가고 균형 잡힌 삶을 갖게 됨으로써 보상될 거예요. 자살한 것을 되갚고 까르마의 균형을 도우려면 이렇게 여러 번의 생이 걸릴지도 몰라요. 전에 포기했던 문제들을 해결함으로써 올바른 길에 서는 거예요. 자살은 그것을 해결하는 수용 가능한 방법을 배울 때까지 계속 동일한 상황과 문제를 직면해야 해요. 그것으로부터 절대 도망칠 수 없어요. 그것들은 진보를 더디게 하고 혼란을 야기할 뿐이지요.

D: 당신이 우리의 시간 개념을 대할 때, 어려움을 겪고 있다는 걸 알아요. 그러나 자살의 영향에서 풀려나기까지 얼마나 걸리는지 알고 싶어요.

S: 사람마다 달라요. 각각의 영혼은 다른 영혼과 똑같은 속도로 배우지 않아요. 그 영혼의 혼란 그리고 무가치함과 상실의 감정에 달려 있지요. 자살은 가볍게 용서되는 건 아니지만 해결될 수는 있어요. 해결이 불가능한 것은 아니에요. 단지 어떤 것들은 더 복잡하기 때문에 다른 것들보다 더 오래 걸리는 것뿐이죠. 맞아요, 자신을 죽이는 것은 궁극적인 잘못이죠. 까르마를 균형 밖으로 내몰기 때문에요. 스스로를 죽이는 것, 스스로를 살해하는 것은 어떤 까르마도 해결하지 않아요. 오히려 그로 인해 더 많은 까르마를 창조하고 있는 거죠.

D: 어떤 사람들은 문제를 회피하기 위해 자살을 해요.

S: 그런 식의 자살은 오히려 그 문제를 더 증폭시킨 삶을 다시 살게 하죠. 그들은 아무것도 회피하지 못하고, 상황을 더 나쁘게 만들고 있어요. 그런 식으로는 정말로 아무것도 해결하지 못해요. 그로 인해 더 많은 문제를 일으킬 뿐 자살은 절대로 해결책이 될 수 없어요.

D: 자살이 다른 사람들의 삶과 어떤 연관을 갖고 있나요?

S: 많은 경우, 가족의 다른 영혼들이 그 경험으로부터 배울 수 있는 기회가 되기도 하죠. 예를 들어 한 소년이 자살한 후, 그 경험으로부터 엄마는 자신이 너무 고압적이었다는 것을 깨닫고 더 이해심이 많아질 수 있게 배워요. 비록 힘든 교훈이었지만 그걸 통해 그녀는 배움을 얻게 되죠.

D: 어떤 경우에는 남겨진 가족이나 친구들에게 이것이 까르마가 되지 않을까요?

S: (강조하듯) 자살은 결코 까르마의 일부가 아니에요! 자살은 자유의지의 한 측면이죠.

D: 알겠어요. 그렇다면 그건 결코 어떤 경우에도 좋은 것이라고 볼 수는 없겠군요.

S: 맞아요. 거기에 승자는 없어요.

D: 다른 사람의 까르마에 직접적으로 영향을 미치는 경우가 있나요?

S: 아니요. 자살하는 사람은 그들의 까르마를 짧게 자르는 것이

고, 그건 타인들에게는 공평하지 않을 거예요.

D: 사람들이 한 삶으로 올 때 계약 같은 걸 한다고 들었어요. 그렇다면 자살은 그 계약을 어기는 것이고 그 약속을 이행하지 않는 것이겠군요.

S: 누군가가 삶에 들어오기 전에 그들은 영적 지도자들을 만나고, 일반적으로 그들이 결정을 잘한다면 이 삶에서 얼마나 많은 까르마를 성취할 수 있는지를 알아내지요. 그건 일종의 학교 과제 같은 거예요. 그는 이렇게 말하죠. "자, 이것이 내가 이번 삶에서 성취하기 위해 노력하려는 것입니다." 설령 모든 것을 완수하지 못한다고 해도 그들에게 나쁘게 반영되지는 않아요. 그들이 그것에 대해 애를 쓰고 노력하고 있다는 사실, 이게 중요한 거예요. 그리고 중간 어디쯤에서 겨우 시작하려 할 때, 그들이 스스로를 죽임으로써 그것을 짧게 끝냈다면…… 그들이 노력하겠다고 말한 것, 성취하겠다고 진심으로 약속했던 것을 이루지 못했을 뿐만 아니라, 오히려 해결해야 할 더 많은 까르마를 만들어 낸 거예요. 그래서 그것은 모든 면에서 부정적인 경험이죠.

D: 그들은 여전히 그들의 문제와 까르마를 해결해야겠군요. 이것을 성취하기 전에 떠나는 건 목적을 해치는 거죠?

S: 정확해요. 그러나 만약 일생 동안 해야 할 일의 양이 'X'라면 그리고 만약 그들이 온전히 한 생애를 살아내기 전에 이 'X'의 양 정도의 일이 끝나거나 성취된다면, 그리고 그들이 통과

하기를 원한다면 물질계에서 계속 있을 필요는 없어요. 만약 그들이 계속하지 않기를 희망한다면 적절한 경로를 통해 떠남을 준비할 수 있어요. 하지만 일이 끝나기 전에 성급하게 몸을 버리는 것은 결코 용납될 수 없는 일이에요.

8장

안내자들

세계의 거의 모든 문화에는 수호천사 또는 보호자 영체protecter spirits에 대한 믿음들이 있다. 그들은 정말로 존재할까?

S: 네, 수호자 영체들은 있어요. 보통 그들은 당신이 전에 가까운 유대감을 가진 이들이고, 영체 차원에서 학교 혹은 그와 비슷한 곳을 다니고 있어요. 그들은 당신이 배우는 시기를 잘 넘기도록 돕고 당신을 보호하는 역할을 해요. 이 사람들은 영체 단계에서 그들의 목적을 위해 일하고 있어요.

D: 그들은 특정한 사람에게 배정되나요?

S: 자신이 선호하는 이들을 선택할 수 있어요. 그들은 수호의 대상이 태어날 때부터 함께해요.

D: 그럼 육신에 들어갈 때, 혼자가 아니군요.

S: 어느 누구도 혼자가 아니에요. 고립은 타인들로부터 멀어져 자신만의 벽을 쌓는 거죠. 그 벽을 부수고 돕도록 허락한다면, 그 경험을 공유할 타인들이 항상 거기에 있어요.

D: 만약 그들이 육화하지 않고 있다면 어떻게 돕지요?

S: 당신이 영체 단계에 대한 이해가 부족한 상태라 설명하기가 꽤 힘들군요. 물질적 단계와 마찬가지로 영체 단계에서도 해

야 할 일이 있어요. 어떤 육화 이후에 영체 단계의 학교로 가야 하는 이들이 있고, 이들 중 일부는 학교의 교사일 거예요. 물질계에서 지도하는 것을 포함해서 그들을 도울 수 있는 방법들이 많이 있어요.

D: 수호자들의 마음속에는 항상 당신이 최대 관심사인 건가요?

S: 대부분의 시간에는. 당신 주위에 있는 이들이 그래요.

D: 당신의 안내자는 타인의 영향을 떨쳐 낼 정도로 강력한 존재인가요?

S: 네. 자신을 선한 것들로 둘러싸게 하는 법을 배울 수 있는 한은. 이것이 부정적인 것들로부터 그들을 지켜줄 거예요. 거기에 좋고 나쁨은 없어요. 긍정과 부정만 있을 뿐이죠. 배움의 어떤 경험도 결코 부정적이지 않아요.

D: 하지만 어떤 것이 자신에게 좋은지, 아닌지 가끔은 구분하기 어려워요. 다른 영향들이 다른 방향으로 자신을 흔들려고 하는 걸 어떻게 알 수 있지요?

S: 그들이 권하고 있는 것의 최종결과가 무엇인지 인지하기 위해 스스로를 개방함으로써 우리 모두 볼 수 있어요. 그리고 만약 일이 잘못된 길로 가고 있다는 걸 알게 되면, 이 실체가 당신이 잘되길 바라지 않는다는 걸 알게 되죠.

D: 하지만 알다시피 인간은 그런 것들에 속아 넘어갈 수 있어요.

S: 우리는 완전하지 않아요. 완전하다면 더 이상 몸으로 들어가지 않았겠죠.

D: 우리에게 영향을 주려는 것이 안내자인지 어떻게 알죠? 어떻게 속지 않을 수 있어요?

S: 일상생활 속의 자신을 생각해보면, 이걸 할지 저걸 할지를 놓고 갈등을 겪는 일이 많죠. 예를 들어 다이어트 중일 때 초콜릿을 먹고 싶은 유혹에 굴복할 수 있죠. 초콜릿을 갈망하는 당신의 한 부분은 만족을 구하는 거예요. 하지만 다이어트의 필요성을 인식하는 당신의 보다 높은 부분은 "아니, 그러지 마"라고 말하죠. 그래서 당신 안에 분열이 있다는 것을 느낄 수 있어요. 당신의 안내자들을 마치 당신의 일부이자 연장선인 것처럼 느끼죠. 이런 느낌으로, 이건 당신의 또 다른 영혼이 말하고 있다는 것을 알게 되죠. 만약 누군가가 조언을 하는데 당신은 그것에 대해 망설인다면, 그것이 어디에서 오는지 근원을 살펴봐야만 해요. 그것이 당신의 안내자에게서 온다면 옳다고 느껴질 거예요. 그는 결코 당신에게 어떤 것도 강요하지 않고, 단지 제안만 할 거예요. 만약 강제가 개입되면 그건 분명히 긍정적인 존재가 아닐 거예요. 당신의 자유의지가 무시되기 때문이죠. 당신은 의식적인 결정을 내리고 이것저것을 하라고 지시받지 않을 거예요. 이 또한 인간의 노력이기 때문이죠. 안내자들은 일부 사람들이 생각하는 것처럼 옆에서 쇼를 진행하지 않아요. 그들의 역할이 있고, 당신의 역할이 따로 있지요. 그것은 영적 및 물질적 사이에서 중재적이며 상호합의된 동의이자, 동반자적 관계예요. 그들

은 그들의 일을 하고, 당신은 당신의 일을 하는 거죠.

D: 당신 쪽(영계-옮긴이) 존재들이 그 일을 주도한다고 생각하는
이들이 많아요.

S: 그래요. 그들은 이러한 문제에서 공동의 책임이 있다는 걸
이해해야 해요. 많은 결정들이 순전히 인간이 내리는 것이고
인간의 생각, 인간의 경험, 인간의 개념에 기초해요. 안내자
들은 지혜와 경험으로 그들을 도우려고 노력하죠. 그들의 결
정과 안내자의 지침 사이에서 갈등한다고 해서 틀린 건 아니
에요. 선택하는 과정일 뿐이죠. 안내자는 도움과 보조를 제
안하기 위해 그곳에 있을 뿐이에요. 그렇다고 반드시 안내자
들의 안내를 엄격하게 따라야 한다고 요구되는 건 아니에요.
그들은 조수일 뿐이고 운명의 주인은 우리 자신이에요.

D: 그러면 우리의 안내자들과 영계의 지원자들은 우리가 올바
른 일을 하도록 영향을 미치려고 하는 건가요?

S: 이건 분명하게 짚어 둘 필요가 있군요. 영향은 정확한 단어
가 아니에요. 안내자들과 지원자들은 영향을 주려고 하지
않아요. 보조하거나 깨닫게 한다는 표현이 더 정확할 거예
요. 그 차이는 미묘하게 보일지 모르지만 매우 중요하지요.
지구는 선택의 행성이에요. 하고 싶은 것을 선택할 수 있는
완벽한 자유가 있어요. 당신의 선택에 지원이 필요하다면 그
게 그들의 쓰임이죠. 그들은 단지 도와주고 보여주거나 명확
히 하려고 할 뿐이죠. 당신은 그저 조종당하는 꼭두각시가

아니에요. 당신의 운명은 확고히 당신 손에 달려 있어요. 그들은 즉시 지원할 수 있고, 당신이 언제든지 지원을 요청하길 기다리고 있는 대기자들이에요. 그들이 상상하는 운명으로 당신을 재촉하지 않고, 인간은 자신이 운명을 창조해요. 물질계에서 살아가는 동안 그렇다고 할 수 있어요. 서로 이타적으로 도와야 해요. 어떤 사람들은 좋든 싫든 타인을 도와야 한다고 느껴요. 하지만 그 순간의 감정 상태와 상관없이 '도와야만 한다'고 느껴서는 안 돼요. 그들이 원할 때 도움을 주면, 질적으로 최상의 도움을 줄 수 있어요. 음, 우리가 당신에게 하고 싶은 말은 이거예요. 항상 모든 사람을 도와야 한다는 생각은 하지 말아요. 당신이 돕고 싶다고 느낄 때만 도와야 한다는 걸 떠올리세요. 내키지 않는데 억지로 도움을 주는 것은 전혀 도움을 주지 않는 것보다 더 나빠요.

D: 여기서 자유의지가 나오나요?

S: 그래요.

D: 그렇다면 우리에게 자유의지가 있으니 어떤 충고도 따르거나 무시할 수 있다는 건가요? 이건 물질계뿐만 아니라 영계에서도 해당되나요?

S: 맞아요. 하지만 그 주제에서 벗어나기 전에 어떤 일을 떠올려봐요. 당신이 독약을 가지고 노는 아이를 본다면, 자연스럽게 달려가서 그 병을 빼앗을 겁니다. 그렇지 않아요? 아이가 당신을 때리고 뒤로 밀어내며 그 병을 계속 열려고 한다고 가

정해봐요. 그럼 어떻게 할 거예요?

D: 계속 뺏으려고 하겠죠.

S: 아이가 당신처럼 완강해서 결국 이겼다고 가정한다면요?

D: 그렇다면 그가 가질 만하다고 말할 수 있겠죠.

S: 우리도 마찬가지예요.

D: 그럼 안내자가 우리를 다치지 않게 할 수 있나요?

S: 예, 가능해요. 그들은 곧 일어날 일을 당신에게 알려줄 거예요. 이건 단지 보조일 뿐이죠. 당신을 위해 안내자가 처리할 것으로 생각되는 한 가지 예를 말해 볼게요. 운전 중 당신도 모르게 어떤 차가 길을 따라 내려와 충돌할 상황에 처한다면, 핸들이 갑자기 왼쪽으로 꺾여 위험을 피할 수 있을 거예요. 물론 이런 일이 일어나지는 않겠지만 만약 당신의 안내자들이 이런 일을 하게 되어 있다면, 그게 일어나게 될 일인 거죠. 당신이 운전은 하지만 그들은 당신에게 단지 알려주기만 하는 거죠.

D: 비상시에 그와 같은 일을 하게 되는 건가요?

S: 필요하다면요. 이전에도 극단적인 상황에서만 그래왔지요. 당신이 직접 겪고 있는 일에 미리 영향을 줄 수도 있으니 이런 일을 자세하게 논의할 입장은 아니에요. 하지만 대부분의 경우에 운명은 당신이 만드는 거라는 걸 알아야 해요. 다시 말하지만, 강제적인 도움은 전혀 도움을 주지 않는 것보다 좋지 않아요.

D: 우리가 도움이 필요할 때, 도움을 받을 수 있다는 걸 알게 되어 좋네요.

S: 맞아요. 이쪽에(영계-옮긴이) 있는 우리는 종종 인간의 충동성과 조급함을 즐겨요. 이건 영계와 물질 세상들이 다르기 때문이죠. 영적 세상에서의 생각은 행동과 거의 유사해요. 단지 생각만 해도 원하던 효과를 발생시키죠. 물질계에서는 그런 일이 그렇게 쉽지 않아요. 그러니 인간은 인내심을 배워야 해요.

영계에서 한 생각은 순식간에 그것을 일어나게 한다. 하지만 지구에서 우리가 생각하는 것과 구체화 사이에는 훨씬 많은 시간을 필요로 한다. 그러므로 우리의 마음을 바꿀 수 있는 기회를 갖는다는 것은 의미심장한 일이다. 만약 우리의 물질 세상에서 순간적으로 일들이 일어났다면, 많은 문제가 있었을 것이다. 인간 본성이 가진 많은 결점들(이기심, 부러움, 질투 등) 때문에 엄청난 혼란을 초래했을 것이다. 우리가 항상 순수한 의도를 가진 것은 아니며, 우리가 실현하고자 하는 것에서 가장 중요한 것은 바로 그 '의도'라고 그들은 말했다.

S: 안내자와 안내를 받는 자와의 관계는 유동적이고 활발하며 윤회의 과정에서, 심지어 하나의 육화 내에서도 필요하다면 변화해요. 엄격하게 정해진 규칙은 없어요. 수단은 필요에

따라 정해지죠.

D: 안내자들은 어떻게 선택되나요?

S: 그들은 한 사람의 삶에서 시기적 필요에 의해 선택돼요. 일부는 육화 전반에 걸쳐 안내자가 될 수 있지요. 다른 이들은 필요에 따라 일시적일 수도 있고, 왔다 갔다 할 수도 있어요. 한 생애를 통해 우리는 여러 다른 안내자들을 가질 수도 있지요. 우리의 삶이 변함에 따라 그들의 기능도 변하는 거죠.

D: 안내자, 원로, 영체 간에는 어떤 차이가 있나요? 나는 이 용어들이 다양하게 사용되는 것을 들어왔어요.

S: 안내자들은 영체예요. 원로는 안내자보다 더 높은 지위에 있죠. 원로는 훨씬 더 많은 지식과 경험을 이끌어 낼 수 있는 존재들이에요. 만약 당신이 원한다면, 그들은 당신이 겪는 경험의 원천이 되기도 하지요. 안내자는 실제로 육화하는 사람과 훨씬 친밀하고 가까운 존재예요. 최근에 육화를 겪은 가능성이 있는 존재라서 여전히 물질적 삶의 복잡성에 친숙해요. 원로는 보통 일정 기간 동안 육화로부터 멀어져 있었고, 정보를 위해 끌어들여지지요. 안내자들은 좀 더 최근에 육화의 경험이 있는 반면, 원로는 육화의 필요성 이상으로 발전한 존재예요. 따라서 자신에게 주어진 일을 충분히 해낼 수 있는 능력이 있어요. 안내자는 물질계에 대해 원로보다 더 많이 알 거예요. 원로는 더 세부적으로 알 거고요.

이것은 마치 어느 교사가 한 학생에 관한 문제로 더 나은 조언을 얻기 위해 학교의 교수나 교장에게 가는 것처럼 들린다. 교사는 매일 함께하기 때문에 좀 더 친밀한 상태에서 그 학생을 자연스럽게 알고 있을 것이다. 교수나 교장은 학생과 전혀 친하지 않을지도 모르지만, 훨씬 더 풍부한 지식과 경험을 갖고 있기에 더 깊이 있는 조언을 할 수 있다. 교장도 꽤 오랫동안 학생들과 교실에서 그렇게 친밀한 관계를 맺어오지는 않았다. 그렇기에 그들은 상황에서 더 멀리 떨어져 있고, 훨씬 더 편견 없는 의견을 제공할 수 있다. 이후에 나는 우리 안내자들의 이름을 알 수 있는지 물었다.

S: 필요하거나 유용하다면 그들이 당신에게 말할 거예요. 여기 영체 차원에서는 정말 아무런 이름이 없어요. 단지 소리, 진동, 색깔만 있을 뿐이에요. 이름을 붙이는 것은 인류의 특이한 습관이지요. 하지만 당신이 안내자에게 부여하고 싶은 이름들은 약간 모멸적이거나 오해의 소지가 있어요. 이름에는 진동이 있고 안내자에게 이름을 붙이거나 부여하면 자칫 잘못된 진동이 발생할 수 있어요. 따라서 이름보다는 진동을 통해 안내자를 좀 더 아는 것이 최선이에요.

D: 안내자가 되는 것은 누구나 가능하다고 했죠? 다른 사람의 안내자 역할을 하기까지는 시간이 많이 걸리나요?

S: 그건 오로지 까르마를 어떻게 발전시키느냐에 달려 있어요. 그들의 까르마를 긍정적인 방식으로 발전시킬 수 있는 사람

들은 한 번 내지 두 번의 순환만에 안내자가 되지요. 하지만 일반적으로 다른 사람들은 더 오래 일해야 해요. 단지 개인의 발전에 달려 있을 뿐이에요. 특정한 영적 차원을 성취하는 문제지요. 일단 당신이 이 차원의 단계에 도달하면 안내자 역할을 하거나 총위원회the general counsil의 자리에 앉게 될 수 있고(13장 참고), 그건 당신이 특정 지점에 어떤 식으로 발전할 필요가 있는지에 달려 있어요. 당신이 이 특정 차원 이하에 있는 영적 단계들에 있다면, 여전히 다른 방식들로 성장하고 있고 돕기 위해 다른 것들을 하고 있지만 안내자가 될 정도는 아닌 거죠.

D: 어떤 사람들은 차원을 건널 때 "이제 내가 다른 사람들을 안내해도 되는 건가요?"라고 묻기도 한다고 들었어요. 그리고 대부분의 대답은 "당신에게 안내자가 필요한데, 어떻게 다른 사람의 안내자가 될 수 있겠어요?"라는 거죠.

S: 음, 당신을 돕기 위한 더 진보된 이들은 항상 있어요. 그건 어른이 청소년을 안내하고, 차례로 청소년이 아이를 도와주고, 그 아이는 다시 영아가 위험하지 않도록 돕는 것과 같아요.

D: 안내자가 되기 전에 일정한 경험이나 요건을 갖춰야 한다고 생각했어요.

S: 그건 그래요. 물질적 차원에서 한 사람을 안내할 수 있는 단계에 이르렀다는 것은 실수하지 않고 영적으로 성숙한 태도로 책임을 다룰 수 있는 영적 발달 단계에 도달해야 하니까

요. 그렇다고 그의 모든 성장이 완성되어 멈췄다는 의미는 아니에요. 그보다 더 진보된 누군가가 그의 성장을 위해 여전히 도움을 주고 있고, 그는 그 상태로 충분히 발전되지 못한 누군가를 돕고 있기 때문이지요. 그것이 전체적 체계가 작동하는 방식이에요.

D: 누군가를 안내할 준비가 되지 않았다면 여전히 실수를 할 수 있겠군요.

S: 당신에게 어떤 일이 주어질 때는 그에 대한 준비가 되어 있는 거예요. 당신 말대로라면 그건 무슨 일인가에 대한 실수일 텐데……, 그 상태에서 그런 실수는 일어나지 않아요. 차원을 건널 때 에너지 패턴이 완벽히 선명하기에 어떤 사람이 적절하고 어디에 적합한지, 어느 정도 단계이고 무엇을 할 수 있는지 바로 말할 수 있어요. 그렇게 해서 그들에게 적절한 일이 주어지지요. 그들이 성장하고 발전하여 새로운 능력을 얻을 수 있게 그런 식으로 그들에게 일을 주는 거예요.

D: 그럼 실수가 없는 거군요.

S: 맞아요. 왜냐하면 그건 직위 부여에서의 실수이기 때문이지요. 그들이 할 수 있는 것과 할 수 없는 것에 대한 실수가 아니라. 만약 당신이 어떤 사람에게 능력 밖의 것을 준다면, 그건 그들의 실수가 아니라 당신의 실수인 거죠.

D: 음, 그들은 항상 다른 사람들을 가르치는 것에서 많은 것을 배울 수 있다고 말해요. 그런데 이런 선택들을 만드는 이들

은 누구예요? 이런 일들을 하라고 말하는 사람들의 부분에서 실수일 거라고 당신이 말했잖아요.

S: 오, 나는 그걸 비유로 사용했어요.

D: 그러니까 나는 "자, 이제 네가 안내자가 될 차례야"라고 말하는 이가 누구인지 궁금해요.

S: 아니요, 그런 식이 아니에요. 여기서는 모든 것이 에너지라서 당신이 그 에너지에 어떻게 적합한지에 따라 모든 것이 이루어져요. 남을 돕는 일을 함으로써 스스로의 에너지를 축적하고 있는 거죠. 그리고 어느 정도의 에너지가 축적되면 물질적 차원에 재진입할 시간이 된 거예요. 그 장벽을 넘어 그 단계에서 다시 한 번 당신의 까르마와 일을 계속할 에너지가 필요하기 때문에 이루어지는 일이에요.

D: 그럼 "자, 이제 네가 이런 일을 할 때야"라고 말하는 이는 없다는 거군요.

우리 사회에서는 일에 대한 책임자가 있는 것에 익숙하다. 그래서 나는 이 모든 것을 그 범주 안에 맞추려고 노력하고 있었다.

S: 맞아요. 모든 것이 모든 이에게 완전히 명확하게 알려져 있어서, 누구에게 무엇을 하라고 말하는 그런 문제가 아니에요. 필요한 것, 할 수 있는 것, 할 것이 무엇인지가 당신을 포함한 모두에게 명백하기 때문이지요. 여기서는 모든 것이 에너지

의 형태로 보여요. 모든 생각과 의도는 명백한 에너지를 가지고 있어요. 당신이 돌아가서 물질계로 재진입할 시간이 되면, 그때가 바로 총위원회가 개입하고 당신의 패턴에 맞는 곳을 결정할 때예요. 그때 당신이 물질계에서 언제, 어디서, 누구에게 태어날지를 결정하지요.

D: 그러면 위원회는 그것에 관해 할 말이 많겠어요.

S: 꼭 그것에 관해 '말할' 게 있는 건 아니에요. 단지 그 에너지가 진행해야 할 방식으로 계속 흐르도록 확인하고, 돕는 문제일 뿐이죠. 누군가가 물질적 차원으로 돌아갈 필요가 있을 때 그들의 에너지와 주변 에너지가 조화로운 방식으로 그들에게 맞는 에너지 단계로 재진입하도록, 그들이 다른 생애에서 함께해왔던 사람들과 다시 접촉할 수 있게 확실히 자리 잡게 하기 위해 그들이 필요로 하는 수준의 에너지로 다시 들어가는 거지요. 그리고 연결된 까르마와 함께하게 되죠.

D: 만약 누군가가 모든 준비를 마쳤고 그들이 돌아올 곳을 계획했지만, 마지막 순간에 마음을 바꾼다면 어떻게 되나요?

S: 그렇지만 그런 일은 없어요.

D: 그들이 다시 기다리기로 결정하거나 그때 가기를 원하지 않는다면요?

S: 물질계에 재진입하기 위한 과정을 설정했을 때, 이미 미루려는 시간은 지났어요. 물질계에 들어갈 결정을 하기 전에는 원하는 만큼의 충분한 시간 동안 영계에 머물 수 있어요. 그

러나 물질계에 재진입할 때가 되었다고 판단한 시점이 되면 당신이 결정을 내리고 움직이기 시작하죠. 그러면 당신의 에너지가 그 방향으로 흐르기 시작해서 결정을 고수하게 돼요. 물질계로 다시 방향을 향하도록. 일단 그 과정을 시작하면 따르는 것이 우주의 순리예요.

D: 나는 사산아에 대해 생각하고 있었어요. 그건 영체가 마지막 순간에 마음을 바꿔서 들어오지 않기로 결정한 게 아닐까 하는 생각을 했거든요.

S: 그렇지 않아요. 사산한 아기들에게 일어나는 일은 부모들이 어떤 이유로든 개인의 상황에 따라, 스스로의 까르마적 발전을 위해 그 시점에서 그 경험이 필요한 거예요.

D: 음, 나는 그 영체가 아직 준비가 되지 않아서 혹은 더 기다리기를 원했거나, 그 계약에서 벗어나려고 했다고 추측했었죠. 혹은 아주 어릴 때 겨우 몇 달밖에 살지 못하고 죽는 경우에도 마찬가지로요.

S: 아주 어릴 때 죽는 사람들은 보통 충분히 진보된 영체들인 경우가 많지요. 그들의 까르마적 측면의 필요 때문만이 아니라, 다른 사람의 까르마를 돕기 위해 선택한 삶이죠. 그들은 어떤 이유에서든 짧은 기간 동안 다른 사람의 삶의 영역에 어떤 특별한 영체를 가짐으로써 그들의 까르마에 유익할 일을 해요.

D: 몇 달만도 가능해요?

S: 단 며칠 동안에도 필요한 일이 있지요. 이후 그 영체는 다시 영계로 돌아와 그들이 하던 일을 계속하고, 나중에 그들이 또 다른 생애의 까르마 때문에 물질계로 돌아갈 필요가 있다면 계속해서 그렇게 해요. 간혹 더 진보된 영혼들은 다른 영혼들의 까르마에 자극이 될 도움을 주기 위해 자진해서 짧은 시간 동안 물질계에 갈 거예요.

D: 그들이 이행해야 할 계약 같은 것을 가지고 있었지만 망설이거나 그 계약을 어기고 싶어 했다는 생각이 계속 드는데요.

S: 계약이란 단어는 좋지 않아요. 그 말은 전혀 어울리지 않아요. 왜냐하면 영체가 '물질계에 다시 들어가고 싶다'는 결정을 내릴 때, 준비가 되기 전에는 절대로 그런 결정을 내리지 않기 때문이죠. 그들이 이행할 준비가 되지 않았다고 느낀다면 왜 결정을 내리겠어요? 일단 그들이 결정하면, 그들의 에너지는 그 방향으로 흐르기 시작해요. 그리고 그건 그들의 까르마적 발전을 계속하고 우주의 전반적인 패턴에 맞는 방식으로 맞춰지죠.

D: 다른 영체들이 내게 이런 말들을 했었어요. 내 짐작으로는 물질적인 관점에서 이해할 수 있는 용어로 이런 것을 표현하려고 했던 것 같아요. 그들도 다른 관점에서 그것을 보고 있었던 거군요. 그러고 보면 그때 나는 진화 수준이 그리 높지 않은 영체들과 이야기하고 있었던 것 같군요.

S: 그럴 수도 있어요. 때때로 영적 수준이 낮은 영혼들이 물질

계에 재진입할 때, 에너지가 전체 시스템에 어떻게 영향을 미치는지 인식하지 못해요. 그들은 결정을 내리는 것이 일종의 책무라는 사실을 깨닫지 못하지요. 한 가지 비유를 들어 볼게요. 당신의 세계에는 물 미끄럼틀water slide이라는 오락물이 있지요. 그건 마치 미끄럼틀 맨 위에서 물을 붓는 것과 같잖아요. 물이 미끄럼틀 바닥에 닿아 그곳을 벗어나기 전에는 흐르는 물을 떠서 올릴 수 없어요. 물질계에 다시 들어가는 것은 이것과 같아요. 물질계에 들어가겠다는 결정을 내리면 에너지가 흐르기 시작해요. 이것은 미끄럼틀 상단에 있는 용기에서 물을 쏟아내는 것과 맞먹죠. 물을 예전 상태로, 즉 영계 상태의 에너지를 다 모을 수 있으려면 일단 미끄럼틀을 타고 내려가야 해요. 다시 말해서, 당신은 결정된 이후엔 무조건 따라 내려가야만 해요.

D: 중간에 멈출 수가 없는 거군요.

S: 맞아요. 누가 당신 머리에 총을 겨누고 있기 때문에 그런 건 아니에요. 그것은 에너지가 어떻게 흐르는지에 대한 우주의 법칙 중 하나일 뿐이지요. 일단 에너지가 패턴을 거쳐 가기 시작하면, 다른 것으로 바뀌기 전에 먼저 패턴을 완성해야 해요. 낮은 단계의 발달 상황에 있는 영체들은 아직 이 개념에 대해 이해하지 못해요. 그래서 그들이 돌아갈 준비가 됐다고 결정을 내린 뒤, 다른 생각을 갖기 시작했다면 강제로 돌아가야 하는 것처럼 느낄 수도 있어요. 하지만 그건 누군

가가 강제로 떠밀어서가 아니라, 이미 미끄럼틀 속으로 쏟아진 과정에 들어왔기 때문이죠. 그들은 바닥 끝에 모이기 전에는 어쨌든 미끄럼틀 아래로 내려가야만 해요.

D: 일들이 이미 진행 중이라서요?

S: 맞아요.

D: 그렇다면 이 답변들은 발달 수준이 낮은 영체들로부터 얻을 수 있었던 정보인 거군요.

S: 네, 혹은 당신이 더 높은 단계의 답을 이해하지 못할 수 있다고 느꼈을 수도 있을 거예요.

나는 작업 중 여러 발달 단계에 있는 영체들과 대화하게 된다. 그래서 그들의 대답은 모순되지 않을 수도 있다. 그들의 관점에서는 그것이 진실인 것이다.

D: 하지만 여기 물질계에 있기 싫어 보이는 사람들이 있어요. 그들은 매우 화가 나 있지요.

S: 맞아요. 이들은 주로 부정적인 까르마 때문에 어려움을 겪고 있는 영체들이고 저항하고 있지요. 이렇게 부정적인 까르마에 이끌린 영체들은 보통 물질계에 다시 오게 된 것에 다소 화가 나 있어요. 그들은 더 많은 것을 망칠 거라고 확신하기 때문이지요.

D: 나는 그들이 다시 돌아오도록 만들어졌고 그들은 여기의 몸

속에 있고 싶어 하지 않는다는 느낌을 받았어요.

S: 그래서 그들은 내가 이미 말했던 악순환 속에서 돌아다니는 과정에 있다는 거예요.

9장

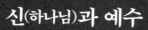

신(하나님)과 예수

누군가에게 그가 믿는 신에 대한 개념을 설명해달라고 한다면 당신은 지금 매우 복잡한 질문을 하고 있는 것이다. 아마 사람들의 숫자만큼이나 신에 대한 많은 정의가 있을 것이기 때문이다. 신이 어떠해야 하는지에 대한 우리의 내면적 시각화는 종교적 양육환경에 의해 생성된다. 이것이 우리를 한발 뒤로 물러서게 만든다. 이뿐만 아니라, 이 책에서 접근하는 모든 불편한 주제들에 대한 우리의 개념을 바꾸는 것은 매우 어려울 것이다. 이 모든 것에는 최소한 다른 생각에 귀 기울이려는 의지와 열린 마음이 필요하다. 비록 처음에는 터무니없고 허무맹랑한 것들로 보일지라도.

나는 초기 교회가 그 시대 사람들에게 하나님^{God}에 대한 생각을 심어주기 위해서는 가능한 한 단순한 방법으로 그를^{Him} 알려야 했다고 믿는다. 시대를 지나 내려오는 동안 사람들은 하나님에 대한 이러한 초기발표를 받아들였고, 많은 사람들이 더 이상 의문을 제기하지 않고 교회가 그들에게 그려준 그림을 오롯이 믿었다고 생각한다. 실은 그 시절에도 하나님에 대해 더 넓은 견해를 가진 사람이 일부는 있었을 것이다. 세뇌와 조건화를 제쳐놓고 순수한 마음으로 이런 개념들을 바라보면, 그것들 사이에 전혀 모순이 없다는 것은 놀라운 일이다. 그들은 결국 같은 것을 다른 방식으로 말하는 것일 뿐이다.

우리는 먼저 하나님을 나이 든 존재로 생각하는 개념에서 벗어나야 한다. 하나님은 여성일 수도 있을 것이다. 왜냐하면 여성이야말로 창조적인 양상을 띠기 때문이다. 하지만 그는 남자도 여자도 아니다. 그는 성별gender이 없다. 힘과 범위에서 우리의 신념을 넘어서는 거대한 에너지이므로.

다음은 깊은 퇴행 상태의 피험자가 서로 다른 개인들이 삶 사이의 영체 상태에서 하나님을 어떻게 인식하느냐는 나의 질문에 대답한 것이다.

S: 우리는 이 장면을 시각화해주길 바랍니다. 모든 우주의 가장자리에서 중앙과 그 뒤까지 모든 창조물에는 모든 것을 하나로 묶는 보이지 않는 구조인 힘이 있어요. 콘크리트에는 철근(보강 철근)이 있는데, 겉으로는 보이지 않지만 콘크리트를 함께 지탱하고 있어요. 이런 사고가 당신에게 익숙한가요?

D: 네, 무슨 이야기인지 이해해요.

S: 이것이 하나님의 개념입니다. 보이지 않지만 모든 것을 함께 유지하는 우주의 철근이라 할 수 있는 존재입니다. 단 일 초라도 부분적으로 끊어진다면 전체가 말 그대로 완전히 파괴될 것입니다. 이것이 당신의 세계에서 인격적 지위를 부여받은 하나님의 개념입니다.

S: 나는 우주의 구조를 관찰하고 있어요.

D: 뭐가 보이는지 말해줄 수 있나요?

S: 이 언어로 충분히 표현할 수 있을지 잘 모르겠어요.

지금까지 얘기한 모든 실체에게서 이러한 이야기를 들어왔다. 지구상에 존재하는 어떤 언어로도 그 실체가 보는 것의 진정한 모습을 포착하는 것은 불가능할 것이다. 나는 그녀에게 이것을 이해한다고 말했고, 어쨌든 시도해달라고 부탁했다.

S: 지금 당신의 눈으로는 볼 수 없는 스펙트럼의 일부를 들여다보고 있어요. 나는 당신이 볼 수 없는(물질적 몸으로,-옮긴이) 색깔들과 우주적인 선의 모습을 볼 수 있어요. 행성들의 심장부를 들여다볼 수 있고 섬광망, 서로를 함께 묶고 있는 원자들의 격자세공 구조를 볼 수 있어요. 그것은 지극히 아름답고 강력해요. 눈으로 볼 수 있는 좁은 파도 띠(band of waves)는 색깔이 다르고, 눈으로 볼 수 없는 좀 더 넓은 띠들도 색깔이 달라요, 소리로 관찰하는 띠들에 이르기 전까지는. 하지만 나는 여전히 그것을 볼 수 있고, 색깔도 볼 수 있어요. 같은 전자기적 스펙트럼의 일부예요.

D: 이 띠들은 진동수가 너무 높아서 우리는 들을 수만 있어요. 그럼 소리에도 색깔이 있다는 뜻인가요?

S: 네, 소리는 당신이 '빛'이라고 부르는 것보다 훨씬 더 느려요. 하지만 그것들은 모두 진동과 에너지이고, 나는 모두 볼 수

있어요. 당신이 빛으로 인식하고, 빛으로 보는 것 이상으로 인식하는 띠 말이에요. 나는 그것을 모두 관찰할 수 있어요. 창공도 보이지만 말로는 표현이 불가능해요. 아, 정말 아름다워요! 북방의 오로라를 관찰하는 것 같아요. 모든 공간이 오로라의 상호연결로 가득 차고, 모든 색들이 서로 섞여 있는 모습을 그려보세요. 상호작용하고 서로 변화하고, 오가는 변화를 일으키는 에너지와 색깔들의 얇은 면들과 영역이 있는 곳에 있어요. 아주 복잡해요.

D: 우리는 흔히 우주 공간을 검고 비어 있는 것으로 상상하죠. 그런데 모든 색깔과 진동으로 가득하다는 뜻인가요?

S: 바로 그거예요! 진동, 색상, 에너지……. 그리고 그것들은 또한 모든 것을 거쳐 가요. 태양 주위를 도는 행성이 있다고 해서 에너지를 차단하거나 가리지는 않아요. 에너지가 그대로 통과해요. 거기에 있는 모든 에너지가 영향을 받아요. 우주 전체, 그리고 이 우주는 다른 우주들과 연결되어 있어요.

D: 이 모든 에너지의 원천은 무엇인가요?

S: 글쎄요. 에너지는 항상 거기에 있어 왔어요. 나는 그 원천을 몰라요. 아마도 한때는 원천이 있었을 거예요. 이 에너지가 우주가 만들어진 곳이에요. 그리고 우주가 그들의 삶들을 다 살았을 때, 그들은 다시 이 에너지 속으로 분해될 거예요. 그리고 나면 이 에너지로부터 다시 새로운 우주가 생성될 거예요.

이는 웅장하고 거대한 규모의 윤회로 들린다. 모든 창조물 중 가장 크고 가장 작은 것에 영향을 미치는, 결코 끝나지 않는, 끊임없이 반복되는 순환.

D: 우리는 태양에서 오는 빛이나 그런 것들을 생각하는 것에 너무 익숙하죠. '어디선가 이런 에너지가 나오는 게 아닐까' 하고 생각했어요.

S: 아니에요. 에너지는 존재하는 모든 것이고, 존재하는 모든 것을 채워요. 모두 다 에너지예요. 그 에너지는 모든 것이 존재하는 과정에서 다양한 구조로 스스로 변화하죠. 결국엔 행성과 태양, 에너지와 생각, 다양한 우주 같은 것들로 변하는 거예요.

D: 이런 '존재하는 모든 것all that there is'에 대해 당신은 어떤 개념을 가지고 있나요?

S: (한숨을 쉰다) 오, 너무 커서 한 번에 다 생각할 수는 없어요. 말로 표현할 수 있는 유일한 표현은 이거예요. '존재하는 모든 것은 그대로, 영원히, 그대로 존재해요.' 존재하는 모든 것은 에너지예요. 에너지가 출렁임에 따라 에너지가 그런 것처럼, 다양한 우주가 이 에너지의 변동으로 존재하게 돼요.

D: 그것이 우리의 신의 개념과 잘 부합하는지 궁금해요.

S: 사실 그 개념은 좀 협소해요. 하지만 당신의 제한된 마음의 범위를 고려해서 최선을 다해 설명해 볼게요. 당신을 무시하

는 게 아니에요. 그저 사실을 말하는 거예요. 당신이 상상할 수 있는 가장 넓은 신의 개념조차 이 '존재하는 모든 것'에 비하면 여전히 실처럼 협소할 거예요. 게다가 많은 동료 인류들이 신에 대한 좁은 개념을 가지고 있다는 것을 고려해야 해요. 안타깝지만 그들은 너무 겁을 먹어서 모든 잠재력을 다 발휘하지 못해요.

D: 나는 단지 우주의 창조, 사람들의 창조 같은 것들을 지시하는 특정한 존재가 있는지 궁금해요. 그건 다시 우리가 가진 신의 개념으로 거슬러 올라가니까요.

S: 에너지는 항상 정리되어 왔지요. 그것이 기본적인 구조의 일부예요. 그것은 그 구조의 가장 작은 한계까지 내려가서 모든 것이 순서대로 나타나고 정리되어 있어요.

D: 이 질서 때문에 사람들이 무언가에 의해 지시받게 된다고 생각하는 거군요.

S: 그렇지 않아요. 그것은 에너지의 규칙적인 변동으로 구성에 따라 발전되어야 하는 방식으로 발전하죠. 특정한 방식으로 이 우주와 다른 우주들에 영향을 주는, 한 영역에서 다른 영역으로 왔다 갔다 하는 규칙적인 변동이 있어요. 이 변동은 과학자들이 한계를 발견하지 못할 정도로 극도로 크고, 거대한 것에서부터 아주 미세하게 작은 변동까지 다양해요. 그들은 더 작은 에너지의 하위 부분들을 계속 발견하지만, 가장 기본적인 구조에까지는 도달하지 못할 것으로 보여요.

D: 나는 사람들이 '신이 만물을 지시한다'는 생각에서 벗어나기 매우 어려울 거라고 믿고 있어요. 모든 것이 그들의 통제 밖에 있고, 전반적인 힘이 모든 것을 책임지고 있다고 생각하고 싶어 하죠.

S: 네. 인간 발전의 다음 단계에서 중요한 것 중 하나는 모든 사람이 자신의 운명을 책임지고 있다는 것을 깨닫는 것이죠. 그들이 이루고자 하는 것이 이루어질 거라는 사실을. 어쩌다 갑자기 일어나는 것처럼 보이는 일들은 과거의 원인, 과거의 생각, 혹은 당신이 내보낸 그 무엇의 결과예요.

또 다른 실체는 내가 더 쉽게 수용할 수 있는 개념으로 다시 정의했다. 그는 우리를 돕기 위해 더 높은 단계에서 지구로 오는 영체들에 대해 말하는 중이었다.

S: 때로는 거꾸로 여행해서 하위의 이들을 돕는 것이 유용해요. 더 높은 차원에서 오는 영체들은 때때로 당신의 차원으로 돌아와서 물질적 세계에 있는 이들의 자각을 높이도록 돕지요. 이런 일을 할 이들에게는 주어진 특별한 허가가 있어요. 이건 육체적 유형의 경험은 아니에요.

D: 누가 혹은 무엇이, 이것을 허용하거나 승인하는 거죠?

S: 우주를 다스리는 위원회들에 의해서요. 각각의 우주에는 중앙위원회가 있고, 그 다음에는 지방위원회들이 있어요.

D: 이건 처음 듣는 이야기인데요! 나는 항상 하나의 우주를 생각해왔거든요. 좀 더 자세히 설명해 주시겠어요?

S: 많은 우주들, 아주아주 많은 우주들이 있어요. 우리의 것은 하나의 특정한 우주이거나, 우리가 지금 여기 있는 우주는 수많은 우주 중 하나일 뿐이에요. 세상에는 아주 많은 다른 우주들이 있지요.

D: 좀 이해하기 어렵군요. 그것들은 우리 우주 밖에 있는 그런 거예요?

S: 물질적 공간에 있어요. 그 개념에 연관되어 있는 거리를 상상하기 위해서는 매우 광범위한 상상력이 필요해요. 그리고 정치가 있지요. 정치가 정확한 용어는 아니지만, 그게 여기에서 이해할 수 있는 용어니까 그렇게 말할게요. 영적 단계들의 정부가 있어요. 각각의 우주에는 개별과 통합 우주를 지배하는 정부 단계들이 있고요.

D: 사람들이 신 또는 전지적 존재라고 부르는 것과 동일한 존재들인가요?

S: 물론이죠! 모두를 위한 동일한 신이죠. 나의 신이 당신의 신이고, 모두의 신이지요.

D: 그가 위원회를 설립한 존재인가요?

S: 선정된 위원회가 있지요. 그가 직접 이것에 대해 관여하지는 않아요. 그 밑에 일하는 존재들이 있거든요. 말하자면 지휘 계통이 있는 거죠. 우리는 당신이 좀 더 열린 견해를 갖고 신

을 단지 그의 책임하에 있는 자녀들을 관찰하는 존재로 생각
해주기를 부탁해요. 그 아이들이 그 일을 하고 있다, 신이 존
재한다, 그게 끝이죠. 아이들은 일하고 있고, 신은 존재한다!
신의 개념은 모든 것, 각각의 것의 합입니다. 우리가 신이에
요. 우리는 총체적으로 신이에요. 우리는 신의 개별 조각이
라는 사실을 알아두세요. 신은 하나가 아니라 전부입니다.

D: 그럼 위원회는 우주의 다른 부분, 다른 지역에 설치되어 있
나요?

S: 네. 당신들의 방식으로는 지방 정부죠.

D: 이것이 우리 행성인 지구에 대해서도 사실인가요? 우리는
하나의 위원회에 속해 있나요?

S: 맞아요.

D: 이해하려고 노력 중이에요. 우주가 많으면, 저마다 신이 있
다는 뜻인가요?

S: 모든 우주가 합쳐서 신을 만들어요. 한 우주의 다른 영역에
서뿐만 아니라 각각의 우주가 신에 대한 자각을 갖고 있어
요. 그들의 신에 대한 개념은 다를 거예요. 신의 실체는 모든
우주, 모든 창조물에서 변하지 않아요. 신은 존재하고, 우리
는 개별적으로 신의 일부예요. 하지만 우리 모두를 하나의
전체로 받아들이는 것이 바로 신이에요.

D: 이것이 모든 것을 창조한 힘인가요?

S: 맞아요. 이건 단지 신에 대한 표현일 뿐이지요.

D: 우리 개개인의 영혼들은요? 우리가 처음에 어떻게 탄생했는지에 대한 정보가 있나요?

S: 우리에겐 단지 개별적 인격화만 주어졌지요. 우리는 신이 개별 인격화를 부여한, 신의 조각들이에요.

D: 우리는 왜 신으로부터 분리되었나요?

S: 전체적인 계획의 일부라고 알고 있어요. 오직 신 자신만이 완전히 알고 있는 거대한, 신성한 계획. 많은 이들이 작은 구체적인 것들을 알지만 완성체에 대해 아는 것은 신 자신^{God Himself} 뿐이에요.

D: '우리는 모두 신'이라고 했잖아요. 하지만 지구에 있는 우리 모두는 결점을 갖고 있고, 완벽하지 않아요. 우리가 신의 일부라면, 그 사실이 신을 불완전하게 만들지 않을까요?

S: '불완전'이라는 단어에 대한 오해가 있군요. 그 모든 것이 신이에요. 신은 완벽해요. 그러므로 모든 것이 완벽하죠. 우리가 불완전하다고 인식하는 것은 우리의 인식일 뿐이에요. 우리의 인식은 행성의 다른 부분에서조차 반드시 같지 않기 때문에, 우리가 인식하는 것이 절대적이라고 볼 수는 없어요. 우리가 불완전하다고 인식하는 것이 신의 단계에서 볼 때는 반드시 그런 것만은 아니에요. 불완전함도 인간이지만, 신은 완벽함을 사랑하는 만큼 불완전함도 사랑해요. 이것은 신을 이해하기 위한 것이에요. 안다는 것은 더 사랑하는 것이지요. 그가 우리의 완전함과 마찬가지로 불완전함에 대해서도

사랑한다는 것을 알게 되는 것 말이에요. 불완전함은 단지 우리에게 느껴지는 불완전함일 뿐, 신의 눈으로는 그렇지 않아요. 우리가 원하는 대로 그것들을 지칭할 수 있지요.

D: 당신은 신이 우리와 별개인 것처럼 말하면서, 신을 구성하는 데는 우리 모두가 필요하다고 이야기하는군요. 설명을 좀 해줄 수 있어요? 신은 우리를 사랑한다고 말했잖아요. 신이 우리와 분리된 존재가 아니라면 어떻게 이게 가능하죠?

S: 무엇보다도 신은 우리와 분리되지 않아요. 매우 밀접하게 연결되어 있어요. 개인의 세포나 양상들로 구성된 인체의 혈액 체계를 이해하는 것이 더 명확하겠군요. 각각의 헤모글로빈과 그 이상의 것들이 없이 시스템 자체는 전체가 될 수 없어요. 그러나 각 헤모글로빈은 그 시스템에 있지 않으면 완전하지 않아요. 따라서 모든 것이 하나이고 하나가 모든 것입니다. 서로가 없으면 존재할 수 없는 거예요.

예수

D: 우리는 그 사람, 예수가 하나님의 아들^{son}이었다고 믿어야 하나요?

S: 그건 매우 막대한 단순화입니다. 하나님은 인간이 아니니까요. 어떻게 그가 아들을 가질 수 있겠어요? 사람들이 매우 기본적인 수준에서 이해할 수 있는 용어로 제시된 거죠. '아들'이라는 용어는 문자 그대로 받아들여져서는 안 돼요. 명확성을 바란다면 이렇게 말할 수 있어요. 예수는 우리보다 훨씬 신에 가까운, 다른 단계의 영적 실재에서 온 사신이었어요. 그의 수준이 신의 바로 아래는 아니에요. 다시 말해, 예수보다 더 완전한^{complete} 수준이 있다는 얘기죠. 하지만 그는 이전의 어떤 인간도 도달한 적이 없는 단계에서 왔어요. 인간의 마음은 이런 개념들 중 많은 것들을 이해하는 데 어려움이 있어요. 그러므로 그것들은 인간의 이해가 받아들일 수 있는 용어로 표현되어야 하죠.

D: 《성경》은 우리에게 예수가 이 땅에 오기 전에 하나님과 함께 존재했고 하나님의 일부였다고 가르치지요. 이것은 우리의 영체가 하나님의 일부라는 것과 같은 의미인가요?

S: 맞아요.

D: 하지만 그는 좀 더 신 같은 존재가 아닌가요?

S: 당신의 말대로라면, 그는 더 높은 차원에 있었어요.

D: 예수와 동일하게 분류될 수 있는 육화했던 다른 이들이 있나요? 내가 '역할'이라고 말해도 될지 모르겠지만, 우리 기독교인들이 예수님이라고 생각하는 것만큼 위대한 사람으로 여겨질 수 있는 지원자로서 지구에 왔던 다른 사람들 말이에요. 동일한 계통에서 육화되었지만 우리가 아마 모를지도 모를 이들?

S: 현재[now]에 대해 말하고 있다면, 말해줄 수 없어요.

D: 그렇다면 과거에 예수 같은 다른 특사들도 있었나요?

S: 물론이죠. 그것들은 잘 문서화되어 있어요. 이름은 중요하지 않아요. 그 의도가 가진 통찰은 잊고 개인에게 집중하는 경향이 있기 때문이죠. 잘 알려지지 않았지만 같은 차원에서 온, 말하자면 보통 사람들이 있었어요. 그들은 그들의 목적을 훌륭히 수행했어요. 단지 예수만큼 잘 알려지지 않았을 뿐이지요.

D: 예수의 죽음의 목적은 무엇인가요?

S: 그의 죽음은 전적으로 그의 선택이었어요. 《성경》은 다르게 진술하겠지만, 그걸 믿고 싶다면 그것도 괜찮아요. 그러나 그는 신성의 운명이 아닌, 인간의 손과 인간의 의지에 의해 살해당했어요. 인간의 운명에 스스로를 투입한 것은 그의 선택이었죠.

D: 당신 말이 맞아요. 《성경》에서도 말하죠. "아무도 그의 목숨을 끊지 않았다고 그 스스로가 말했고, 그는 자신의 의지로

목숨을 끊었다"고요.

S: 사실입니다.

D: 하지만 그것의 목표는 무엇이었나요?

S: 이 사건에 관련된 사람들과 사형집행자 중 누가 살인을 저질 렀는지 목표 대상자를 알고 싶다면 이는 단지 인간의 상호작 용의 단계를 강조하는 것이었고, 여전히 그래요.

D: 그는 사람들에게 '다시 살 수 있다'는 것을 증명하기 위해 죽 었나요?

S: 그게 그들이 믿어야 하는 것이냐고 묻는 거라면, 문자 그대 로는 아니에요. 그러나 상징적으로는 맞아요.

D: 문자 그대로는 무엇이었나요?

S: 그의 죽음에 대한 필요성에 대한 문자 그대로의 번역 같은 것 은 없어요. 그는 단순히 자신의 안녕을 인간의 손에 맡기고 그들이 원하는 대로 하도록 내버려두었지요. 그 결과는 잘 문서화되어 있어요.

D: 그는 왜 그렇게 끔찍한 방식의 죽음을 선택했나요?

S: 그는 선택하지 않았어요. 그것이 당시의 관습이었고 그는 단 지 이것에 동의했을 뿐이에요. 그가 원하기만 했다면 죽음을 피할 수 있는 힘이 있었지만, 그가 그것을 경험하기로 선택했 지요.

D: 우리는 그가 그렇게 죽음으로써 무엇을 증명하려고 했는지 이해하려 한다고 생각해요.

S: 그의 동기는 자신의 것이고, 나는 그것들을 재추정하려고 하지 않을 거예요. 그가 요즘 시대에 왔다면 억울한 누명을 쓰고 형사사법제도를 통해 감옥에 보내져 독극물 주사나 전기의자, 총살, 교수형에 처해질 수도 있었겠지요. 십자가형은 그때 당시 만연하던 방법일 뿐이었죠.

D: 우리가 그 이유를 이해하지 못한다면 다소 무의미한 것이 아닐까요?

S: 예수를 바라보지 말고, 당신의 동료를 바라보세요. 답은 그가 처형되었다는 사실에 있어요. 여기서 중요한 것은 부당함이 있다는 것이죠.

D: 인간에 대한 인간의 부당함이요? 그런 의미예요?

S: 맞습니다.

D: 음, 우리에겐 그가 우리의 죄를 위해 죽었다고 전해내려 왔어요. 당신은 그 개념을 이해하나요?

S: 이런 것들은 매우 기본적인 수준에서 설명하기 위해 《성경》에 삽입된 이론적 설명에 불과해요. 삶 전체와 예수의 경험을 이해하기 위해서는 훨씬 더 넓은 이해력이 필요하죠. 수용된 많은 믿음에 집착하는 것은 진정한 이해에 해로워요. 진정한 기능이나 철학적 자각의 성장을 방해한다는 관점에서 그렇지요.

D: 《성경》의 구약에는 성혼^Holy Ghost에 대한 언급이 잦지요. 신약에서는 성령^Holy spirit으로 더 자주 불리고요. 이들에게는

'사람들을 돕는 데 유용한 하나님으로부터의 영체'라는 징표가 있어요. 그것에 대해 좀 더 알고 싶어요. 또 어떻게 작동하는지도요.

S: 신의 본성적 측면을 이해하기 위한 당신의 의식적인 면의 시도로 보여지네요. 물질계에서는 '신'이라는 존재의 분절이 있다는 막연한 자각이 있어요. 이런 분절들은 성부the Father, 성자the Son, 성령the Holy Ghost의 세 부분으로 명명되었어요. 하지만 성령이라는 것의 이해는 하나님 아버지God the Father처럼 당신의 자각으로도 똑같이 어려울 거예요. 이 영체는 에너지 본성이며, 생명체life form라기보다는 생명력life force에 가깝다고만 말해두죠. 엄밀하게는 생명을 유지하게 하는 것에 더 가깝죠. 즉, 삶 자체의 핵심은 이 생명에 가득찬 인격과는 다르게 생명 그 자체라는 거죠.

D: 이런 영체 없이 사람이 살아남을 수 있을까요?

S: 아뇨, 인격이 생명 없이 어떻게 살아남을 수 있겠어요? 생명은 단순한 육체적 생명뿐만 아니라 영적 생명에서, 여러 차원에서 말하죠. 그것은 당신의 단계에 맞는 개인적 자각 혹은 인격을 지탱하는 요소지요.

D: 그럼 그것이 생명의 영성 그 자체라는 말이군요. 그게 우리가 그것을 인지하는 방식이라는 거죠?

S: 당신이 이해할 수 있는 용어로 표현하면, 아마도 정확할 거예요.

그러므로 교회들이 삼위일체론을 말할 때, 그것은 그들이 인식하고 있는 것보다 실제 개념에 더 가까운 것으로 보인다. 우리가 신과 별개이듯 이들 역시 각각 별개이면서도, 또한 모두 하나다. 그것은 모두 동일한 것의 형태들이지만, 인간의 마음이 이해할 수 있는 간단한 용어로 묘사되었다. 신을 '에너지의 힘'으로 상상하는 것이 우리에게는 더 어려운 일이며, 그를 의인화하는 것이 훨씬 더 쉽다. 내가 받은 정보에서 보면 성령과 하나님은 본질적으로 같은 존재, 즉 만물에 스며드는 생명력인 것처럼 보인다. 둘 중 하나가 없다면 어떤 생명도 존재할 수 없다. 이것이 그 뒤에 있는 운용 에너지^{driving energy}이기 때문이다. 그러므로 교회가 "성령이 우리 안에 들어오게 해야 한다"고 말하는 것은 모순일 것이다. 성령은 이미 그곳에 있기 때문이다. 이 영체의 부재는 생명 자체의 부재를 의미할 것이다.

10장

사탄(악령), 빙의와 악마

D: 우리는 당신에게 신의 개념에 대해 물었어요. 이번에는 악마 ^{Devil}나 사탄(악령)^{Satan}에 대해 묻고 싶어요.

S: 먼저 개념이란 단지 이해를 목적으로 사용되는 비유, 정당화라는 것부터 알아야 해요.

D: 진짜 실체는 없는 건가요?

S: 없어요. 그렇게 의인화된 존재는 없어요.

D: 하지만 사람들은 악마가 존재^{being}, 사람^{person}이라고 말하죠. 그런 게 있나요?

S: 하나의 존재로서도 아니고, 악^{evil}을 행하고 악마로 여겨지는 한 실체로서도 아니에요. 대부분의 사람들이 악마에 대해 말할 때, 루시퍼^{Lucifer}라고 알려진 것에 대해 말하고 있어요. 그는 시작점의 시간에 있던 한 사람이었고, 자신의 권력욕으로 모든 걸 잃었어요.

D: 그들이 그를 악과 연관시키는 거군요?

S: 그것은 악과 관련된 대부분의 자연원소들이 그의 주위에 모이기 때문이죠.

D: 이런 오해가 말하자면, 이런 종류의 힘에 더 큰 힘을 실어 줄 거라고 생각해요?

S: 네, 그들은 오해를 자신의 수단으로 활용하기 때문이죠.

D: 그러면 사람들은 그들에 대해 생각함으로써 그들에게 힘을 실어 주나요?

S: 힘은 그들에 대한 생각만으로 주어지는 게 아니에요. 사람들이 하는 행동으로 인해 주어지지요. 그들이 "이건 악마가 시킨 거야"라고 말하며 잘못된 일을 저지를 때마다, 그들에게 더 많은 에너지를 주게 되는 거죠.

D: 나는 균형을 위해 악마가 있어야 한다고 들었어요. 선^{good}을 갖고 있다면, 악도 갖고 있어야 한다고요.

S: 그건 정당화 또는 이해하려는 시도지요. 사람들은 "오, 난 그걸 이해합니다"라고 말할 무언가가 필요해요. 우리가 이해하지 못하면 편하게 느끼지 못할 거거든요. 이런 것들은 우리가 그것을 이해한다고 느낄 수 있도록 편안하게 하기 위한 정당화예요. 우리는 주변에서 보고, 느끼고, 관찰하는 걸 설명하기 위해 많은 정당화를 만들어왔어요. 이러한 정당화가 자신의 삶을 뺏어갈 지점까지요. 이제 그것들은 그들의 실체가 아니라 단순히 정당화한 것으로써 이해되어야 해요.

D: 글쎄요. 사람들이 이런 식으로 정당화하는 것이 좋은 건가요, 나쁜 건가요?

S: 목적은 달성되었죠. 안전함을 느끼게 하니까요. 그러나 그것은 궁극적으로 성장을 방해해요. 다소 복잡한 것을 이해하기 위한 정당화로 결론을 내리는 것에 대한 저항이 있기 때

문이죠. 무엇이 옳은지 그른지에 대한 것으로는, 사실 그건 옳지도 그르지도 않지만 그저 무관심한 거죠.

D: 죄에 대한 설교나 지옥에 가서 불에 타죽게 된다는 것 등은 어때요? 그걸 오역으로 설명하실 건가요?

S: 많은 부모들이 저녁을 먹지 않는다거나 기타 등등의 여러 이유로 아이들을 끊임없이 회초리로 위협했을 거예요. 이러한 처벌에 대한 두려움은 애초에 대립을 초래했던 것으로부터 아이의 관심이나 행동을 멀어지게 한 것이죠. 이런 것은 단지 자신에게 좋은 것이라고 인식된 것을 아이가 하도록 하기 위한 어른의 위협일 뿐이지요.

D: 지옥과 같은 물질적인 장소가 실제로 있나요?

S: 그런 곳은 없어요. 하지만 마음이 그것을 기대한다면, 죽음의 순간에 마음은 자신만의 지옥을 만들어 낼 거예요. 어떤 사람이 그들이 하고 있는 일 때문에 지옥에 갈 거라는 걸 알면서도 악랄한 삶을 산다고 가정해봐요. 만약 그걸 굳게 믿는다면, 그들이 죽었을 때 정말로 그게 기다리고 있을 거예요.

나는 사람들이 필연적으로 사악한 삶을 살아야 한다고 생각하지 않는다. 그들은 지극히 정상적인, 신을 두려워하는 교회적 삶을 살 수 있지만 교회는 직접 이 두려움을 그들 안에 심었다. 그리고 그들이 완벽하지 않음을 잘 알고 있기에 어떤 작고 하찮은 죄로도 지옥에 갈 거라고 예상한다. 이것이 교회가 예정해온 것이기 때문이다. 그들은 자신이 너무 가치 없기 때문에 지옥 말고는 다른 사후 세계가 있을 수 없다고 느낀다. 이런 유형의 세뇌가 천국이 아닌 지옥을 기대하게 한다면, 그 사람에겐 실로 엄청난 해악을 미치는 것이다. 바로 이것이 교회가 잘못하여 득보다 실을 더 많이 행할 수 있는 지점이라고 생각한다. 교회는 지옥을 그토록 지독하게 두려워하게 함으로써 그들을 위해 지옥을 창조하는 데 성공한다.

S: 지옥이 자기 마음의 생산물이라는 걸 깨닫기 전까지, 그들은 지옥이라는 그들의 형상에 머무르지요. 그건 일 년 혹은 수백 년이 걸릴 수도 있지만, 시간은 이쪽에선(영계-옮긴이) 아무런 의미가 없기 때문에 눈 깜짝할 사이일 뿐이에요. 그들이 실은 그곳에 머물 필요가 없다는 것을 깨달았을 때, 그것은 더 이상 그들을 잡아둘 힘이 없어져요. 이후 그들이 진정으로 속한 곳으로 보내지지요.

D: 하지만 세상에는 우리가 '악'이라고 부르는 것들이 많아요.

S: 악은 정확한 용어가 아니에요. 이 의미는 좋음과 나쁨에 도달하게 하거든요. 사실은 단순히 '잘못 이끌렸다'는 것이 더 적절한 표현이겠지요. 우리의 인식으로는 당신들이 '악'이라고 부르는 것이 단지 잘못 안내되었거나 잘못된 방향으로 나아간 에너지에 불과해요. 이 에너지들은 단순히 진화하지 못한 것이지요. 그들은 악의 인격화가 아니에요. 그러니까 그들이 실체인 것은 아니에요. 사람들 어깨에 앉아서 이렇게 저

렇게 하라고 지시하는 그런 악마는 없어요. 이쪽에선(영계-옮긴이) 악에 대한 개념이 없어요. 악은 두 가지 힘들 간의 어떤 부조화에 불과하기 때문인데, 인간의 의식적 마음이 이것을 표현할 수 있게 여기에 '악'이라는 표현을 부여했지요. 악을 육화하는 것이 없다는 걸 이해하면 좋겠네요. 지구를 거닐며 사람들로부터 영혼을 빼앗는 사탄 같은 것은 없어요. 이것은 거짓이며, 부조화를 이해하기 위해 창조된 이야기예요. 한 가지 비유를 들어보죠. 배터리에는 양극과 음극이 있어요. 차에 배터리를 점프하려고 하면 양극과 음극, 이 두 개의 점퍼 케이블을 연결하죠. 하나를 빼놓았다면? 음, 잠깐 기다리겠죠. 그렇죠? 그래서 둘 다 필요하다는 것을 알 수 있게 되지요. 둘 다 중요성과 유용성에서 동일하기 때문에 하나가 더 중요하거나 더 도움이 되거나 유용하거나 하지 않아요. 그러니 악과 선에 대한 환상을 버리세요. 이것은 부정확한 개념이고 당신의 개념과 이해를 방해할 거예요.

D: 이 에너지들은 다른 곳에서 온 건가요?

S: 그것들은 이 행성에 존재하는 에너지예요. 우리는 모두 에너지죠. 당신은 에너지이고, 당신의 영혼도 에너지예요. 이런 것들이 내가 말하고자 하는 에너지죠. 우리는 영혼이라고 말할 수 있어요.

D: '생각은 곧 존재'라는 말과 일치하는 건가요?

S: 그렇지요. 생각은 에너지입니다. 생각은 실제적 표현이죠. 생

각들은 존재한다, 마침표.

D: 당신 말은 사람들이 세상에서 일어나는 나쁜 일들에 대해 생각함으로써 실제로 이런 것들을 만들어 낸다는 건가요?

S: 그렇지요. 지구의 지옥을 생각하는 것은 육체적 노동으로 흘린 땀으로 이룬 것만큼 확실한 결과로 그것을 불러올 거예요. 같은 방식으로 일어나지 않을 수는 있지만 확실히 일어날 거예요.

D: 사람들은 이런 것들을 생각하고 두려워함으로써 강력한 생각 에너지를 만들어 현실화시키고 있는 거군요.

S: 정확히 그래요. 생각은 에너지예요. 당신의 영혼은 에너지를 조종하지요. 생각하는 것은 에너지의 조종이에요. 생각은 의도적 행동이지요. 그 목적은 새로운 에너지, 새로운 아이디어, 새로운 희망, 새로운 방향을 이끌어냄으로써 이러한 부조화에 대항하는 것입니다. 중요한 것은 생각의 의도예요. 만약 누군가에게 사랑을 보낸다면, 그것이 의도예요. 만약 그것에 대한 보답으로 무언가를 바란다면, 사랑을 보낼 순 있지만 그건 의도가 아니에요. 그건 전적으로 기대하고 있는 것에 달려 있어요.

D: 이것은 위장될 수 없고, 진정한 감정은 전해진다는 말이군요?

S: 발신자는 그 의도가 무엇인지 알고 있어요. 하지만 수신자는 그렇지 않을 수 있어요.

D: 악과 같은 것은 없고 악마 같은 것도 역시 없다는 게 사실이라면, 우리의 악에 대한 개념은 어디에서 왔나요?

S: 정말 알고 싶어요? 이 모든 개념을 간단하게 요약하는 한 단어가 있어요. (그는 스펠링을 말했다) 'E-X-C-U-S-E-S(핑계들―옮긴이)'. 불행과 두려움을 다른 이들의 탓으로 돌리는 책임감의 부족이 있죠. 책임을 내부보다 외부에 돌리는 것이 훨씬 더 쉬운 일이니까요. 그래서 "자, 봐. 악마가 거기서 삼지창으로 찔러대며 평상시라면 절대로 하지 않을 일을 하라고 사람들을 재촉하고 있어. 누구, 나? 아니야, 그건 악마가 내게 시킨 거라고." 수세기에 걸쳐 들어온 익숙한 이야기죠. 이것이 바로 '핑계excuses'가 의미하는 거예요. 이게 바로 '악마'예요.

D: 우리는 악이 분명히 하나의 힘이라고 생각하고 있었고, 악이 어디서 왔는지 궁금했어요.

S: 그것은 상상에서 나왔어요. 주술에 걸리고 무고한 아기들을 집어삼키고, 방탕하고, 강간하고, 약탈하는 세계를 배회했죠. 이건 악의 육화죠. 그 변명은 책임을 회피하기 위한 거예요.

D: 그것은 그 사람들의 마음에서 나온 건가요?

S: 맞아요. 사람들의 외부 힘이 아닌 내면의 욕망에서 오는 것이지요. 우주를 배회하는 그러한 실체가 없기 때문에요. 실은 그의 책임을 악마에게 돌리려는 자의 책임감 부족에 불과해요.

D: 음, 악과 악마가 있다고 믿고 있는 사람들이 많이 있는 데…….

S: 그러면 악마가 존재하는 거죠.

D: 그것을 믿음으로써, 사람들이 일종의 사고 형태를 만들 수 있는 것이 가능한가요?

S: 실체를 만들 수는 없어요. 오직 신만이 그렇게 할 수 있기 때문이지요. 하지만 그들은 자신의 존재를 증명하는 듯한 상황을 만들 수 있어요. 그들이 믿고 싶은 것의 타당성을 스스로 증명하는 사건들을 설정하지요. 이것은 '악'의 경험뿐만 아니라, 당신의 경험을 프로그램한다고 믿는 그런 선하고 '거룩한' 경험에서도 사실이죠. 당신이 원하는 걸 믿으면, 그걸 찾게 될 거예요.

D: 하지만 우리의 마음으로 사고의 형태를 창조할 수 있다고 들었는데요.

S: 그렇지 않아요. 유한한 존재는 창조의 힘을 가지고 있지 않기 때문이죠. 오직 신만이 그 파워를 가지고 있어요. 인간이 만들어 내는 것은 악마의 존재를 증명하는 듯한 상황이나 배경일 뿐이죠. 당신이 묻는 내용에 대한 구체적인 예시를 들어줄 수 있나요?

D: 음, 사람들이 충분히 집중하면 어떤 사고의 형태를 창조할 수 있다고 들었어요.

S: 그럴 수 없어요. 다만 그 속으로 말려들 에너지의 조합에 불

과한 에너지를 창조할 수는 있어요. 이것은 단지 에너지의 집합일 뿐이고 선한 일 또는 해로운 일을 위해 행해질 수 있어요. 그러나 실체의 창조는 없어요.

D: 그러면 에너지가 방출되면 흩어지게 되는 건가요?

S: 아무것도 창조되지 않아서 에너지는 흩어져 자연원소들로 돌아가지요. 반복하지만, 여기엔 어떤 실체의 창조도 없어요. 단지 매우 강력한 과정인 에너지의 집합이 있을 뿐이지요. 천상체든 다른 생명체든, 어떤 피조물에 의한 생명의 창조는 없어요. 오직 신에 의해 창조된 에너지만이 있을 뿐이에요. 그게 다예요.

D: 그럼 우리는 그런 것을 두려워할 필요가 없다는 건가요?

S: 맞아요. 인류는 너무 오랫동안 두려움의 사슬에 묶여 있었어요. 이제는 그 속박의 사슬을 끊고 인간들이 자신의 책임을 받아들이도록 풀어줄 때예요. 악마로 간주될 수 있는 실체가 있을 수는 있어요. 인간의 접촉에 의해 뒤틀린 자연원소들에 불과한 실체들이 있거든요. 사람의 접촉에 의해 끌어올려진 자연원소인 실체도 있어요. 그건 다 노출되어 있고 힘은 동일해요. 그게 어떻게 활용되는가인 거예요. 흑과 백의 영역은 없어요.

이 시기에 나는 '자연원소'라는 용어를 이해하는 데 어려움을 겪고 있었다. (6장 참조)

D: 자연원소란 그것들이 매우 단순하다는 걸 의미하나요? 그들은 아직 아무것도 배우지 못했다는?

S: 지구의 정령들$^{Spirits\ of\ the\ Earth}$이지요, 그래요.

D: 지구에 묶인 정령들$^{Earth-bound\ spirits}$?

S: 지구의 정령. 약간의 차이가 있어요.

D: 그들 또한 육화하는 것이 허용되나요?

S: 아니요. 그것들은 빙의에 대해 이야기할 때 일부 사람들이 알게 된 것을 말하죠. 보통 그들은 자연원소들의 빼앗음$^{elemental\ overtaking}$에 대해 이야기하고 있는 거예요.

D: 그들이 당신 같은 영체로 발전할 수 있을까요?

S: 그들은 더 높은 형태로 진화할 수 있지만, 절대 육화가 허락되지는 않을 거예요.

D: 아메리카 원주민들이 나무와 동물들에게 정령이 있다고 이야기했는데 그런 것들인가요?

S: 맞아요. 그들을 돌봐주는 존재인 수호자들이 있어요. 그들은 많은 생각을 가졌다기보다는 느끼고, 감지하는 영체에 더 가까워요.

D: 혹시 그들이 문제를 일으킨다면 어떻게 대처할 수 있죠? 그들을 이해시킬 수 있어요?

S: 당신이 대면할 거라는 걸 알리고 떠나라고 하면서 그들을 이해시킬 수 있어요. 그리고 적절한 태도로 말한다면 그들은 떠나야 할 거예요.

D: 다른 사람에게 하듯 그들을 이해시킬 수는 없겠군요. 이들은 단지 문제를 일으키는 것들인가요?

S: 항상 그렇지는 않아요. 자연원소들의 좋은 쓰임에 대한 예들이 있고, 그에 대한 대략적인 실험들이 있어 왔어요. 그들에 대한 지식을 얻음으로써.

D: 그들이 합리적인 정령이 아니라면, 그들은 자신이 하는 일이 옳은지 그른지 이해할 수 없겠군요.

S: 맞아요. 자연원소들은 느끼는 에너지로 살아갑니다. 당신은 교회에 살고 있는 이것들의 일부를 발견할 거예요. 그들은 기도의 고양된 느낌과 그 장소에 퍼져 있는 행복을 느끼고, 이러한 감정들을 먹고 존재해요. 또 증오와 욕망 같은 것들을 먹고 사는 이들이 있고, 그런 감정들을 만들어내는 장소 주위에 모이지요.

D: 인간이 짓궂은 자연원소들의 영향으로부터 자신을 보호할 수 있는 방법이 있을까요?

S: 항상 당신 자신과 주변 환경에 대한 보호의 기도를 불러올 수 있어요.

D: 그것을 행하는 특별한 방법이 있나요?

S: 음, 그건 영원한 존재와 우주를 보는 방법에 달려 있어요. 선함에 대한 궁극적인 힘을 불러오고 당신을 지켜달라고 부탁하면 되지요.

D: 어떤 방식으로 말해야 하는 특정 단어들이 있나요?

S: 없어요. 그저 내면으로부터 직접 나와야 하고 의미를 갖고 말해야 해요. 아마도 빙의된 사람들은 사실 그들에게 이끌린 부정적인 에너지를 가진 영체들의 사례들일 뿐이에요. 그것은 물질계에서 그들에게 영향을 미치기 시작할 만큼 충분히 강해져왔지요. 이런 영체들은 영계에 가면 그런 영향들을 없애기 위해 휴식장소에서 꽤 많은 시간을 보내게 될 거예요.

D: 나는 그들이 끌어당긴 부정적인 정령들을 이해하려고 노력하고 있어요.

S: 정령들이 아니고, 에너지들.

D: 그래요, 부정적인 에너지들. 사람들은 항상 이런 부정적인 기운을 악마나 악령들과 비슷하다고 생각하는 것 같아요.

다른 표현:

D: 누군가가 빙의되었을 때는 그 실체가 진짜 영체를 소유하고 있는 건가요?

S: 그건 비뚤어진 정령이지요. 당신이 '악령'이라고 부르는 수준에 더 가깝죠. 그들은 인간의 영혼보다 낮고 어떤 실체들이나 사람들에 의한 접촉 혹은 연결로 비뚤어져서, 그들은 악이 되었지요.

D: 그들이 실제로 삶을 살지 않았다면, 어디에서 왔나요?

S: 그들은 형성 중에 있었죠. 소위 빙의의 경우는 일반적으로 자신의 까르마가 심각하게 불균형해지도록 내버려둔 사람이, 다른 에너지가 들어갈 수 있는 까르마적 에너지의 일부에 공백을 남겨서 일어납니다. 이것들은 보통 무질서한 에너지들인데, 자신의 영혼과 몸을 구성하는 에너지가 그곳에 있는 유일한 에너지가 아니기 때문이지요. 사람들 언어 속에 일반적으로 사용되던 미신적 용어의 일부인 지구 정령들, 물 정령, 자연원소들, 그리고 그와 같은 다양한 것들은 보통 지구의 특정한 물질적 특성들과 연결되어 느슨하게 조직된 에너지의 집합을 가리키지요. 그들이 가지고 있는 에너지의 종류 때문에 특정한 신체적 상황에 이끌리는 것입니다.

D: 그럼 보통은 바뀐 인간 영체에 의한 빙의는 아닌 거군요?

S: 네. 그건 보통 지구에 항상 존재하는 정령의 한 자연원소의 종류예요. 그것은 단지 지구의 일부죠.

D: 그들이 이런 일을 할 때 정말 해를 끼친다는 의미인가요?

S: 아니에요. 그들이 들어가는 이유는 심각한 불균형과 진공이 거기에 있기 때문이에요. 그 진공을 메워야 합니다. 그것은 그들에게 자석과 같아서 정말로 끌려들고 싶지 않으면서도 끌려가는 거지요. 그들이 일부러 그런 것은 아니에요. 사고일 뿐이죠. 폭력이 뒤따르는 이유는 그들이 에너지의 측면에서, 인간 영혼처럼 정리되어 있지 않기 때문이지요. 그들은 더 느슨하게 형성되어서 정리된 행동을 할 수 없죠. 폭력적

인 행동은 그 결과예요.

D: 나는 그들이 장난꾸러기 종류의 영체에 더 가깝다고 생각했어요.

S: 아니요. 장난으로 하는 일도 있지만, 이런 일은 일반적으로 에너지의 불균형으로 인해 일어나요. 그건 다시 원인과 결과의 법칙이지요. 이런 에너지들은 그 에너지와의 상호작용 때문에 이 불균형에 이끌려요. 그것은 쌓이기보다는 고갈되는 에너지의 문제일 뿐이에요. 빙의는 현실이지만, 자연원소들은 끌려가는 것일 뿐 그런 식의 침략자는 아니에요.

D: 그들이 그런 식으로 들어왔다면, 그들을 쫓아낼 수 있는 방법이 있나요?

S: 말하기 어렵네요. 기본적으로는 그의 불균형이 이런 현상을 일으켰다는 걸 깨닫는 거예요. 내가 아는 한 당신의 현재 지식 수준에 적절한 유일한 방법은 명상하는 것과 균형을 되찾는 것이에요. 일들이 다시 균형을 잡으면서, 자연원소들은 자연스러운 과정을 따라 그냥 떠나야만 할 거예요. 균형을 맞추게 되면 관련된 에너지의 극성이 변화하고, 그 에너지가 더 이상 같은 방식으로 상호작용하지 않기 때문에 그들도 더 이상 머물 수 없을 거예요.

D: 우리는 교회에서 행해지는 악령 퇴출들[exorcisms]에 대해 듣는데요.

S: 그건 주로 관련된 대상자의 마음에 도움을 주고, 무언가가

균형을 잃었다는 것을 깨닫게 하여 균형점을 되찾도록 돕는 거죠. 그러나 그건 깊은 상처에 반창고를 붙이는 것과 같아요. 상처에 별 도움도 안 되고 밴드 주변에는 계속 피가 나지요. 관련된 사람은 불균형을 균형의 상태로 맞추기 위해 적극적으로 노력해야 해요. 그에게 물을 뿌리고 어떤 말을 하는 정도로는 그 상황을 바로잡지 못할 거예요.

D: 자연원소들을 배출하는 데 하얀 빛이 매우 효과적이라고 들었어요.

S: 네. 보호에 효과적이지요. 특히 대항하거나 대항하지 않거나―'대항'이라는 말은 나쁜 단어죠.―하얀 빛은 그들의 오라^{auras}가 당신의 것과 충돌하는 것처럼 보이는 사람들을 다룰 때 보호용으로 사용될 수 있어요.

D: '심령적 뱀파이어$^{psychic\ vampires}$'라고 불리는 것에 대해 들어본 적이 있어요. 그건 우리의 에너지를 흡수하고 매우 약하게 하거나 기진맥진하게 만드는 또 다른 사람들을 말하지요. 별로 좋은 용어는 아니지만…… 무슨 뜻인지 알겠어요?

S: 네. 당신의 언어에 적합한 설명이지요. 이 심령적 뱀파이어들은 스스로 균형을 잃었고, 그것에 대해 노력할 필요가 있어요.

D: 때때로 이런 일들이 일어나지만 그건 의도된 것이 아닌데요.

S: 맞아요. 그렇게 흔하지는 않지만, 여전히 스스로를 보호하는 것은 현명한 일이지요.

D: 그들의 협조 없이는 빙의할 수 없다고 하지 않았나요? 내가 당신 말을 제대로 이해했나요?

S: 악령이 들어오는 유일한 방법은 몰래 숨는 것이지요. 따라서 그들은 다른 사람에게 발판을 마련하기 위해 매우 은밀하게 행동해야 해요.

D: 오라의 약한 부분을 찾아서 그들을 붙잡을 수 있나요? 이것은 다른 실체가 불균형의 약한 부분인 진공 또는 공백을 발견하는 것에 대해 말한 것과 같은 것이 아닐까요?

S: 그들은 어떤 식으로든 그곳에 달라붙으려고 할 거예요. 그것도 한 가지 방법이겠죠, 그래요.

D: 오라를 읽을 수 있는 사람들이 다른 사람들에게서 이것을 발견하는 것이 가능해요?

S: 네. 만약 어떤 사람이 빙의를 인지했다면, 그는 "예수의 이름 Jesus' name 으로 떠나주길 바랍니다"라고 말해야 하죠. 그러면 그것은 떠나야 해요. 반드시 이 이름을 따라야만 해요. 그러면 그들은(악령-옮긴이) 선택의 여지가 없어요.

D: 누가 그 명령을 내립니까? 빙의된 사람? 아니면 다른 사람이 할 수도 있나요?

S: 다른 사람이 그것을 한다면, 악령 퇴치라고 부를 수 있어요. 하지만 빙의된 사람이 이것을 인지하면, 그들에게 떠나라고 명령할 수 있어요. 이 명령은 강하게 해야 해요.

D: 그들이 빙의되었다고 생각하지 않는다면? 그들에게 어떤 말

이나 행동을 해야 하지요?

S: 그러면 다른 사람이 그들에게 떠나라고 명령함으로써 악령 퇴치를 행할 수도 있어요. 당신에게 물어볼게요. 예수님의 이름으로 떠나라고 명령하는 것이 어떤 해가 되나요? 만약 그곳에 아무것도 없다면 아무것도 해치지 않죠. 하지만 거기에 뭔가가 있다면, 그 사람에게 큰 도움이 되는 거예요.

D: 누군가가 그들의 육신을 떠나고 다른 영체가 그 육체에 들어가서 사용하는 것에 대해 말해줄 수 있나요?

S: 아, 네. 아마도 영혼은 그 상황에 불만족스러워졌고, 자신이 바라던 대로 그것을 감당할 수 없다고 결정하게 되었겠지요. 하지만 몸은 다른 이유들로 계속 살아가야만 하죠. 다른 사람들이 그를 아는 것처럼, 이 사람은 존재해야 할 필요가 있으니까요. 따라서 다른 영체가 이 몸에 들어가기를 선택하고, 그 삶을 살겠죠.

이것은 빙의 사례가 아닌 '즉석 방문Walk-in'에 대한 전형적인 설명이다. 즉석 방문은 15장에 논의되어 있다.

D: 영체가 몸에서 빠져나오게 되는 경우가 있나요?

S: 그건 자신의 결정이지요.

D: 사람들을 두렵게 하는 이런 것들에 대한 많은 이야기들이 있어요. 악령체가 와서 자신을 몸 밖으로 밀어내고 자신의 몸

에 빙의한다고 하지요. 그런 일이 가능할까요?

S: 아마도 몸에 남아 있고 싶은 욕망이 없다면, 상위의 마음을 가진 이가…… 차지할 수 있겠죠. 하지만 나는 이런 일이 일어난 경우를 알지 못해요. 당신이 말하는 것은 실제로 몸의 실체가 떠나는 것이 아니라 동시에 그 몸에 거주한다고 말하는 경우인 것 같은데요.

D: 두 영혼이 동시에? 그게 어떻게 허용되나요?

S: 이것들은 자연원소 변종의 지치지 않는 정령들에 더 가깝죠.

D: 그 자연원소는 말 그대로 어떤 이해 체계를 갖추지 못한 무엇이라고 당신이 말한 것 같은데요. 그건 단지 아주 단순한…….

S: (끼어든다) 그것은 매우 기본적인 에너지로 지식보다는 욕망의 경우에 더 많이 작용하지요.

D: 몸의 주인은 어떻게 그것을 자신의 몸에 들어오게 허용할 수 있죠?

S: 자신을 보호하지 않음으로써. 그러나 그가 바란다면 그것을 언제든지 떨쳐낼 수 있어요.

D: 그렇다면 그들은 몸의 실제 주인보다 더 강력하지는 않군요. 어떤 사람이 독한 술이나 약물을 복용하게 된다면, 이것이 어떤 자연원소에게 몸을 열게 되는 건가요?

S: 이러한 요인들로 매우 개방적으로 되는 이들이 있지요. 그리고 이런 사람들 중심으로 모여드는 자연원소들도 있지만, 그

건 드문 일이에요. 이런 일이 매일 일어나지는 않아요.

D: 그렇다면 독한 술이나 다른 약물이 그 능력을 떨어뜨리지는 않는 거군요.

S: 자신을 보호하기 위한 능력 말이에요? 그렇죠.

D: 좋아요. 나는 그것이 다른 정령들에게 문을 더 열어준다고 생각했어요.

S: 그들이 스스로 허락하는 경우에만.

D: 그렇다면 그들이 스스로를 보호하는 한은 그런 것에 대해 걱정할 필요가 없겠군요?

S: 하나님의 이름^{God's name}, 또는 예수의 이름으로 신의 보호를 요청하세요. 단순히 말하기만 해도 즉각적인 보호가 되지요.

D: 하얀 빛도 이런 식으로 사용할 수 있나요?

S: 맞아요, 보호의 빛이죠. 예수나 하나님의 이름을 외치고 그들의 보호를 구하는 것은 순식간에 빛에 둘러싸이는 것과 같은 거예요.

특정한 종교적 신념이 무엇인지는 중요하지 않은 것 같다. 모든 실체들은 보호를 위한 더 높은 힘을 부르는 것이 자연원소들을 떨치기에 충분할 것이라는 데 동의한다. 그들은 또한 하얀 빛의 힘에 대해 모두 동의한다. 이것은 보호의 의인화로 자신, 자동차, 집, 또는 그 무엇이든지 그것을 둘러싸는 이 아름다운 빛을 시각화할 때 매우 효과적이다.

다음은 퇴행 중에 있는 대상자가 전해준 보호를 위한 효과적인 시각화다.

S: 음성은 매우 효과적이지만 시각화를 더 많이 포함해야 해요. 더 충분히 보고, 단순히 말에만 너무 의존하지는 말아요. 말은 진실로 에너지를 창조하지만, 진정으로 마음의 눈으로 자신이 원하는 것을 정확히 시각화하고 보는 것이 훨씬 더 효율적이기 때문이에요. 이것이 실제로 창조이기 때문이지요. 당신이 있는 빌딩 전체 또는 가장 편안하다고 느끼는 그 무엇을 둘러싸고 있는, 하얀 에너지로 가득한 피라미드에 둘러싸인 자신을 보세요. 만약 이런 식으로 시각화를 사용한다면, 그 공간 내에 있는 모든 것이 하얀 에너지에 포함될 거예요. 참여하는 모든 사람이 공동 창조하도록 격려하면서 에너지는 더 강해져요. 그런 존재들이 둘러싸고 있는 피라미드를 묘사하는 건 매우 간단하고, 각자 하얗게 반짝이는 피라미드 에너지를 시각화하라고 요구하면 파괴적인 에너지들이 외부로부터 들어올 수 없을 거예요. 그것은 모든 파괴적인 에너지들이 우주의 창조적 에너지로 변환되고 정렬되도록 요구해요. 그 회중 속에 있는 이들에게 치유를 요구하는 것도 그때가 적절할 거예요. 회중들 속의 이런 신체적 질병의 징후를 야기하는 파괴적인 에너지들을 하얀 빛으로 변하게 하고 창조적인 방식으로 우주를 향해 요구하세요. 이런 식으

로 참가자들은⁵ 누구든지 원하는 사람의 치유를 도울 거예요. 에너지는 파괴될 수 없지만, 부정에서 긍정으로 변환될 수 있어요. 누구나 이 하얀 빛의 피라미드를 만들 수 있고 그 것으로 자신을 둘러싸게 할 수 있어요. 이런 방식으로 창조 되면 피라미드 근처에 오는 어떤 파괴적인 에너지도 창조적 이고 건설적인 에너지로 변환되기 위해 우주로 돌아가게 될 거예요. 피라미드 속의 어떤 파괴적인 에너지도 이 빛으로 정 화되어 자동적으로 조화롭고 건설적이며 창조적인 에너지 들로 전환될 거예요. 전체 피라미드가 완전히 하얀 빛으로 가득 찬 모습을 시각화하세요. 그리고 내부의 모든 파괴적인 에너지들은 빛 속에 있는 어둠으로 시각화될 수 있죠. 어둠 을 빛으로 끌어올리거나, 어둠을 빛으로 바꾸는 그 빛을 단 순히 들여다보기만 하세요. 결국 어둠은 빛이 되고, 더 이상 파괴적이지 않고, 건설적이고 창조적인 목적을 위해 우주로 되돌아가는 건설적인 에너지로 다시 바뀌게 됩니다. 우리는 모두 주위에 하얀 빛 에너지^{white light energy}를 창조할 수 있는 능력을 가지고 있어요. 단지 이 능력을 발산하고 싶은 욕구 를 스스로 확신하는 것이 필요하죠. 그것을 믿으려면 진정 으로 원해야만 해요. 원하는 것에 대한 믿음이 확고하지 않

---

5 이 내용은 돌로레스가 어떤 집단적인 사람들 앞에서 퇴행시술한 과정에서 나온 내용인 것으로 보인 다. 생전에 돌로레스는 퇴행 치료의 후학을 양성하기 위한 교육 과정에 참석한 이들 중 지원자를 대상 으로 한 집단 앞에서 여러 차례 퇴행 치료를 시행한 바 있다.

다면 성공은 제한적일 거예요.

D: 나는 사람들이 예수의 이름으로 보호를 요청해야 한다고 말하는 것을 들어왔어요. 정말로 효과적일까요?

S: 정확히 그래요. 사실 여기에서 작동하는 것과 완전히 같은 원리죠. 이 원리를 말하는 다른 방법일 뿐이에요. 개인의 종교적 믿음에 따라, 이 에너지가 그렇게 유도될 수 있는 방법들은 여러 가지가 있어요. 하지만 많은 사람들이 보다 특정한 방법에 더 맞추어져 있는 거죠. 그건 단순히 적절성과 개인적 선호의 문제예요. 어떤 태도가 얼마나 효과적일지는 전적으로 개인에게 달려 있지요.

S: 우리는 다시 한 번 당신 자신이야말로 창조자creators라고 말하고 싶어요. 당신은 자신에 의해 창조된 것을 주위에서 발견해요. 그러므로 당신이 발견한 것이 실제이고, 당신이 말한 그런 것들조차도 상상이 되지요. 상상력은 모든 현실에서 당신이 창조한 것들의 팔레트이기 때문이에요. 따라서 당신이 상상할 수 있는 것이 실제예요. 신체적이든 정신적이든 그것이 진정한 실제지요. 이 사악한 생명체들은—당신이 그들을 부르는 것처럼—마음속에서 그것들을 창조한 사람들에게는 엄연한 실제인 거지요. 그런 것을 믿지 않기 때문에 그들에게는 그런 것들이 존재하지 않는 사람들이 있어요. 하지만 믿는 이들에게 그것들이 진짜가 아니라고 말하는 것은 잘

못된 것일 거예요. 왜냐하면 그들에게는 그것들이 실제이기 때문이에요. 원하는 것을 만드는 당신의 능력은 이전에 그랬던 것보다 지금 더 중요해요. 당신이 원하는 것을 창조하는 능력인 이 힘을 자각하는 것은 필수적이에요. 그렇게 함으로써 당신은 선함과 악함을 창조할 수 있는 진정한 선택권을 갖게 되지요. 그들이 창조하는 현실에 대해서는 전적으로 개인에게 달려 있어요. 우리는 교감할 수 있는 이 시간을 즐기지요. 이것이 당신의 행성에서 한때−모든 것이 지금 우리가 하는 것처럼 자유롭게 대화할 수 있었던 때−존재했던 방식이에요. 하지만 추락^{Fall}의 시간이 있었죠. 아무도 그 추락을 피하지 못했어요. 우리도 당신들처럼 그 추락의 피해자들이에요. (우울한 진지함) 우리가 무슨 말을 하는지 당신은 알고 있을 거예요.

기독교에서는 항상 '추락'이라는 용어를 하나님에 의해 천국에서 쫓겨난 천사 루시퍼와 연관 지어왔다. 이런 인식이 아마도 그에게 지구에 대한 지배권을 주고 사탄과 악에 대한 믿음을 창조한 것으로 추정된다.

S: 지구에서 지식이 상실되고, 의식이 퇴보한 시간이 있었죠. 더 높은 차원의 에너지는 무시되고 버려졌지요. 그래서 높은 차원에서 더 낮은 지구 차원으로 분명한 의식의 추락이 있었

어요. 이 추락이 일어났을 때—이전에 느껴지던 것처럼—사악한 존재가 급증하지는 않았어요. 거주자들의 관심이 높은 차원에서 낮은 차원으로 전환되었을 뿐이죠. 이것이 추락의 의미예요. 옳거나 그르다는 판단이 아니에요. 단순히 하나의 사실일 뿐. 자신이 누구인지, 무엇인지에 대한 시각을 잃을 때 방황하는 경향이 있지요. 수천 년 동안 이 행성에서 인류가 해왔던 것처럼요. 그것은 단순히 진정한 정체성을 망각한 것이었지요. 인류는 의식의 저하, 즉 모든 것이 진정으로 전체의 일부라는 사실을 잊고 말았어요.

D: 핵심적인 것은 사람들을 위해 천국과 지옥에 대한 생각을 바로 잡는 거라고 생각해요.

S: 그건 가장 어려운 작업이 될 거예요. 사람들은 꽤 오랫동안 세뇌당해 왔거든요.

D: 이 개념들은 원래《성경》에 있던 것인가요?

S: 아니에요. 한 문헌에서 예수가 게헤나(Gehenna, 지옥에 대한 유대적 이름-옮긴이)와 불의 호수the lake of fire에 부여했던 묘사입니다. 그는 영체가 영적 차원으로 건너가서 부정적 영향에 사로잡혀 있을 때, 어떤 상태에 있는지 설명하려고 했어요. 하지만 그것을 들은 사람들은 그의 말을 문자 그대로 받아들였고, 그가 실제 장소에 대해 말하고 있다고 생각했지요. 다른 때에 예수가 말했어요. "오늘 너는 나를 낙원에서 만날 것이다This day shalt thou see me in paradise"라고. 그가 처형당했을

때였지요. 그는 그들이 죽은 후에 영적인 차원으로 건너갈 것이고, '낙원'이라고 불리는 차원에 있을 거라는 사실에 대해 언급했던 거지요.

D: 지옥 혹은 그 비슷한 곳에 있는 사람에 대해 말하고 있는《성경》의 다른 부분을 생각하려고 해요. 그들은 누군가에게 그들을 꺼내달라고 부탁하고 있었죠. (나는 순간적으로 이 구절을 기억하는 데 어려움을 겪고 있었다) 그 영체가 말했죠. "내 입술에 한 모금의 물을 축여준다면……."

S: 네, 그 영체는 물질계에서 열이 나는 것과 비슷한 상태를 초래할 정신적 고통의 한가운데에 있었지요. 그것 또한 이 영체 주변에는 특정한 부정적 에너지가 감돌았다는 뜻이기도 해요. 물 한 방울로 입술을 축이라고 했을 때, 그는 이 부정적 에너지를 발산하도록 그를 도와줄 일종의 지혜를 구하고 있었어요. 그 지혜는 립밤처럼 진정시키는 역할을 할 것이었죠.

D: 그래서 예수님은 그 상태를 이해하고 탈출할 수 있었군요. 나는 교회가《성경》의 그 부분을 여러 번 부각시켜왔다는 걸 알고 있어요. 그들은 이것이 벗어날 수 없는 영구적인 상황이라고 말해요. 지옥에서 불타는 예를 특히 자주 들고 있지요.

S: 영구적인 상황은 아니었어요. 그는 당시 정신적 반경에서 오가고 있었고, 부정적 에너지들을 분산할 수 있도록 그 사건들의 사슬에서 벗어날 수 없었어요. 그래서 그가 그것을 벗어날 수 있는 길을 볼 수 있도록 약간의 지혜를 요청하고 있

었지요.

D: 나는 예수님이 《성경》 어디에서 천국에 대해 말씀하시는지 기억해 내려고 노력하고 있었어요. "하늘과 땅은 사라질 것이지만, 내 말은 사라지지 않을 것이다(누가복음21:33-옮긴이)"라는 한 부분이 있었죠. 지금 당장 생각나는 건 이것밖에 없군요.

S: 그는 단지 물질적 우주에 대해 말하고 있었어요. 그의 말이 주는 가르침은 특정 우주의 파괴와 상관없이 여전히 존재할 더 높은 단계들과 관련이 있다는 거예요. 다른 우주들도 존재하며, 더 높은 단계는 항상 존재할 것이기 때문이죠.

D: 그들이 가게 될 이런 곳들이 물질적 장소들이 아니라는 걸 사람들이 이해하는 게 무척 중요하다고 생각해요. 그 개념은 제한적이고 너무 우울해요.

S: 네, 사실이에요. 사람들이 믿는 것처럼 윤회가 기독교적 신앙과 반대가 아니라는 사실을 꼭 이해할 필요가 있어요.

D: 나는 그것이 단지 하나의 철학이라고 그들에게 말하고 싶어요. 그게 내가 들어온 것이거든요. 그것은 한 가지 사고방식이고, 그 자체로 종교는 아니지요.

S: 네. 자신의 철학이나 종교에 대해 독단적인 사람들은 일이 실제로 어떻게 진행되는지에 대한 객관적인 시각을 곧잘 잃고 말아요.

11장

유령과 폴터가이스트

D: 우리는 유령^{ghost}과 폴터가이스트^{poltergeist}(물체나 물건을 움직이거나 괴음을 만든다고 알려진 일종의 유령-옮긴이)에 대해 많이 들어왔어요. 그들에 대해 설명해줄 수 있나요?

S: 물론이죠. 그것들은 가구를 공중에 띄우고 스위치를 껐다 켜는 그런 존재라고 생각해왔던 것들이지요. 이 용어는 신체적 단계에서 발현을 초래할 수 있을 정도로 의식이 집중된 영적 실체들에게 적용돼요. 이건 그 정도로 집중할 수 있다면 많은 이들이 할 수 있죠. 화, 분노, 질투와 같은 강렬한 감정은 이런 일이 일어날 정도로 전체의식을 집중하게 하는 경향이 있어요.

D: 그들이 이런 일들을 할 때는 무언가 메시지 같은 것을 전달하려고 하는 건가요?

S: 꼭 그렇지는 않아요. 일부는 단순히 유흥을 즐기는 거예요. 장난의 대상이 되는 사람들뿐 아니라, 그들 스스로도 즐기고 있지요. 흔히 깨달음이 낮은 영체들이라고 생각하기 쉽지만 그렇지는 않아요.

D: 맞아요. 그런 장난을 하고 싶어 하는 것은 그다지 많이 깨달은 영체는 아닐 거라고 생각했어요.

S: 영계 차원뿐 아니라 당신의 차원에서도 항상 장난 치는 존재들은 있기 마련이죠. 단순히 그 다른 형태일 뿐이에요.

D: 깨달은 영체들조차도 이런 행동을 할 거라는 건가요?

S: 맞아요. 때때로 이런 활동들을 통해 달성되는 자각의 각성이 있어요. '폴터가이스트'라는 용어는 물질적인 대상들을 조종하는 어떤 영체로부터 기인되었죠. 그러나 그 표출의 의도는 명확하지 않아요. 가끔은 긍정적이고, 도움을 주는 좋은 의도도 있어요. 보이지는 않지만 존재한다는, 물질계만큼 실제적으로 존재한다는 사실을 이 에너지의 수신자들에게 깨닫게 하기 때문이지요.

D: 하지만 가끔은 이런 것들이 사람들을 겁먹게 해요.

S: 때때로 사람들 역시 그들을 겁주기도 합니다. (웃음) 사람들이 무엇을 할지 그들도 모르니까요.

D: 유령은 어때요?

S: 유령의 출현은 이러한 환영들을 보는 개인의 에너지를 투영하는 것 그 이상도 이하도 아니에요. 그 사람들 스스로 자신의 이전 생들의 반영 또는 다른 영체 차원들의 자각일 수도 있는 에너지를 투영하고 있고, 그들은 이런 자각을 물질적 단계로 투사하는 것이죠. 우리는 모든 유령이 이런 투사를 보여주는 것은 아니길 바라요. 하지만 이것이 가능하다는 당신의 자각이 이것을 통합하지요. 모든 것이 진정한 영체들인건 아니에요. 하지만 때로는 이런 현실을 인식하는 개인의

단순 투사인 거예요.

D: 우리가 요정, 님프를 인식하는 것과 같은 방식인가요?

S: 요정과 님프로 인식되는 그런 에너지는 실제로 있어요. 그러나 우리가 말하는 에너지와 동일한 건 아니에요. 이들은 어떤 개인에 의해 인지되는 별개의 에너지일 뿐, 그 개체로부터 투사된 에너지는 아닌 거죠. 투사된 에너지들은 내재되어 있고, 그것들을 인식하는 개인의 본질적인 부분(영체로서의 존재-옮긴이)이에요. 투사와 지각에는 다른 많은 가능성들이 있어요. 그러나 여기서 우리는 이 하나의 특정한 발현 형태, 경험의 인식 유형인 한 가지의 발현만 거론하는 거죠.

D: 어떤 사람들은 —그들의 생각에— 장면들을 재연하는 여러 다른 장소들에 있는 유령들을 본 적이 있는데요. 그들은 시간 속 어느 순간에 갇힌 것으로 보여요.

S: 그거 좋은 비유인데요. 그들은 한 순간의 시간 속에 갇혀 있어요. 자신의 행동에 갇혀 빠져나올 수 없는 지구에 얽매인 실체들이지요. 그들은 자신의 에너지에 너무 얽매어 있어서 그들이 집중한 것 이외에 주위의 어떤 것도 인식할 수 없어요. 그렇게 그들은 악순환에 빠져 있는 자신을 발견하게 돼요. 각성이 일어날 때까지 처음의 장소에 그대로 놓인 일련의 상황들을 다시 반복하게 될 운명에 처하게 된 거죠. 신체적 형태를 가진 사람들은 이런 사람들을 영계에 있는 우리보다 훨씬 쉽게 돕고 지원할 수 있어요. 비록 이 유령들도 영체지

만 그들의 의식과 자각은 아직 물질계에 갇혀 있으니까요. 이
것이 그들이 인지할 수 있는 전부예요. 그래서 그들은 주위
영체들이 진실로 인도하고, 깨닫게 하고, 고통에서 풀어주려
고 시도하는 것을 볼 수 없어요. 이것은 물질계가 영계를 가
장 잘 도울 수 있는 좋은 예가 될 수 있겠어요.

D: 때때로 그들은 물질계 사람들을 인식하지 못하는 듯해요.

S: 맞아요. 그들은 자신의 에너지에 너무 갇혀 있는 바람에 자
신의 에너지를 제외하고는 주변의 어떤 것도, 심지어 물질적
인 것도 보지 못하기 때문이죠.

D: 폴터가이스트의 경우가 때때로 이런 종류의 에너지인가요?

S: 아니에요. 폴터가이스트들은 물질적 대상들을 움직이고 그
결과를 알고 있기 때문이지요. 그들은 물질적 환경을 잘 인
지하고 있어요. 폴터가이스트가 지구 에너지에 갇혀 있을 수
도 있지만, 지구 에너지에 갇혀 있는 이들이 항상 폴터가이
스트라고 말할 수는 없어요.

D: 나는 그들이 이런 식으로 소란을 피워 주변 사람들의 관심
을 끌려고 하는 거라고 생각했어요.

S: 맞아요. 종종 있는 일이에요. 즐거움이든 자아 만족이든 단
지 주변 사람들의 관심을 끌기 위한 거죠.

D: 하지만 그들의 행동으로 사람들을 해칠 수 있잖아요. 그들이
화재를 일으킨다는 걸 들은 적도 있어요.

S: 맞아요. 모든 폴터가이스트들이 좋은 의도만 갖고 있다고 말

할 수는 없어요. 그러나 그들이 찾고 있는 것은 관심 이상일 지도 몰라요. 예를 들면 복수 같은 것이죠.

D: 보통 가정에는 어린아이나 사춘기 나이 정도의 누군가가 있고, 폴터가이스트가 어떤 식으로든 그 아이들의 에너지를 사용한다는 이론이 있어요. 단지 이론일 뿐이지요.

S: 사춘기에 접어든 아이들이 자신의 폴터가이스트로 행동한다고 말할 수 있어요. 그들이 미처 인식하지 못하는 에너지를 사용하고 있기 때문이지요. 그래서 그들 스스로 그 행동을 만들어 내죠. 종종 그렇긴 하지만, 항상 그런 건 아니에요.

D: 그들이 하고 있는 것을 의식적으로 인지하지 못하나요?

S: 네. 그건 사춘기를 겪는 경험의 분열에 의해 야기된 심령적 재능과 능력의 발현에 불과하고, 이것은 폴터가이스트 활동에 의해 나타나지요. 사람은 사춘기를 겪을 때 많은 에너지가 유도되기 때문이에요. 몸에서는 많은 변화가 일어나고, 영적 차원뿐만 아니라 정신적 및 감정적 차원으로 옮겨지죠.

D: 그럼 그들은 가족에 대한 복수나 그런 것 때문에 그렇게 하는 것이 아니군요.

S: 그렇지요. 그건 단순히 에너지를 내보내는 한 방법이죠. 억눌린 감정이 연출되고 에너지가 폴터가이스트 행동으로 방출되는 거예요.

D: 어떤 사람들은 이 행동을 두려워하기 때문에 이에 대한 설명이 필요했어요.

S: 그들이 두려워하는 건 이해할 만해요. 그들을 해치려는 영체들이 있음을 의미하기 때문이죠. 전에 말했듯이, 가끔은 그런 경우가 있어요. 그러나 항상 그렇지는 않아요.

D: 만약 해로운 폴터가이스트 활동에 직면한다면, 어떻게 멈추게 할 수 있나요?

S: 앞서 말했듯이 신의 이름으로 대항하세요. 그리고 빙의의 경우처럼 하나님이나 예수님의 이름으로 그들이 가야 할 방향으로 보내세요. 그 실체들이 해롭다면, 예수님의 이름으로 적절한 보호가 있을 거예요.

D: 지구에 얽매인 영체가 있나요?

S: 아마도 일반적으로 얽매여 있다고 하기 보다는 더 깊거나 더 심오한 의미로 파악해야 해요. 지구에 얽매인 영체는 많은 문제를 겪었기 때문에 그들이 풀려날 수 있다는 걸 믿지 않는 이들이죠.

D: 그들이 삶을 너무 사랑해서 지구를 떠나고 싶어 하지 않는다는 뜻인가요?

S: 그런 경우일 수도 있고, 아니면 지구의 누군가가 그들을 너무 강하게 붙잡고 있어 떠나지 못하는 경우예요. 떠난 누군가를 위해 슬퍼할 때마다, 그 사람을 지구에 좀 더 가까이 머물도록 붙잡게 되지요. 슬픔은 그 여지가 있지만, 과도한 슬픔은 슬퍼하는 이와 슬픔의 대상자 모두에게 나빠요. 그 사람을 위해 슬퍼할 이유가 없어요. 그들 대부분은 이쪽에서

(영계-옮긴이)의 경험에 행복해 하고 있으니까요.

D: 그러면 슬퍼하고 그들에게 매여 있는 것은 그들을 지구에 붙들어 놓게 되어 좋지 않게 작용하는군요. 대부분의 사람들은 그걸 깨닫지 못할 거예요.

다른 표현:

D: 지구에 얽매인 영체들 같은 것들이 있다고 들었어요. 그런 경우엔 어떤 일이 일어나죠?

S: 그건 혼란스러운 문제예요. 보통 일어나는 일은 영적인 몽유병을 겪고 있는 거죠. 그들은 여전히 물질계의 인식 속에서 뭔가 다르다는 걸 눈치 채지만, 정확히 이해할 수 없는 거예요. 영계에서는 그들이 마치 몽유병을 겪는 것처럼 보이지요. 그들은 매우 긴 시간 동안 몽유병 증세를 보일 수 있어요. 지구에 묶인 영체나 유령, 혹은 무엇이든지. 하지만 잠시 후에 그들은 깨어나 자신이 영계에 있고 계속해야 할 일들이 있다는 걸 깨닫게 될 거예요.

D: 그들은 왜 혼란스러워 하죠?

S: 보통 잠재의식이 까르마의 특정한 면의 해결에 대한 남은 시간을 잘못 판단했기 때문이에요. 잠재의식은 더 긴 시간을 예상했는데, 짧게 중단되면 마음이 재정립되는 데 더 긴 시

간이 걸리니까요.

D: 지구에 얽매인 영체들은 그들이 살던 곳 주위를 맴도나요?
아니면 주로 지구적 차원에서 여행할까요?

S: 주로 익숙한 지역에 머무르려는 경향이 있어요. 아마도 무슨
일이 일어나고 있는지 알아내고 싶기 때문일 거예요. 그들은
몽유병 상태이기에, 다시 깨어날 수 있도록 일을 바로잡으려
고 하는 것은 주로 그들의 영적 잠재의식이지요.

D: 그 상태로 있는 동안 그들이 육체에 다시 들어가려고 노력한
적이 있나요?

S: 자주는 아니에요. 가끔은 시도하지만 거기 있는 영체가 그들
을 막을 것이고, 그렇게 될 수 없다는 것을 깨닫게 될 거예요.
그건 마치 도로에서 누군가와 부딪히는 것과 같아요. 몇 번
그런 일이 생긴 후에 그들은 깨어나기 시작하고 드디어 몽유
병적인 상태를 멈추게 되죠.

D: 그런 상태에 있을 때 무슨 일이 일어나고 있는지 알 수 있도
록 도움을 받을 수는 없나요?

S: 영적 몽유spiritual sleepwalking 상태에 깊이 빠지면 그들에게 닿
기가 매우 어려워요. 때로는 그들이 더 빨리 깨어날 수 있도
록 접촉이 되고 도움을 받게 되기까지 시간이 필요하지요.

D: 선술집 주변, 혹은 술이나 마약 같은 것을 하는 사람들 주변
을 떠도는 영체들에 대한 이야기를 들은 적이 있어요. 내 짐
작으로는 그들이 그 감각들을 원하기 때문인 듯해요. 그런

경우에 대해 들어본 적이 있나요?

S: 앞서 전환의 시기(사망 시-옮긴이)에 대해 언급했잖아요. 어떤 영체들, 특히 스스로 부정적인 영향에 많이 이끌리는 이들은 물질적 감각을 포기하고 싶지 않기 때문에 전환의 시기에 어려움을 겪어요. 그건 보통 당신들의 사회에서 사용되는 다양한 약물들, 술, 담배, 마약 또는 그런 종류들에서 경험한 강하고 이색적인 감각들이죠. 그래서 전환에 있는 이런 영체들은 그들의 감정, 물질적 감각들을 흡수하기 위해 이런 것들을 정기적으로 경험하는 사람들 주변에 머물러요. 그들은 대리적^{Vicarious}으로 그것들을 즐기려고 노력하지요.

'대리적'은 흥미로운 단어이고, 이 경우에 사용하는 것이 특히 적합하다. 사전적 정의는 다음과 같다.

"다른 이의 장소를 차지하는 것. 다른 사람의 장소에서 한 사람이 견디거나 일을 수행하는 것. 다른 사람의 경험에 대한 상상적 참여에 의해 느껴지는 것."

전달하고자 하는 의미를 묘사하기 위해 이보다 더 적절한 단어를 찾을 수는 없었을 것이다.

D: 이 영체들은 자신이 죽었다는 것을 알고 있나요?

S: 그럴 때도 있고, 아닐 때도 있어요. 그들은 여러 번 죽었다는 것을 깨닫지만, 곧바로 물질계로 다시 들어갈 수 있기를 바라

고 있어요. 그들은 아직 전환기에 있어서 모든 일들이 어떻게 균형 잡혀야 하는지 깨닫지 못해요. 또 다른 이들은 자신이 죽었다는 걸 모르고 살아있을 때 그랬던 것처럼 신체적인 것에 참여하려고 해요. 그들은 인간이 자신을 인지할 수 없다는 것을 깨닫지 못하지요. 마침내 어느 순간 그들에게도 자신이 죽었다는 생각이 스며들어요. 이때가 되면 그들은 영계를 인식하게 되고 전환기를 끝내지요.

D: 그들은 지구에 있는 것이 존재하는 전부라고 생각하는 건가요?

S: 네. 그런 영체들은 처음에는 그렇게 생각하지만, 죽은 상태로 더 오래 있을수록 영적 차원에 대해 더 인식하게 되지요. 단순히 진동적 끌어당김의 문제 때문에요. 전환기 동안 때때로 이런 유형의 영체는 다가온 지원자를 즉시 인지할 수 없어요. 여전히 물질적 차원에 너무 강하게 맞춰져 있기 때문에 그들을 즉시 보거나 감지할 수 없죠.

D: 지구 주위에 머무르기를 원하는 것처럼 보이는 이런 영체들에게는 도대체 무슨 일이 일어난 거죠?

S: 그런 경우에는 영체들이 지구로 다시 당겨지는 것 같아요. 그들이 도달했던 영적 차원에 적응하는 데 더 오랜 시간이 걸리는 이들이어서요. 그들은 익숙한 장면들에 대한 정신적 구성을 가지고 있어요. 그 이상은 자라지 않고 그것을 버팀목으로 사용하지요. 그래서 그들은 물질적 차원 가까이에

머물려고 하는 경향이 있어요. 이 영혼들은 도움이 필요해요. 그들 대부분은 무심코 까르마에 부정적인 행동을 했고, 그 사실을 다루고 싶어 하지 않아요. 이러한 구성에 대한 정신적 버팀목을 버렸을 때 그들이 보게 될 것을 두려워해요.

D: 그들에게 익숙한 것을 계속 가지고 있기를 원하는 건가요?

S: 맞아요. 두려움 때문이죠. 계속해서 물질계에 가까이 머무른다면, 그들의 진동은 때때로 물질계에 그들의 잔영이 있을 만한 곳에서 충분히 물질계와 동조적으로 머무르지요. 메아리는 소리지만 에너지의 잔영일 거예요. 이것이 당신들의 차원에 기록되어온 '유령'과 그런 현상^{phenomena}이라고 부르는 외형적 존재들의 일부를 설명할 수 있을 거예요.

D: 그렇다면 그들은 실제로는 영체가 아닌가요? 단지 그 집이나 그 근처에 남아 있는 영체의 잔영일 뿐인 건가요?

S: 네. 아마도 장벽의 반대면(물질계-옮긴이)에 있는 영체는 어떤 집의 정신적 구성을 사용하고 있을 거예요. 그가 처음 건너왔을 때, 그 영체는 '가정^{home}'을 형상화해왔을 거예요. 예를 들면 삶의 새로운 단계에 적응하는 걸 돕기 위해서요. 그들의 가정인 한 특정한 집을 상상할 때마다 그 집을 보고, 그 안에 있는 그들 자신을 보고 있는 거죠. 하지만 알아채든 못하든 그 영체는 계속 나아가는 게 두려워서, 그저 익숙하기 때문에 이 집의 그림에 계속 매달려 있는 거죠. 떠나는 것이 무서워서 그 집 안에 머무르는 거예요. 그래서 당신이 '유령'이

라고 부르는 이런 영적 잔영들^{spiritual echoes}이 그런 한정된 지역에서 보이게 되는 거예요. 마치 영아가 젖꼭지에 매달린 것처럼 그들은 매달리기 위해 하나의 정신적 이미지를 사용하고 있기 때문이죠. 장벽을 건너는 것(죽는 것-옮긴이)은 개인적인 경험이기 때문에 그들은 주변에 대한 마음을 닫아버렸죠. 이 정신적 구성을 버팀목으로 사용하기 때문이에요. 어떤 의미에서 그들은 '가정'에 대한 환상 속에 그들 스스로를 가두어버렸기에 혼자 있는 것이지요. 그들의 적응을 도와주기 위해 거기에서 기다리고 있는 다른 영체들은 보지 못하고요. 그건 마치 눈을 감아버리고 오직 가정에 대한 생각만 하는 것과 같은 거예요. 그래서 그들은 혼자이고 따라서 그 잔영은 주변의 다른 사람들을 인지하지 못하게 됨으로써 유령처럼 보이는 거죠. 지구의 집에 살고 있는 거주자들은 유령을 볼 수 있지만, 그들은 망각 상태인 것으로 보여요.

D: 그들이 마음에서 잔영을 계속 내보내고 있다는 뜻인가요?

S: 네. 그들은 어떤 이유에서인지 그들에게 많은 의미가 있는 한 사진을 마음속에 붙들고 있어요. 그들은 이 사진 한 장에만 오로지 집중하고 있어요. 보통 영체가 영계로 건너가는 것을 매우 두려워하고 적응하지 못한 경우에 그런 일이 일어나지요. 그래서 그들은 가장 최근의 삶에서 이 한 순간, 이 하나의 기억 속에 자신을 가두는 거죠. 그들의 마음은 거기에 갇혀서 그것을 시각화하고 있고, 그래서 영적 잔영은 동일한

행동을 계속해서 반복하는 거죠. 당신의 차원에서 그건 누군가가 비이성적인 두려움을 갖고 있고, 그들이 이끌리는 행운의 단어 하나를 가지고 있는 것과 같아요. 그들은 이 두려움을 쫓기 위해 그것을 계속해서 반복하지요. 그런 유형의 상황이에요.

D: 때때로 그 장면은 발생했던 살인이나 폭력적인 것이고, 사람들은 유령들이 계속 반복해서 한 장면을 연출하는 것으로 보지요.

S: 맞아요. 그 영체는 특정 건물을 그의 정신적 구조로 시각화하고 거기에 매달려 있을 거예요. 그리고 자신의 가장 최근 생애에서 일어난 특정한 행동을 시각화하고 있을 거예요. 가끔 그 행동은 다른 사람을 포함할 수 있는데, 그렇게 되면 이 사람도 함께 시각화해요. 그래서 당신의 차원에서는 사람들이 같은 장면에서 두 영혼이 상호작용하는 것을 보게 돼요. 이 영혼이 버팀목으로 사용하고 있는 기억의 일부인 거죠.

D: 그게 부정적이라면 더 강력해지나요?

S: 보통은 영혼이 전환(죽음-옮긴이)에 잘 호응하지 않고 그것을 부정적인 경험으로 해석할 때 이런 일이 발생해요. 그들을 이렇게 하도록 이끄는 것은 두려움의 힘이지요. 영혼이 건너와서 자신이 이번에 얻은 까르마의 수준이 부정적 방향으로 나아갔음을 깨닫게 되면, 자신이 보게 될 것이 두려워 전환을 끝내고 싶어 하지 않아요. 그러는 동안 그들의 마음은

두려움의 근원에 갇히게 될 것이고, 그렇게 된 원인은 까르마를 부정적인 방향으로 이끈 삶의 바로 그 장면일 거예요. 그것이 그들이 집중할 수 있는 전부니까요. 그들은 영계에서는 모든 것이 균형을 이룬다는 것을 깨닫지 못해요. 비록 그들이 전보다 더 낮은 지점으로 내려갈지라도 그것은 고통이나 고문 등을 야기하도록 설계되어 있지 않아요. 단지 그들이 더 발전할 수 있도록 그들에게 적합한 장소의 문제에 불과하지요.

D: 하지만 사람들은 실제로 죽은 사람의 유령들이나 영체들을 경험하고 있어요. 그들은 사람들에게 메시지를 줍니다. 이건 같은 일일까요?

S: 아니에요. 대부분 그건 그들과 접촉하려는 안내자예요. 사람들이 삶의 이런 측면을 다룰 수 있을 만큼 충분히 진보했다면, 그들의 안내자는 그들을 돕기 위해 이런 방식으로 연락하고 좀 더 직접적인 방법으로 조언을 줄 거예요.

D: 사랑하는 사람이나 누군가의 영체가 아니라는 말인가요?

S: 가끔은 그렇기도 하죠. 사랑하는 사람이 도움을 줄 수 있을 만큼 가까이 있다면요. 그들은 사람들을 돕고 싶어 해요. 사람들은 여러 생애에 걸쳐서 까르마를 통해 연결되어 있으니까요. 사랑하는 사람이 잠시 동안 저편으로 넘어갔다고 해도 여전히 까르마를 통해 연결되어 있고, 그들은 의심할 여지 없이 미래의 삶에서도 교류할 것이기에 기꺼이 도우려고 하

지요. 많은 경우에 그들의 안내자는 다른 쪽의 사랑하는 사람들과 접촉할 거예요. 그들은 메시지를 전하기 위해 장벽 너머로 스스로의 잔영을 펼쳐 사랑하는 사람을 돕기 위해 일해요.

D: 그럼 실제로는 그들 스스로 돌아오지 않고, 잔영만 보내는 건가요?

S: 맞아요. 다른 영체들이 먼저 건너간 이들을 사용하는 것과 비슷한 과정이지만, 다른 점은 통제 하에 의도적으로 행해진다는 거예요. 그들은 적절한 정신 상태를 얻기 위해 마음을 진정시키지만, 그것은 긍정적인 경험이고 물질적인 차원으로 그들 자신에 대한 영적 잔영을 펼치는 것이지요. 그들은 가끔씩 물질계에 있는 사람이 이것을 인식하기 전에 그것을 여러 번 행해야 해요. 그게 때때로 어떤 사람들이 말하는 유령이나 영체를 인식하기 전에 다른 이상한 사건들이 먼저 일어나는 이유예요. 그들은 이미 영적 잔영을 내보내고 있고, 그들은 그것을 더 잘 인식할 수 있도록 그 사람의 관심을 그 측면으로 향하게 하려는 것이지요.

D: 사람들은 영체들이 돌아와서 그들이 필요로 하는 어떤 조언을 해주거나, 그들을 위해 슬퍼하지 말라고 하는 등의 여러 가지를 말할 거라고 하지요.

S: 맞아요. 과도한 애도는 까르마를 발전시키는 데 방해가 될 수 있기 때문이지요. 너무나 그리워하고 지나치게 애도하고 있

는 대상을 또다시 만나게 될 거라는 걸 깨달아야 해요. 영원히 헤어지는 게 아니에요. 단지 일시적 이별일 뿐. 그것을 뒤로하고 자신의 성장을 계속해야 다음 생을 준비할 수 있어요.

D: 그 대상이 그들에게 조언하고자 하면, 이런 사실들을 말하기 위해 그들 자신을 투영할 수 있는 거군요.

S: 맞아요. 가이드들과 이 사람들은 그들이 삶의 특정한 시기에 필요할 조언을 주기 위해 이 일에 함께해요.

D: 그 가이드가 사랑하는 사람을 닮은 것처럼 보일 수 있다는 뜻인가요?

S: 아니요. 그가 사랑하는 사람에게 그들의 잔영을 표현하게 할 거예요. 보통 다른 쪽에 적어도 한 명은 있고, 보통은 더 많아요.

D: 가이드가 메시지를 전달하기 위해 이 형태를 사용하지 않는다고요?

S: 네. 때때로 가이드가 직접 메시지를 전달하면, 그걸 인지한 사람은 천사나 알려지지 않은 다른 천상적 존재를 보았다고 말할 거예요.

12장

계획과 준비

삶들 사이의 영체 상태를 경험하고 있던 퇴행 시술 중의 대상자 한 명이 학교들 중 한 곳에서의 활동에 대해 다음과 같이 묘사했다.

S: 가장 가까운 비유는 내가 강의를 듣고 있다는 거예요. 일종 의 배움의 상황인데요. 어떤 걸 경험한 우리 중 한 사람이 다 른 이들에게 말하고, 우리 모두가 그 일을 통해 배울 수 있도 록 하는 곳이죠. 강의를 듣고 있다고 말할 수 있어요.

D: 그들은 무엇에 대해 강의하고 있나요?

S: 강의가 말보다는 정신적 개념과 이미지로 진행되기 때문에 당신에게 잘 표현할 수 있을지 모르겠네요. 비유적 표현의 일 부는 단어로 나열하면 의미를 만들지 못해요. 꽤 이상해요. 설명하기 가장 좋은 방법은 감각의 변화무쌍함 같은 요소와 감각 자체가 어떻게 우리를 속일 수 있는지에 대해 강의하고 있다는 거예요. 자신의 감각에 의존할 수 없음을 우리에게 보여주기 위한 것이죠. 본능은 우주의 기본적인 심장 박동 과 맞추기 때문에 직관적인 느낌에 따라 움직여야 하고 그것 이 우리를 안내할 거예요. 지금 강의의 이 부분에서 그가 제 시하는 증거는 우리의 감각이 어떻게 속아 넘어갈 수 있는지

보여주는 거예요. 그는 우리에게 다른 자연물들을 보여주고 있어요. 하지만 그것들은 눈이 어떻게 속아 넘어갈 수 있는지를 보여주는 잘못된 색과 질감들이죠. 예를 들어 파란색, 반짝이는 오크라^{okra} 같이. (웃음) 뭐랄까, 정말 이상한 것들이에요. 하지만 그는 코와 귀가 어떻게 속아 넘어가는지 보여주기 위해 이 시각적인 이미지들을 다른 이미지들 바로 옆에 제시해요. 정말 흥미로운 강의예요. 그들은 직관적이고 초능력적인 힘을 사용하도록 격려해요. 이 차원(영계-옮긴이)에서는 이런 능력들을 발전시키는 것이 훨씬 쉽기 때문이지요. 그리고 당신이 여기서 그것들을 더 많이 개발할수록 물질적 차원에 있을 때 더 쉽게 돌파할 수 있고, 따라서 물질계에서 그 능력들을 사용할 수 있어요. 왜냐하면 물질계는 그들에게 일종의 장벽을 만들고 그것들과 접촉하는 것을 더 어렵게 만들기 때문이지요. 하지만 당신이 돌아오기 전에 능력들을 고도로 발달시켜 왔다면, 그것을 넘어선 것들을 얻을 수 있지요.

D: 당신이 필요하다고 느끼는 것에 따라 그 차원에서 어떤 일들을 하나요?

S: 기본적으로 당신이 있는 단계에 대한 것이지요. 내가 보기엔 당신한테 필요한 건 당신이 끌어당기는 것이고, 그게 일이 진행되는 방식이에요. 당신에게 이끌리고 배울 필요가 있는 것을 배우거나 경험해야 할 것을 경험하고, 그것이 발전에 필요한 것을 충족시키지요.

D: 그러면 더 복잡한 것들을 배우고자 하는 사람들은 자연스럽게 이것들을 찾을까요?

S: 네. 배울 것을 찾는 사람들은 그들이 필요한 지식이 거기에 있을 거예요. 그것을 최대로 사용할 수 있도록 필요로 하는 순서대로 옵니다. 그런…… 이들이 있어요. 배우고 싶다고 생각하지만 기본적으로 그렇게 하지 않으면서 왜 발전이 없는지 궁금해 하며 돌아다녀요. 그들은 항상 그걸 설명하기 위한 다양한 이유를 생각해 내지요.

D: 많은 사람들이 그저 다시 삶으로 돌아가고 싶을 뿐, 아무것도 배우고 싶어 하지 않는군요.

S: 사실이에요. 까르마의 수레바퀴에 그들 스스로가 계속 속박되어 있다고 주장하는 불행한 영혼들이 있죠. 하지만 당신이 이 차원에 있을 때 더 많은 발전을 겪을수록, 과거의 원인들로부터 당신을 더 해방시킬 수 있어요. 그러면 까르마에 관한 한 더 위대하고 더 나은 방향으로 나아갈 수 있어요. 무슨 뜻인지 알겠어요?

D: 다른 사람들에게는 그렇지 않을지도 모르지만…… 네, 나는 이해가 돼요. 어쨌든 나는 항상 무언가를 배우려고 노력하고 있거든요.

S: 그래요. 당신은 우리와 같아요. 당신도 역시 학습자예요.

다음은 지구로 돌아오기 전의 준비 과정을 설명하는 장면이다.

D: 뭘 하고 있어요?

S: 다른 영적 실체들과 함께 있어요. 우리 일행들이 한자리에 모였어요. 일종의 토론과 기획 모임이라고 부를 수 있어요. 여기 있는 우리 대부분은 전생에서 까르마로 연결되어 왔지요. 우리 모임을 위한 주요 안내자 한 명이 여기 있고, 우리의 개별적 안내자들은 근처에 있어요. 다음에 다가올 삶, 이 대상자가 현재로 살게 될 그곳에서 일할 까르마적 문제들이 무엇인지 토론하고 계획하고 있어요. 그리고 어떻게 우리의 삶과 까르마가 엮이고 서로 연관되는지와 까르마적으로 해결하고자 하는 것에 대해 토론하고 계획하고 있어요.

D: 이들은 당신이 지구로 돌아올 때마다 함께하게 될 영체들인가요?

S: 네. 이것이 당신이 까르마로 연결된 이에게 영향을 미치는 한 가지예요. 때때로 그것에 영향을 미치는 또 다른 한 가지 요소는 두 특정한 사람들이 함께할 때, 그들이 산술적인 방법보다는 기하학적으로 함께 진보하는 것을 발견할 수 있을 거라는 거지요. 그들이 떨어져 있을 때는 하나의 특정한 속도로 진보하지만, 함께 있을 때는 서로 상호작용하는 방식 때문에 기하학적으로 증식하지요. 자연스럽게 미래의 생애들에서 행보의 교차를 계속하고 그들이 함께 진보할 수 있도록 권장해요. 내 개별 영체의 안내자는 다음 육화를 통해 내 인생의 안내를 돕고 나를 보호하게 될 거예요. 추가적 보험으

로 내가 물질계에 있을 때 영체 차원과의 연결을 돕기 위한 한 친구로서. 내 생각에는 당신이 그렇게 부를 수 있을 것 같네요.

D: 그가 거기에 있을 때마다 당신이 알 수 있는 방법이 있나요?

S: 영적 안내자 말이에요? 내가 육화할 때 적어도 이 주체에 대해 말할 수 있는 한 가지 방법은, 사물에 대한 내 시각적 인식이 변하게 될 거라는 거지요. 모든 것이 반짝이는 것처럼 보일 경지로. 심지어 고정 색깔의 사물들조차도 그 색상의 강렬한 섬광으로 반짝이는 것처럼 보일 거예요. 마치 영적 차원에 있는 색깔이 엿보이는 것처럼 말이에요. 그럴 때 나의 영체 안내자는 특히 내 가까이에 있을 것이고, 내 눈이 그의 눈을 통해 사물을 보기 시작하는 경지에 이르도록 우리는 밀접하게 조화 속에 있을 거예요. 그리고 특히 평화로운 감정도 포함될 거예요.

D: 그에게는 당신이 부를 수 있는 이름이 있나요?

S: 잘 모르겠어요. 그는 많은 이름으로 알려져 있어요. 나는 그에게 영적 친구를 부르듯 정신적 신호를 보내 연락할 수 있어요. 그는 그것으로 충분하다고 말해요. 그는 이름이 있지만 꼭 필요하지는 않다고 해요. 어쩌면 내가 기억하기에 어려울지도 몰라요.

D: 이 생애에서 당신이 도움이 필요할 때마다 영적 친구를 부르기만 하면 그가 당신에게 조언을 해줄 수 있다는 말이에요?

S: 네. 그는 내 마음속에 직접 말하거나, 행동할 수 있는 감정과 느낌, 나를 인도할 수 있는 직관을 줌으로써 조언해줄 수 있어요. 또 그것들을 특정한 방향으로 슬쩍 밀어내서 일들이 그냥 지나가도록 도움을 줄 수도 있죠.

D: 어떤 사람들은 자신에게 말하는 것이 정말로 안내자인지 알고 싶어 해요. 그러니까 자신을 해치려는 존재가 아니라는 사실을 어떻게 알 수 있을지 궁금해 해요.

S: 여기의 언어로 설명하긴 어려워요. 그 존재가 자신의 안내자일 때는 심장과 가슴에 특별히 따스하고 따끔한 느낌이 있고, 모든 것에 아름다운 반짝이는 효과를 보는 것 같아요. 그것은 흉내 낼 수 없는 특별한 조합이지요. 그리고 이와 관련해서 자신이 갖는 감정은 일반적으로 편안함, 자신감, 안정감이에요. 반면에 그것이 자신에게 해를 끼치려고 하는 영혼의 실체라면 불안감, 두려움, 그리고 아마도 분노가 크게 느껴질 거예요. 자신이 옳다고 느끼는 것이 있다면 그렇게 하세요. 그리고 자신이 무언가를 할 생각을 하고 있는데 그게 옳은지 확신하지 못하거나, 혹은 그 일을 하기 시작할 때 떨리거나 두려움을 느낀다면 좀 기다리면서 다른 감정들이 다가오는지 보세요. 기다리면 보통 또 다른 느낌이 들면서 "그래, 이게 내가 해야 할 일이야"라고 말하게 될 거예요. 가끔은 자신이 하려고 하는 것과 상당히 다른 무엇이 될 것이고, 가끔은 단지 약간만 다를 거예요. 하지만 그게 더 나은 길이 될 거

예요.

D: 그 존재가 자신의 진정한 영적 안내자일 때, 그는 특별히 어떤 것을 하게 만들지는 않을 거라고 들었어요.

S: 네. 그렇게 하지 않아요. 그들은 "당신은 내 조언을 구했고 이것이 당신이 할 수 있는 최선의 행동 방향이에요. 하지만 선택은 당신 몫이에요. 만약 다른 어떤 것을 하고자 한다면, 우리는 그 선택을 위해 일할 거예요"라고 말해요.

D: 나는 어떤 종류의 힘이 관련되거나 누군가 뭔가를 하게 만든다면, 그건 그 사람을 위한 것이 아니라고 들었어요.

S: 맞아요. 이 개념들은 우주의 근본적인 구조들 중 하나니까요.

D: 당신을 도울 또 다른 안내자들이 있나요?

S: 네. 그는 나와 특히 가깝게 연락하게 될 주요한 사람이지요. 다른 사람의 발전을 신경 쓰는 것처럼, 나의 발전을 신경 쓰는 사람들도 있어요. 그리고 한 그룹으로서 우리의 특별한 발전을 신경 쓰는 가이드 그룹이 있어요. 우리는 과거에 여러 번 까르마적으로 연결되어 왔고, 우리 각자가 개발할 필요가 있는 것들을 개별적으로 해왔듯이 한 그룹으로서 함께 발전하고 있다고 말할 수 있어요.

D: 지금 당신이 있는 곳은 특정한 어떤 곳인가요?

S: 아니요. 특별한 장소는 없어요. 우린 단지…… 여기, 가까운 거리에 모였어요. 우리는 모두 영적 형태로 있기 때문에, 여기에 떠 있다고 말할 수 있을 거예요. 다른 차원에 있지만, 어

떤 차원인지는 진짜 모르겠어요. 이곳은 모든 것이 평화롭고, 생각하고 계획하는 데 도움이 돼요. 물질적인 차원에서 내 엄마 역할에 맞는 사람이 여기 있네요. 이렇게 계획하는 회의는 드물고, 어떤 기회가 오면 개최하지요. 왜냐하면 보통은 그룹 속의 한 사람, 혹은 다른 이가 지구적 차원에 있기 때문이지요. 하지만 가끔은 우리 모두가 동시에 영계에 있는 곳과 겹치기도 하고, 우리가 함께 모여서 여러 가지를 조율하기도 해요.

D: 누군가 지구로 이미 돌아갔다면 더 힘들 것 같아요.

S: 맞아요. 필요하면 잠재의식과 소통할 수는 있지만, 그건 의사소통만큼 정확한 건 아니지요.

D: 당신이 지구로 돌아왔을 때, 당신의 삶에 중요한 역할을 할 사람이 또 있나요?

S: 네. 저와 영혼의 동반자로서 까르마적으로 연결된 한 사람이 있어요. 여기 있네요. 그는 내가 돌아가기 바로 전에 지구로 돌아갈 거예요. 그리고 지구로 꽤 빨리 떠나도록 되어 있는 한 명도 여기 있어요. 그는 내 할아버지가 될 것이고, 내 어머니가 지구로 돌아가기 전에 먼저 가야 해요. 지구 차원에서 그가 머무는 시간은 나와 거의 겹치지 않겠지만 내 삶에 깊은 인상을 남기기엔 충분할 거예요. 그리고 이 인상은 내 남은 지구의 삶에 영향을 미칠 거예요. 그는 까르마적으로 매우 진보된 영체예요. 우리가 미래를 볼 때는 흐리지만 우리

가 지금 여기서 계획하고 있는 대로 일이 풀린다면, 그게 일어나게 될 방식이죠. 나는 인내심을 가질 필요가 있고 어릴 때 배우게 될 것들에 의한 것이 아니라 내면의 느낌에 따라 행동해야 해요. 내가 아이로서 배울 내용은 어른이 되었을 때 적용되지 않는다는 것을 아주 분명하게 볼 수 있어요.

D: 그것이 당신의 자유의지가 개입될 지점이군요. 스스로 생각해야 하고요.

S: 네. 내게는 힘들 어떤 전환기들을 겪어야 할 것 같아요. 하지만 내 안내자가 도와줄 거예요.

D: 그럼 지구로 돌아오기 전에 아주 사소한 일들까지 모두 다 결정되나요?

S: 우리는 그것들을 결정하려고 노력하지요. 서로 어떻게 교류할 것인지에 대해서도 논의해요. 우리가 물질계에 있을 때는 물질적 관점에서 그런 일들에 대한 자유의지를 갖고 있어요. 우리가 이런 것들을 미리 결정한다면, 영적 안내자들이 우리를 안내하려고 할 때 더 개방적이 될 수 있어요. 까르마를 풀어내는 데 무질서해지지 않는 한 방법이지요.

D: 그렇지 않으면 그것은 단지 스쳐 지나갈 뿐이죠?

S: 맞아요. 그렇지만 결국에는 모든 것이 균형을 이루게 돼요.

다른 장면:

S: 내 영체 친구와 이야기하고 있어요. 다시 육화할 때 내 영체
의 가이드가 되어줄 사람이죠.

D: 그를 볼 수 있나요?

S: 네. 외모는 40대 후반의 성숙한 남자의 모습이에요. 그가 드
러내는 나이의 표상은 상태로 인한 것이 아니라, 타인들에게
보이고 싶은 그의 정신적 반응에 의한 개인적 선택 때문이에
요. 그는 관자놀이에서부터 희끗희끗한 검은 머리와 잘 다듬
어진 콧수염, 턱수염을 갖고 있어요. 마치 지난 세기에서 온
영국 의사처럼 보이네요. 그리고 구식 앙상블 정장을 입고
있고, 에나멜의 검은색 구두를 신어 굉장히 눈에 띄는 모습
이에요. 그게 오늘 보여주는 그의 이미지예요. 우리는 어떤
남자의 서재 같아 보이는 장소에 있어요. 동양풍 카펫이 깔
린 나무 바닥과 가죽으로 덮인 책상, 의자들과 천장에 닿는
책꽂이, 그리고 벽난로도 있고요. 그는 팽스네pince-nez(19세기
형 코걸이 안경-옮긴이) 테가 있는 안경을 쓰고 있어요. 그는 매
우 지혜로워요.

D: 나는 항상 흰색 예복을 입은 안내자들을 생각해왔던 것
같아요.

S: 항상 그런 건 아니에요. 개인적인 선택의 문제지요. 그는 나
에게 어떤 영상을 투사하고 싶어 해요. 아버지 같은 보호자

나 삼촌 혹은 나의 안녕을 염두에 두고 나를 돕고 보호해주고 싶은 누군가라는 느낌. 그는 내가 흰색 예복을 감고 있는 사람들보다 평범한 사람처럼 보이는 이들을 더 편하게 여기는 걸 알고 있어요. 그는 따뜻한 갈색 눈을 가졌고 매우 친절해요.

D: 그런데 이게 당신만의 방식인가요? 아니면 다른 사람들도 그렇게 보나요?

S: 이 작업에서는 그와 나, 둘뿐이에요. 이건 어떤 집의 일부가 아니에요. 어떤 분위기를 조성하기 위해 우리를 둘러싼 이미지일 뿐이죠. 그래서 바깥에서 볼 순 있지만 큰 외형질 조각만 볼 수 있을 거예요. 그건 마치 안개 덩어리처럼 보일 거예요. 하지만 그들은 그곳에서 방사하는 심령적인 느낌을 통해 그것이 특정한 목적에 사용되는 외형질 구조라는 것도 알 수 있을 거예요. 그리고 우리가 이 외형질 구조 안에 함께 있다는 것도 알아 챌 수 있죠.

D: 안내자와 무엇에 대해 이야기하고 있어요?

S: 당신(돌로레스-옮긴이)이 이 세계의 언어로 이해할 수 있도록 정보 정리하는 걸 그가 도와주고 있었어요. 직전에는 육화 차원에서 내 까르마를 도울 수 있는 방법에 대해 이야기—의사소통이라고 말해야겠죠—하고 있었어요.

D: 다음 번에 당신이 태어날 때 말이죠?

S: 네. 그가 말하는 것이 뭘 의미하는지 알 수 있게 당신의 언어

(물질계의 언어-옮긴이)로 묘사하는 것은 어려운 일이에요. 하지만 나는 그의 말뜻을 이해해요.

D: 다음 번에 그를 만났을 때는 다른 환경에 있거나 다르게 보일 수 있겠네요?

S: 아니에요. 우리가 모인 대부분의 시간에 그는 이렇게 보이거나, 특히 그의 얼굴은 변하지 않고 똑같이 보이지요. 가끔은 다른 옷을 입고 흰머리가 더 있기도, 덜 있기도 해요. 하지만 나는 보통 그를 특정한 외형보다는 일종의 심령적 느낌으로 식별해요.

D: 때로는 그의 생김새를 마음에 담아 두는 것이 도움이 되겠네요.

S: 육화 차원에 내려왔을 때 도움이 될 거예요. 그리고 심령적 감정에 익숙해져서 그가 근처에서 나를 돕고 있다는 것을 인식할 수 있게 되는 것 또한 도움이 되지요. 내가 그를 특별하게 시각화하지 않더라도 말이죠.

그녀가 퇴행에서 깨어나 내가 이 세션의 내용에 대해 말했을 때, 그녀는 그 방과 그 남자에 대한 묘사가 마치 일생 동안 되풀이되어 온 꿈같이 들린다고 말했다. 나는 그녀가 안내자와 이야기하며 조언을 구하고 싶을 때, 그와 그 방을 시각화할 수 있다면 더 유용할 거라고 제안했다.

까르마

S: 나는 까르마적 연결들을 보고 있어요.

D: 그게 무슨 뜻인지 설명해주시겠어요?

S: 삶들의 순환을 통해 일정한 그룹 사람들 사이의 특정한 연결은 다양한 순열로 계속해서 나타나죠. 예를 들어 한 생에서 당신의 짝이 된 한 사람이 다른 생에서는 부모가 되거나 또 다른 생에서는 그 사람의 아이 혹은 좋은 친구가 될 수 있어요. 이러한 연결은 다양한 생애에 다시 나타나고 때로는 강화되거나 때로는 약화되지만 그들을 항상 성장시키고 있어요. 그리고 마침내 우리 모두가 궁극(근원)에 도달하면, 우리가 그것의 일부가 되어 우리 자신보다 더 위대한 실체를 형성할 수 있는 그 지점까지 – 의지가 있다면 – 연결이 발전하게 되죠.

D: 까르마에 대해 상당히 많이 들어왔어요. 당신의 관점에서 그것에 대한 정의를 내릴 수 있나요?

S: 그건 너무 포괄적이고 복잡해서 판단을 제대로 할 수 없을 것 같군요. 당신의 언어나 내 언어로도 좋은 정의를 내릴 수 있을지 확신이 서지 않아요. 어떻게 다른 우주와 그들이 서로 얽히고 반응하는지, 그 까르마에 대해 전에 말한 적이 있어요. 각각의 개별 삶으로부터 오는 에너지는 그 자체로 하나의 우주와 같고, 당신 우주의 다른 모든 에너지, 특히 다른

생명체가 만들어내는 에너지와 얽히고 반응하는 방식이 우리가 까르마라고 부르는 복잡한 태피스트리를 형성하고 엮어내요.

D: 내가 들은 몇 가지 정의를 말해볼게요. 그게 적절한지 아닌지 알려 주시면 돼요. 나는 까르마가 균형의 법칙, 원인과 결과의 법칙이라고 들었어요. 만약 당신이 나쁜 짓을 하거나 다른 삶에서 누군가를 다치게 한다면, 당신은 반드시 그걸 갚아야만 해요. 하지만 좋은 일에서도 역시 똑같이 작용한다고 들었어요.

S: 네. 그게 작용하는 방식이죠. 원인과 결과의 법칙은 당신이 어느 우주에 있든 상관없이 어디에나 적용되는 기본법칙 중 하나이자, 전체 구조를 지탱하는 까르마의 기초적인 원칙 중 하나입니다. 그리고 까르마는 움직임의 복잡한 조합 속에 때로는 원인이 되고 때로는 효과가 되는 서로 다른 에너지들이 어떻게 상호작용하는지에 적용돼요. 이게 까르마를 형성하는 것이지요. 그리고 무엇이든 시발된 어떤 행동도 '원인'으로 분류될 수 있고, 그 결과로 일어나는 어떤 일도 '효과'가 될 수 있지요. 결과가 되는 행동을 다른 효과의 원인이라고 부를 수도 있고요. 모두 연동돼요. 마치 사슬고리로 만들어진 구형이 모두 서로 연결된 것과 같을 거예요. 모든 사슬고리는 구형 안의 모든 다른 사슬고리와 상호연결되는 거죠. 원인과 결과, 그리고 그것이 모두 어떻게 연결되어 있는지 묘사

하는 데 이 비유를 사용할 수 있겠군요. 그것이 까르마가 모든 생명 에너지와 연결되는 방법이에요.

D: 그것이 우주의 법칙 중 하나로 불린다고 들었어요. 까르마―그것을 되갚아야 하는―로부터 벗어날 방법이 없기 때문예요.

S: 맞아요. 항상 적용되고 있지요. 숨 쉬는 행동조차도 까르마로 작용해요. 당신이 어떤 일을 하든 항상 과거의 까르마가 작동되고 있고 동시에 미래의 까르마를 창조하고 있지요. 이것이 삶의 순환이에요.

D: 미래의 까르마를 만드는 것에서 벗어날 방법은 없나요?

S: 미래의 까르마 창조는 우주를 계속 이어가게 만들어요. 미래의 까르마가 나쁜 까르마가 되는 것은 아니에요. 과거의 까르마가 작동하고 있고 현재의 삶에서 할 수 있는 최선을 다하고 있는 한, 당신이 창조하고 있는 미래의 까르마는 좋은 까르마가 되어 미래 삶에 좋은 영향을 미칠 거예요. 그리고 궁극에 도달할 때까지 당신은 미래의 삶을 계속하고 개선할 수 있을 거예요.

D: 그냥 모든 걸 끝내고 싶다고 말하는 사람들이 많아요. 그들은 어서 모든 빚을 갚고 더 이상 만들지 않으려 하죠.

S: 더 높은 단계의 까르마에 도달했을 때는 그것의 해결을 위해 더 이상 물질적 삶을 살지 않아도 돼요. 영계에서 할 수 있고, 여전히 궁극을 향해 일할 거예요. 궁극에 도달하더라도 당신의 까르마는 다른 우주들과 그 우주들의 복잡한 태피스트

리의 해결을 위해 영향을 미치고 포함될 거예요. 그것이 감옥이라고 생각되지는 않아요. 단지 궁극적 자아가 되기 위해 성장하고 발달할 수 있는 자연적 순환일 뿐이지요.

D: 많은 사람들이 절대로 다시 이곳에 돌아와서 시작하고 싶지 않다고 말하는데요.

S: 그들은 아직 미숙해요. 그들의 거대한 순환 속에는 그들이 해내야 할 것들보다 더 큰 성장이 있지요.

D: 사람들은 대부분 까르마에 대해 '과거에 누군가를 해친 적이 있다면 지금 그것에 대한 대가를 지불해야 하는 것'으로 생각하는 것 같아요.

S: 역시 미숙한 견해예요. 그건 단지 한 측면일 뿐. 그걸 당신의 인생 주기에 비유하자면 당신이 어렸을 때, 벌은 나쁜 것이라고만 생각해요. 당신이 해서는 안 될 일을 했기 때문이죠. 하지만 나중에는 깨닫게 돼요. 당신이 세상에서 살아남고 잘 살기 위해 무엇을 해야 하는지 배우는 데 체벌은 도움이 된다는 것을. 나중에 당신에게 좋은 일이나 나쁜 일이 일어났을 때, 그것이 과거에 저질렀던 실수 때문이고 혹은 지금 당신이 행한 실수의 결과를 겪고 있거나, 아니면 다른 사람이 저지른 실수 때문이라는 걸 깨닫는 거죠. 당신이 계속 삶을 반복하면서 점점 더 적은 실수를 저지르게 되면, 비로소 삶이 편안한 패턴으로 정착되지요. 까르마를 과거에 저지른 어떤 나쁜 일과 연관된 것으로 말하는 사람들은 그것을 처벌

로 바라보는 단계에 있어요. 까르마는 성장과 배움을 돕는 교육 도구로 보아야 해요. 하지만 그들은 인생의 순환에서 아직 어린 상태라서 아직은 이해하지 못해요.

D: 가끔 그건 복잡해 보이기도 하죠. 만약 누군가가 좋은 삶을 살다가 몹시 폭력적인 방식으로 죽게 되면, 그렇게 좋은 사람이 왜 그런 식으로 죽어야 하는지 아무도 이해할 수 없어요. 그런 일들은 너무 불공평해 보이니까요.

S: 때때로 누군가는 인생의 또 다른 순환을 위해 내려오기 전에, 그들이 원치 않았던 것으로 보이는 어떤 일을 겪기 위해 자원하기도 해요. 그들이 그것을 기꺼이 겪는 이유는 다른 방법으로 해결하려면 수많은 생애가 걸릴 까르마의 주요 부분을 비교적 빨리 해결하는 데 도움이 되기 때문이에요. 그들이 행한 어느 특정한 일 때문에 벌을 받는 것이 아니에요. 그건 단지 그들이 거대한 카르마의 어느 한 부분을 축약된 형태로 해결할 준비가 되었다고 느낀 것일 뿐이에요.

D: 하지만 그런 일이 일어났을 때, 그들과 관련된 사람들의 삶에도 영향을 미치게 되잖아요.

S: 맞아요. 그들은 그것을 성장의 경험으로 활용할 수 있고 지혜를 얻게 되죠.

D: 그게 내가 들어왔던 이야기예요. 어떤 경험으로부터 무언가를 배운다면 가치가 있죠.

S: 그렇지요.

D: 까르마의 순환을 보고 있다고 말했지요? 이게 당신의 삶과 관련이 있는 건가요?

S: 네. 내 삶의 순환에 일관성이 있어 보이는 연결고리를 보고 있었어요. 그건 당신이 현재라고 부를 어떤 것에서 미래에 이르는, 미래의 삶의 순환에서 계속 관련될 것으로 보여요.

D: 당신이 함께 해왔던 사람들과 미래에도 함께하게 될 거라는 뜻인가요?

S: 네. 그들은 그녀의(초의식 상태에서 최면 대상자들은 현재의 인격을 3인칭으로 부르는 경우가 있다—옮긴이) 현재 생애에서 어떤 까르마적인 것들을 작동할 수 있게 함께 불러올 거예요. 그들은 이 생애에서 다시 함께하자는 요청을 허락했어요.

D: 그렇다면 당신은 그들을 살펴보기 위해 그 패턴들을 보고 있는 거군요. 그들에게 영향을 주기 위해 당신이 할 수 있는 일은 아무것도 없는 거죠, 그렇죠?

S: 긍정적인 방향을 의미하는 건가요?

D: 긍정적인 방향으로 가길 바라지요. 우리가 도울 수 있다면 부정적인 방향은 원하지 않아요.

S: 나는 과거의 까르마에 영향을 줄 수 없어요. 그건 이미 지나갔으니까요. 현재 생애에서는 아마 여기저기를 한번 짚어볼 수 있을 거예요. 확실한 효과가 있을지는 모르겠지만 어떤 것도 해치지는 않을 거예요. 그녀의 미래 생애에 영향을 주기 위해 그녀의 잠재의식에 어떤 생각을 심을 수 있고, 그것들

이 미래에 꽃을 피울 거예요. 각각의 삶은 다른 모든 이들의
삶에 영향을 미치지요.

13장

총위원회

그녀는 삶 사이의 기간으로 퇴행시켰을 때, 위원회와의 만남 중에 있었다. 주변 환경은 웅장하게 아름다웠으며 분명히 더 높은 차원에 있었다.

S: 육체적인 눈으로 본다면 우리가 모인 곳은 공중에 떠 있는 것처럼 보일 거예요. 하지만 실제로는 그렇지 않아요. 당신 단계(물질적 단계-옮긴이)의 눈으로는 인지할 수 없는 에너지장이 받쳐주고 있죠. 이 에너지장은 아름다운 짙은 보라색이고, 우리 모두를 둘러싸고 있어요. 확실한 벽이나 천장은 없어요. 모든 것이 짙은 보라색과 금색이에요. 그리고 에너지장의 중심에 떠 있는 것은 위원회실council chamber이에요. 내 생각엔 아마 그렇게 부를 거예요. 사방에 세로로 홈이 파진 금색 기둥들이 있어요. 그 기둥들은 힘을 집중하기 위해서도 사용될 수 있지만 그저 아름다운 장식물로 존재하는 거지요. 배열 방식을 보면 전체 구조물이 파워 발전기로 사용되도록 일정한 간격으로 배치돼 있지만, 그 용도로 꼭 필요한 것은 아니에요. 이것들 뒤에는 황금 휘장이 있어요. 매우 아름답고, 보라색 배경에 금색이죠. 우리가 앉아 있는 가구는

금으로 만들어졌지만 나뭇결이 있어요. 마치 나무가 자라 순금이 되어 그걸로 가구를 만든 것만 같아요. 정말 아름다워요.

D: 당신은 테이블 같은 것의 주변에 있나요?

S: 아니요. 이 위원회실의 가장자리에 있어요. 위로 올라가는 4~5개쯤의 계단 같은 의자의 열이 있어서, 뒷사람이 앞사람의 머리 너머로 볼 수 있어요. 그것들은 진짜 의자는 아니에요. 원형극장처럼 돌아가며 부드러운 계단들로 둘러져 있어요. 중앙의 빈 공간을 둘러싸고요. 그래서 누군가가 앞으로 나와서 무언가를 말하거나 발표하고 싶다면, 모두가 볼 수 있는 이곳에서 할 수 있어요. 마치 금으로 된 기둥과 휘장으로 꾸며진 타원형의 법정 같아요. 주변으로 층층이 위로 올라가는 계단 좌석이 있고 연설대 위로는 아무것도 없죠. 일반적인 연설대보다 훨씬 더 화려해요. 금으로 만들어졌지만 진짜 나무로 꾸며진 것처럼 보여요. 연설대는 누군가가 무언가를 보여줄 때 필요한 거예요. 예를 들면 연설대에서 '홀로그램holograms'이라고 부를 수 있는 것을 투사할 수 있어요.

D: 위원회실의 목적은 무엇이죠?

S: 논의되는 것과 발표되는 것에 달려 있어요. 우리가 지구에 끼친 영향과 미래에 줄 영향, 그리고 그것이 어떻게 거대한 계획에 적합한지 토론하기 위해 주로 여기에 와요. 깨끗한 공간인 그곳에서 보이는 것들은 특정한 우주의 전반적인 패턴

을 보여주는 것들이에요. 우리의 까르마가 어떻게 이 패턴과 어떻게 상호작용해왔는지, 그리고 궁극적으로 깨달음을 얻기 위해 우리가 어떤 길을 가야 하는지 보여주죠. 우리의 형태는 원한다면 떠 있을 수 있어요. 앉을 필요는 없지만, 좀 더 편안한 분위기를 만들어 주기 때문에 우리 대부분은 앉아 있죠.

D: 당신은 어떤 형태 안에 있어요?

S: 나는 하얀 빛처럼 보이는 영적 실체를 봐요. 그건 중앙으로부터 빛나는 다양한 모양과 색깔을 가진, 마치 축소된 태양 같은 거예요. 광선을 방출하는 에너지 공 같아요. 빛이 중앙에서 나가면서 흰색 안에 다른 색깔도 비쳐 보여요. 오로라나 오팔처럼요. 오팔을 볼 때 기본적으로 한 가지 색이라는 점은 제외하고요. 이러한 실체들과 함께 그들이 어떻게 느끼는지, 어떤 기분인지, 무엇을 생각하고 있는지, 그리고 얼마나 발전되어 있는지를 나타내는 것처럼 보이는 다른 색깔의 광선을 볼 수 있어요.

D: 나는 빛이 사람의 형태라고 생각했는데, 공 같은 모양이라는 건가요?

S: 태양을 보는 것과 같아요. 너무 밝아서 윤곽이 잘 안 보여요. 하지만 그곳에 에너지의 중심이 있다는 것을 알고, 이 모든 에너지가 광선으로 나가는 것을 볼 수 있어요.

D: 진동은?

S: 일정한 흐름이에요.

D: 방사하는 건요?

S: 그거 참 좋은 단어네요. 공동센터로부터 방사하는 것. 그리고 각각은 이 층의 특정한 위치에 떠 있어요. 모두가 스스로를 자각하고 있거나, 자아 자각상태^{self-aware}예요. 당신과 내가 스스로 자각하는 것처럼 말이에요. 그들과는 당신이 인지할 수 있는 것보다 더 높은 수준에서 인지한다는 차이가 있지요. 그리고 이 층들에서 그들의 위치는 어떤 종류의 에너지에 의해 결정돼요. 그것들은 공중에 떠 있고, 그들의 에너지가 주변의 에너지와 어떻게 상호작용하느냐에 따라 달라요. 이 층들은 어떤 종류의 패턴으로 에너지를 방사하는데, 의자에 앉아 있는 것과 같아요. 그들은 이 층들과 상호작용하면서 에너지 쿠션 위에서 스스로를 지탱하고 있어요.

D: 이게 더 높은 차원에 있다고 말했죠?

S: 네. 여기 있는 우리 모두는 지금 삶 사이의 공간^{in-between lives}에 있고, 우리의 까르마 상승을 위해 고군분투해왔어요(12장 참조). 우리가 삶에 직접적으로 관여하지 않을 때(영계에 있을 때-옮긴이), 우리의 미래 진로를 계획하기 위해 더 높은 차원으로 갈 수 있는 이 단계에 도달했어요. 그리고 우리만큼 발전하지 못한 다른 사람들을 도울 방법을 계획하기 위해. 더 진보된 사람들이 우리를 돕는 것처럼 말이에요. 우리는 모두 서로를 돕지요. 모든 것은 그렇게 서로 연결되어 있어요.

D: 당신 말은 다른 사람들이 도달한 곳보다 이곳이 더 진보된 곳이지만 이보다 더 높은 다른 차원들도 있다는 뜻인가요?

S: 그렇죠. 모든 것의 가장 높은 차원은 완전한 깨달음을 얻을 때 도달할 수 있어요. 우리는 아직 그것을 달성하지 못했어요. 하지만 우리는 노력하고 있고, 나아가고 있다고 확신하고 있어요. 그게 우리가 우리보다 덜 진보된 다른 이들을 돕는 것에 대한 신뢰를 얻고 있는 이유지요.

D: 안내자가 되는 것 같은 건가요?

S: 우리가 삶 사이에 있을 때, 시간은 지구적 차원에서처럼 적용되지 않아요. 그리고 지구적 차원의 삶에 직접적으로 관여하는 사람들은 때때로 도움이 필요해요. 우리는 많은 에너지를 소비하지 않고도 이 차원에서 그들을 도울 수 있어요. 더 높은 차원에 있기 때문이지요. 안내자 같은 거라고 말할 수 있을 것 같아요. 큰형이나 누나가 가끔 동생을 돕는 것처럼요. 현재는 삶 사이의 공간에 있지만, 우리만큼 발전하지 못한 이들은 그들의 까르마를 발전시키기 위한 미래의 삶을 계획하는 데 도움이 필요할 거예요. 그들에게 우리의 경험에서 얻은 조언을 제공하면 자신만의 더 나은 결정을 내릴 수 있지요. 더 높은 차원에 있는 이들이 우리를 위해 하는 것처럼. 그들은 자신의 까르마 단계를 얻기 위해 해온 것들과 이러한 도움들이 보다 높은 목표를 달성하기 위해 노력하는 우리의 까르마에 적용될 수 있는지에 대해 말해주지요.

D: 당신이 대답할 수 없는 질문이 있다면, 다른 단계에 있는 이들에게 질문을 하나요? 그럼 다른 단계에 있는 그들을 볼 수 있나요?

S: 지금 당장은 아니에요. 우리는 이 단계의 위원회에 있고, 지금까지의 일들을 처리하고 있어요. 하지만 우리가 막힌 상황이 되면, 힘의 기둥들을 가진 단상에서 온 더 높은 단계에 있는 이들을 접촉할 수 있고 그들이 와서 우리와 소통할 수 있어요.

D: 그들과 접촉하기 위해 그들의 단계로 갈 수는 없고요? 그들이 당신 단계로 올 거라는 거죠?

S: 우리는 당신의 단계(물질계-옮긴이)에 있는 라디오처럼 원거리 의사 소통법을 통해 그들과 연락할 수 있어요. 하지만 우리와 직접 접촉하기 위해서는 그들이 우리의 단계로 와야 할 거예요. 우리는 일정 수준의 깨달음을 얻었을 뿐이기 때문이지요. 한마디로, 우리는 아직 에너지 단계가 그들과 맞지 않기 때문에 더 높은 단계로 갈 수 없어요. 하지만 우리가 더 낮은 단계를 방문할 수는 있어요. 우리는 이미 그러한 단계를 거쳤고 그것들과 호환되도록 에너지를 조절하는 방법을 알고 있어요. 그래서 우리는 낮은 단계의 그들을 도울 수 있어요. 당신이 지구에서의 삶들을 통해 까르마를 개선하고 돌아오면, 더 높은 단계에 있는 이들이 당신이 성취한 것에 대해 조언해주지요. 그러면 당신의 새로운 에너지의 수준을 깨달

게 돼요. 다른 단계들에서는 어땠는지 기억하는 당신은 그곳의 사람들을 도우러 갈 수 있어요.

D: 당신 단계에서 많은 에너지의 소모 없이 사람들을 도울 수 있다고 했죠? 다른 단계에서는 더 많은 에너지를 사용하나요? 무슨 뜻이죠?

S: 상황에 따라 달라요. 지구 차원에서는 많은 양의 에너지 소비 없이 사람들을 도울 수 있어요. 그 차원과는 항상 반복적으로 접촉하기 때문이에요. 우리가 영계에 있을 때는 에너지나 깨달음의 근본적인 구조가 어떻게 만물을 하나로 연결시키는지 볼 수 있어요. 그래서 우리는 특정한 방향성에 있는 누군가를 돕기 위해 여기저기에 힌트를 줄 수 있지요. 그러면 사건이 원래 진행되던 방향이 아닌 다른 방향으로 향하게 되지요.

D: 에너지가 가장 많이 드는 곳은 어디인가요?

S: 더 높은 단계와 접촉하기 위해서는 더 많은 에너지가 필요해요. 우리의 에너지가 그것들과 호환적이지 않기 때문이지요. 그건 우리의 에너지를 집중하고 정제해서 더 높은 단계에서 교감적 진동을 골라낼 수 있도록 하는 문제예요. 또 힘이 많이 드는 경우는 그들의 까르마에 부정적인 일을 많이 한 사람들을 찾아가서 도움을 줄 필요가 있을 때예요. 한 사람의 까르마가 부정적일수록 에너지가 더 부합하지 않아서, 그들과 소통하고 도우려 하는 것이 더 어려워져요. 그건 두 개의

자석을 놓고 서로 같은 극으로 밀어붙이려고 하는 것과 같아요. 같은 극이 얼마나 강하게 서로를 밀어내는지 알잖아요. 이런 상황에서 일하려고 애쓰는 것과 비슷해요. 우리는 그들이 의도치 않게 에너지 장벽을 설치했다고 생각해요. 그들은 까르마에 무슨 일을 하고 있는지 깨닫지 못하지요. 그들은 까르마에 이런 짓을 하는 끝없는 악순환에 빠지는 것 같아요. 우리는 보통 주의 깊게 지켜보고 그들이 취약한 지점에서 잡아주려고 노력해야 해요. 그래서 우리가 뚫고 들어가 그들에게 희망의 빛을 줄 수 있어야 해요. 그 악순환에서 벗어나 그들의 까르마에 긍정적인 발전을 이루도록 도와줄 메시지를 줘야죠.

D: 당신의 차원에서 좀 더 열린 사람들과 일하는 것보다 이게 훨씬 더 어렵겠군요.

S: 맞아요. 부정적인 까르마를 쌓는 사람들은 속이 빈 도넛을 가지고 있는 것 같아요. 그들은 이 도넛 안에서 계속 달리지만 실은 같은 틀에 머물러 있을 뿐이지요. 혹은 정말 나쁜 경우에는 나선형으로 아래로 내려가 누군가를 잡아서 다시 올라가려고 하는 것과 같아요. 긍정적인 방향으로 까르마를 쌓고 있는 사람들의 경우에는 계단을 오르는 것과 같아요. 훨씬 더 열린 상황이기 때문에 그들과 연락하는 건 훨씬 더 쉽지요. 반면에 부정적인 까르마를 쌓는 사람들은 매우 폐쇄적인 상황이지요.

D: 그들은 아마 당신이 거기에 있는지조차 모를걸요.

S: 정말 그래요. 그들은 다루고 싶지 않은 모든 것을 차단하기 위해 주위에 정신적인 벽과 에너지의 벽을 쌓았지요.

D: 이들 중 특별히 배정된 사람이 있나요? 아니면 누구를 만나든 무조건 돕나요?

S: 우리가 특정한 사람들에게 배정된 것은 아니에요. 오히려 우리는 모니터들과 같아요. 전체적인 그림의 특정 부분을 주시하고, 약간의 개입이나 도움이 필요한 부분이 보일 때마다 나서서 우리 방식으로 행동을 해요. 도울 때마다 매번 같은 사람이 아닐 수도 있어요. 우리가 긍정적인 까르마의 전체적인 그림을 돕기 위해 그들의 길에 조언할 때마다, 때로는 어떤 특정한 사람이 그로 인해 이익을 얻을 수도 있지요. 그러나 여러 사람들을 이롭게 하는 행동인 경우가 더 많지요.

D: 이 사람들에게 배정된 안내자가 있나요?

S: 네. 하지만 내가 있는 곳에서는 특정인보다는 일반적인 사건들을 위해 일하고 있어요.

D: 당신이 일반적인 안내자보다 더 높은 위치에 있다고 말하는 게 맞나요? 그런 위계질서가 있나요?

S: 그렇게 생각하지는 않아요. 당신에게 어떤 임무가 주어지느냐에 따라 당신이 까르마 과정 중에 어디에 있느냐의 문제라고 생각해요. 임무는 이 상황에서 올바르지 않은 단어예요. 지구적 차원에 있을 때는 당신의 까르마를 위해 일하지만, 지

구가 까르마를 위해 일할 수 있는 유일한 장소는 아니에요. 당신이 삶 사이의 공간에 있고 이 차원 같은 다른 차원들에 있을 때 까르마를 쌓는 일은 또 다른 방식이죠. 그건 말하기 어려워요. 지구의 언어에는 미묘한 뉘앙스의 차이가 있으니까요. 특정한 사람들을 안내하는 사람들은 까르마의 발전상 다른 위치에 있어요. 그들은 개별적인 사람들의 안내에 필요한 것을 포함해서 넓은 관점으로 사물을 바라볼 수 있는 특정한 방식으로 성장할 필요가 있어요. 그들은 내가 지금 하고 있는 일 정도는 이미 했을 거예요. 특별한 순서는 없어요. 당신이 개인적으로 어떻게 성장하느냐에 달려 있을 뿐이에요. 내 경우에는 과거에 약간의 개인적 가이드를 한 적이 있어요. 그리고 내 위에 있는 이들이 총위원회에 있는 게 내 까르마에 가장 큰 이익을 줄 거라고 느꼈지요. 모든 이들이 사물에 대한 전반적인 관점을 파악할 수 있도록 총위원회에 참석하는 걸 좋아해요. 그렇게 하면 그들이 어떻게 발전하고 있는지에 대한 생각을 가질 수 있고, 올바른 방향으로 계속 나아갈 수 있으니까요. 사람들이 총위원회에 참석하고 나면 그들의 까르마는 상당히 호전되는데, 사물에 대해 나은 견해를 가질 수 있기 때문이지요.

D: 당신은 주로 사건들에 관련되어 있지만, 그들에게 무언가를 전해 주려고 하는 사람들과도 일하고 있다고 들었어요. 안내자들에게 접촉해서 그들에게 제안을 할 수 있나요?

S: 네. 우리는 개별 안내자 역할을 하는 영체들과 서로 밀접하게 협력하며 일해요. 그들은 한 개인을 도와 보살피며 우리와 함께 일하지요. 그들은 일어나는 일들에 대해 확실히 알고자 하고, 그래서 개인들이 각자의 까르마적 이득을 위해 최대한의 혜택을 받을 수 있도록 돕고 싶어 해요. 때때로 그들은 우리에게 특정한 사람을 연결해서 특정한 일을 하도록 만들 거라고 말할 거예요. 그들은 우리에게 그것이 일반적 사건들에 어떤 영향을 미칠 것인지, 그것의 어떤 것을 바꿀 필요가 있는지를 물어요. 최대한 많은 사람들에게 가장 긍정적인 영향을 미치게 하기 위해서요. 그래서 우리는 매우 긴밀하게 협력하고 있어요. 모든 것은 상호연관 interrelated 되어 있지요.

D: 그럼 당신이 있는 곳에서는 그들이 하는 일의 효과를 볼 수 있는 건가요? 다시 말해, 미래를 볼 수 있다고요?

S: 음, 우리는 일어날 수 있는 일의 일반적인 패턴을 볼 수 있고, 대부분 그 일은 일어나게 되지요. 보통 그들의 세부 사항은 그 길을 따라 만들어진 다른 이들의 개별 결정으로 인해 달라져요. 때로는 중요한 시점에서 어떤 이들은 그들의 안내자가 하라고 재촉하는 것과 완전히 다른 결정을 내릴 수 있는데, 그건 그 시점에서 그림을 약간 변화시켜요. 그러면 우리는 다른 사건들에 일종의 자극을 주어야 할 거예요. 그게 항상 그래왔던 방식이죠. 그럼으로써 우주를 살아 있게 하고 활발히 움직이게 하죠.

D: 당신은 그들에게 원래의 길로 돌아가라고 자극을 주나요?

S: 그들이 어떤 사건에 영향을 미치는 결정을 내린다면, 나중에 일어날지도 모르는 부정적인 영향을 최소화하기 위해 다른 사건에 자극을 주어야 할지도 몰라요.

D: 그런 식으로 그들이 원하는 것을 할 수 있는 자유의지를 여전히 가지게 되고요.

S: 물론 그래요.

D: 당신은 전체 결과에 영향을 미치지 않도록 노력하나요? 그런 건가요?

S: 맞아요. 모든 사람은 자신이 원하는 것을 하려는 자신만의 자유의지를 갖고 있어요. 하지만 그들이 많은 타인들에게 부정적 영향을 미칠 결정을 내린다면 글쎄요, 상대방은 그런 방식으로 영향받는 것을 선택하지 않았어요. 그런 결정은 사실상 타인의 자유의지를 빼앗아가지요. 예를 들어 한 개인이 다른 사람에게 극단적으로 부정적 영향을 주는 결정을 한다면, 우리는 그 사건들을 개별 결정 전의 예정대로 유지하여 다른 영혼들에게 극적인 영향을 덜 미칠 수 있도록 하지요.

D: 어려운 일일 것 같군요.

S: 복잡하지만 그게 성장의 일부이고 우리는 그 일을 좋아해요.

D: 많은 사람들에게 영향을 미치는 일이라면 매우 광범위할 텐데요.

S: 패턴 내의 일들을 유지하는 것에 대한 문제지요. 당신의 차

원에서 설명하긴 어렵지만, 여기서는 그 패턴을 아주 선명하게 볼 수 있어요. 적어도 총위원회에서는 반드시 개인과 개별 사건의 관점에서 일을 살피지는 않아요. 우리가 보는 건 에너지 그물망의 반짝임과 같은 전체적인 패턴이에요. 에너지 그물망에 엉킴이 있으면 우리는 다른 에너지 차원에서 그걸 치료하지요. 거미줄이 다시 온전해지게 만들게 하기 위해서요. 이런 식으로 지구의 일들에 영향을 미쳐요. 그것이 어떤 것을 만들고, 모든 것이 존재하게 하고, 실현되게 하는 에너지의 전체적인 패턴이기 때문이에요.

D: 하지만 당신이 절대적인 힘을 가지고 있지는 않잖아요, 그렇죠? 당신도 실수를 하나요?

S: 우리는 절대적인 힘을 가지고 있지 않지만 실수도 하지 않아요. 더 높은 단계에서 우리가 감당할 수 있는 정도로 조절해 주기 때문이지요.

D: 모든 것이 상호작용하고 너무 복잡해서 가끔은 당신이 실수할 수도 있는 것처럼 들리는데요.

S: 글쎄요, 우리가 실수한 것을 조정하고 있는 것처럼 보인다면 더 높은 단계의 누군가가 조언할 거예요. 우리가 더 낮은 단계의 사람들에게 조언하는 것처럼요.

D: 역사적으로 모든 것이 통제 불가능하게 보이는 거대한 부정적인 사건들이 있었죠. 전쟁 같은 것들.

S: 네. 총위원회의 사람들은 이 거대한 부정적인 결정을 억제하

기 위해 최선을 다했어요. 이런 일들은 많은 경우에 부정적인 까르마에 완전히 갇혀 아무것도 전달할 수 없는 한 무리의 소수 사람들의 문제로 좁혀져요.

D: 당신은 이 모든 것을 보고 있다고 말했는데 당신이 있는 곳에서 지구의 일들이 일어나는 것을 볼 수 있나요?

나는 '우리들의 미래에 있을 일들에 대한 약간의 정보를 얻을 수 있지 않을까' 하고 내심 기대하고 있었다.

S: 지금 당장은 안 돼요. 우리는 지구 차원이 아닌 다른 차원에 영향을 미치는 다른 주제에 대해 논의하는 위원회에 있어요. 보통 우리가 지구의 일들을 처리할 때는 일들의 전체적인 패턴에 집중해요. 우리는 사람과 사물의 개별적인 모습보다는 까르마적 에너지의 발현에 집중하는 경향이 있죠. 우리는 개개인을 지도하는 사람들과 긴밀하게 일해요. 이 안내자들은 물질계에서 나타나는 방식으로 일들을 바라보는 이들이라서 개인들을 도울 수 있어요.

D: 어떤 이가 특정 유형의 행동을 한다면, 그의 개별적 안내자는 무슨 일이 일어날지 알 수 있나요?

S: 네. 우리가 총위원회에서 일할 것인지 혹은 안내자가 될 것인지에 대해 생애들 사이(영계를 의미한다-옮긴이)에서 왔다 갔다 해요. 우리는 양쪽에서 일하지요. 이런 일에 넘칠 정도

로 경험하게 되는 일은 없기 때문이죠. 그리고 안내자들은 보통 이전에 총위원회에서 활동한 적이 있거나, 긴밀하게 일해 왔어요. 우리가 어떤 일을 함께할 때마다 그들은 사물의 전체적인 패턴을 명확하게 볼 수 있는 기회를 갖게 될 거예요. 우리가 개개인에게 초점을 맞추고 일반적인 패턴에 대한 작업이 그들에게 어떤 영향을 미치는지 볼 수 있는 기회를 갖게 되는 것처럼. 그래서 많은 정보교환이 있어요. 그건 단지 다른 관점들에서 보는 문제일 뿐이지요.

D: 하지만 지금 위원회에서 당신이 의논하고 있는 것은 다른 차원의 문제를 다룬다고 말했잖아요?

S: 네. 최근에 영계 차원으로 들어온 영체들이 일부 있어요. 그들은 최근에 지구를 떠나 현재 적응하는 과정이에요. 모든 영체는 물질계에서 영계로 갈 때, 혹은 그 반대일 때 적응 기간이 필요해요. 그들이 까르마 속에서(물질계에서-옮긴이) 일하기 전에 새로운 상황에 익숙해지도록 하기 위해서. 영체들이 적응기를 거치는 동안 위원회는 모여서 그들의 상황이 어떠하고 그들이 필요한 게 무엇인지 논의하지요. 그들이 처한 이 새로운 단계에서 까르마를 발전시키기 위해, 우리가 그들에게 어떻게 가장 잘 봉사할 수 있는지에 대해서요. 하나의 특별한 영적 차원에서 이 적응기를 경험해온 일부 영혼들이 있어요. 최종 세부 사항들을 함께 준비해서 그들이 준비되면 우리가 그들에게 연락하고 안내하면서 도와요. 그들이 물질

계로 돌아가기 전에 삶들 사이의 이 시기를 건설적으로 사용할 수 있도록 말이죠.

D: 그들이 처음 건너갈 때 적응하기 쉽게 만들어주는 어떤 환경이 주어지나요?

S: 네, 그들의 영적 발달에 따라서요. 그들의 개인 안내자들은 우리와 함께 일하는데, 우리는 그들의 에너지 진동과 까르마적 발달을 보면 어느 단계의 영적 발달 과정에 있는지 알 수 있어요. 그들이 이쪽(영계-옮긴이)으로 넘어올 때, 첫 번째로 그들이 다룰 수 있는 것을 인지하지요. 보통은 그들의 가장 최근 삶에서 연결되었던 일부 다른 영적 실체들이 여전히 영계에 있다면, 우리는 그들이 건너가는 것(물질계에 태어나는 것-옮긴이)을 돕기 위해 그들을 그 과정에 참여하게 해요. 항상 초기 적응이 가장 어렵기 때문에 그들의 첫 번째 적응을 돕기 위해서예요. 하지만 그들이 이미 건너왔고, 존재의 새로운 차원에 있다는 사실을 받아들인 후에는 그들에게 새로운 상황의 일들에 적응할 시간을 줘요. 그때쯤이면 물질계에서의 기억이 그리 생생하지 않아서 영적 관점으로 생각할 수 있어요. 그리고 우리는 그들이 물질적 관점으로 다시 들어갈 준비가 될 때까지 지속적인 성장을 도울 수 있지요.

D: 그런 방식들로 그들의 충격을 덜어주는 거죠? 그런 의미예요?

S: 맞아요. 전환은 어쨌든 충격이 되지만, 우리는 영적 실체에

큰 지장을 주지 않기 위해 최대한 충격을 줄이려고 노력해요.

D: 그렇다면 주변 환경은 무엇이든지 될 수 있겠군요. 나는 항상 그게 궁금했어요. 사람들이 임사체험을 하면서 대부분 똑같은 장면들을 묘사하니까요.

S: 네. 그들은 물질계와 영계 사이의 장벽에 접근하는 순간을 보는 거예요. 장벽에 대한 접근은 영적인 영역으로 넘어가기 위해 같은 유형의 에너지장을 통과해야 하기 때문에 매우 유사해요. 하지만 그들이 보통 터널 끝에 있는 밝은 빛으로 묘사되는 것을 지나가면—이 밝은 빛이 장벽 그 자체예요—그들이 보는 것은 개별적 발달에 따라 달라지지요.

D: 그들은 장면과 사람들을 보는 것을 묘사했고, 때로 그것은 터널을 통과하는 것처럼 느껴져요. 이 모든 것들이 그 장벽으로 이어지게 된다고요?

S: 맞아요. 그들이 겪고 있는 충격에 대해 가장 빠르게 대비할 수 있도록 돕는 거죠. 몸을 떠나는 행동은 매우 자연스러운 행동이에요. 숨 쉬는 것과 같죠. 하지만 물질적 면에서 영적 면으로 넘어가는 행위는 시스템에 충격이 될 수 있어요. 그들이 보는 이런 장면들은 그들이 건너갈 준비를 하고 있다는 사실을 일깨워주고, 스스로 준비할 수 있도록 도와주는 거예요.

D: 그 빛을 통과하면 그 지점부터는 육체적인 몸으로 들어올 수 없는 건가요?

S: 네. 그들이 그 빛을 다시 건널 때는 다른 몸으로 들어가기 위한 것이 되지요.

D: 영체를 몸에 연결하는 줄이 있다고 들었어요.

S: 네. 그 밝은 빛을 통과하면 강렬한 에너지장을 통과하기 때문에 줄은 끊어지게 돼요. 천상계 몸을 물질적 몸에 연결하는 줄은 일종의 에너지예요. 에너지 장벽을 통과하면 그것은 용해되지요.

D: 그렇다면 임사체험을 묘사하는 사람들은 그 직전까지만 가는 거군요. 그들은 빛을 향해 끌려가는 것처럼 느꼈다가 돌아온다고 말하죠. 그들은 영계까지는 가지 않았던 거군요.

S: 아직 건너갈 시간이 아니었겠죠. 그들이 후에 죽을 때도 똑같이 당기는 감각을 느끼겠지만 그때는 전환을 완성할 거예요. 그건 매우 즐거운 경험이에요. 하지만 큰 변화이기 때문에 시스템 면에서는 충격이지요.

D: 이런 경험을 한 사람들은 그때 정말 죽어가고 있었나요?

S: 그래요. 과정을 끝내지 않았을 뿐이에요.

D: 그러고 나서 뒤돌아 돌아옴으로써 자신의 몸으로 되돌아갈 수 있었죠. 그들은 그런 경험을 하고 나서 삶이 바뀌었다고 말해요.

S: 그런 일들이 일어나는 것은 보통 안내자가 그들의 까르마에서 막다른 길로 향하고 있다고 결정했기 때문이에요. 그들은 정말로 자신의 패턴에서 벗어나고 싶어 하지 않아요. 그런 일

들은 그들의 생각을 흔들어 놓기 위해 일어나요. 그렇게 해서 그들은 새로운 패턴으로 시작하고, 까르마를 새로운 방향의 더 긍정적인 패턴으로 이끌 수 있게 돼요.

D: '넘어간다crossing over'는 표현이 의미하는 거군요. 그들이 '에너지 장벽을 통과한다cross through'는 것이었어요.

S: 네. 지구적 언어에는 그것에 대한 많은 은유들이 있지요. '요단강을 건너다Crossing over Jordan', '베일을 통과하다Going through the veil', 또는 '넘어간다passing over' 등의 은유들 모두가 이 부분의 경험을 언급하고 있어요. 나는 당신에게 익숙한 용어를 사용하려고 해요. '새 옷을 입기 위해 오래된 옷을 벗는다shedding your old clothes to take up new garments'는 비유는 당신의 에너지 코드가 장벽에 의해 용해되어 존재의 새로운 단계로 진입하는 것을 의미하지요.

D: 그럼 그들은 그 시간에 주변 환경이나 풍경을 보나요?

S: 그들이 장벽을 통과할 때 보는 것은 밝은 에너지뿐이에요. 그래서 그들은 정화되는 것처럼 느끼죠. 그들이 성취한 단계가 무엇이든 그에 걸맞게 자신의 영적 진동을 조절하기 때문에 정화되는 것처럼 느끼게 되는 거예요. '요단강에 의해 깨끗이 씻겨졌다being washed clean by Jordan'는 비유에 부합되지요. 일단 다른 면에 도착하면 적응기에는 물질계에서 기억하거나 상상한 것과 유사한 장면들을 볼 수도 있지만, 실제로는 그들이 상상했던 것보다 훨씬 더 완벽하고 아름답지요. 적응이

되고 나면 이것들은 사실 자신의 마음이 만든 구성물이라는 것을 깨닫고 실제 있는 그대로의 단계^{level}를 보기 시작해요. 그것은 그들의 마음이 준비된 것에 의해서만 안내되니까 매우 순조로운 전환이죠. 있는 그대로의 것들을 볼 준비가 될 때까지 그들의 마음은 그들이 보는 이런 장면들을 구성하게 돼요.

D: 그것들은 어떤가요, 진실로는?

S: 당신이 어느 단계에 있느냐에 달려 있어요. 여기에서는 물리적 법칙이 물질계에서처럼 적용되지 않기 때문에 사물이 실제로 어떤지 설명하기 어려워요. 예를 들어 어떤 사람이 어딘가에 있는 자신을 떠올릴 때, 특정한 환경의 행성에 있는 자신을 그리지요. 하지만 영계에서는 이것이 반드시 사실인 건 아니에요. 실은 다양한 특성을 가진 특정 유형의 에너지장에 있을 수 있어요. 그리고 이 에너지장에 있는 다른 사람들과의 상호작용으로 인해 다양한 일들이 발생해요. 그래서 그것은 그 차원^{plane}이 무엇인지에 따라 다르기 때문에 정확히 설명하기는 어렵지요. 때로는 이미 경험한 것과 비교해서 현재 보고 있는 것과의 연결을 만들기 위해 도움이 되는 시각적 유사체들을 볼 수 있어요.

D: 그렇군요. 자, 이제 당신의 위원회로 돌아가야 하나요? 내가 방해한 건 아닌가요?

S: 아뇨, 전혀요. 왜냐하면 위원회와 이 차원에 있는 우리들

이 당신 차원의 영체들을 이해함으로써, 접촉할 때마다 우리가 할 수 있는 한 명확한 대답을 제공해서 돕는 것이 우리 까르마의 일부이기 때문이에요. 더불어 그것은 당신(돌로레스-옮긴이) 까르마의 일부이고, 이 대상자(최면시술에 있는 자신을 이야기하지만, 지금 언급하는 존재는 초잠재의식에서 이끌어낸 본연의 존재이므로 3인칭을 사용했다-옮긴이)의 까르마이기도 해요. 보다 높은 차원의 더 많은 지식을 당신의 차원으로 가져오는 것을 돕고, 다른 영체들이 그들의 까르마를 진보시키는 것을 돕기 위한 좋은 방법이에요. 그건 모두 패턴의 일부죠.

D: 그게 바로 내가 사람들이 이해할 수 있는 단어로 이 모든 것을 표현해야 하는 이유예요. 무척 복잡하기 때문이죠. 그들이 파악할 수 있는 방식으로 내가 표현하는 건 중요한데, 무척 어렵네요.

S: 내가 이 일에 은유적 표현을 써온 이유 중 하나도 그거예요. 더 높은 단계의 영혼들은 내가 물질계의 사람들이 이해할 수 있는 은유를 끌어내는 데 능통하다고 말해줘요. 그들이 형상화할 수 없는 것들을 그려낼 수 있도록 돕는 것이에요.

D: 네. 이해를 위해서는 비유와 유사체들이 필요해요. 그렇지 않으면 내 머리로는 상상할 수도 없을 거예요. 우리가 어디로 가고 있는지 알기 위해 당신이 내게 줄 수 있는 어떤 정보든 언제나 환영해요. 우리에겐 모든 정보들이 다 중요해요.

S: 당신(돌로레스-옮긴이)이 스스로 떠올린다고 생각하는 이런 질문들은 사실상 당신의 안내자로부터 오는 제안들이지요. 그러니 당신의 창조적인 부분과 접촉을 계속 유지하고, 어디서 오는지도 알 수 없는 마음속에 갑자기 떠오른 질문들에 대해 열린 자세를 유지해요. 추후에도 여러 가지 질문들을 계속하세요. 나와 다른 사람들은 이 차원에서 물질계에 있는 당신과 다른 이들이 이해할 수 있는 방식으로 여러 가지 정보를 제공하려는 노력을 계속할 거예요.

D: 그렇군요. 이제는 정말 사람들이 이런 것들을 알아야 할 때라고 생각해요.

S: 네, 그래요. 당신의 안내자가 당신에게 그런 생각을 제공했어요. 왜냐하면 우리는 사람들이 이런 것들에 대해 배울 준비가 되었을 때 말하는 사람들이기 때문이지요.

나는 총위원회 외에도 그 위로 수많은 위원회의 단계들이 있다고 들었다. 전체 우주를 관할하는 우주적 위원회와 창조주 단계의 위원회도 있다고 들었지만 어떤 한계가 있는지는 모른다. 그 단계에 있는 이들은 신과 공동 창조자로 여겨지며, 새로운 우주나 무엇이건 필요한 것을 창조하기 위해 일한다. 무한을 위해 ad infinitum (라틴어의 '무한' 또는 '영원'을 의미한다-옮긴이). 나는 우리들의 유한한 마음이 무엇인지에 대해 일부라도 파악하거나 이해하기를 기대하는 것은 불가능할 거라고 생각한다. 하지만 우리가 지금껏 가능하다고 꿈꿔왔던 것보다 더 많은 것들이 존재한다는 것을 깨닫는 것은 얼마나 경이로운 일인가!

14장

각인

'각인화Imprinting'라는 급진적 아이디어는 한 남성 대상자에게 질문할 기회가 있었을 때 아주 우연히 떠올랐다.

D: 당신은 이 지구 행성에서 많은 삶을 살아왔나요?

S: 아뇨, 이번이 첫 물질적 삶이에요. 이 행성에서 진정한 육화는 처음입니다. 나는 많은 다른 사람들로부터 각인을 받았고 다른 사람을 보조해왔어요. 그러나 이건 지구상에서 내 첫 번째 진정한 물질적 육화랍니다.

그의 말을 듣고 혼란스러웠다. 왜냐하면 우리가 처음 함께 일하기 시작했을 때, 이 행성에서 일어난 네 가지 다른 삶에 대해 분명히 다루었기 때문이다. 그렇다면 이전 세션에서 일어난 일은 무엇이었을까?

D: 그럼 우리가 논의한 다른 것들은 진짜가 아니었나요?

S: 그것들은 각인과 보조였어요. 진정한 물질적 육화는 아니었죠.

그간의 비정통적 지식 추구 과정에서 많은 놀라운 사실들을 발견해왔지만, 이번엔 정말 놀라지 않을 수 없었다. 나는 그때까지 각인에 대해 들어본 적이 없었다. 퇴행을 통한 내 작업에서는 삶을 살았거나, 살지 않았거나 둘 중 하나였다. 다른 유일한 대안은 실험 대상자가 모든 것을 환상화하거나 상상하고 있었다는 것이었다. 나는 그 차이를 구별할 수 있음에 항상 자부심을 느껴왔다. 다른 삶의 기억들에 대한 모든 설명들에서, '각인화'라고 불리는 어떤 것도 들어본 적이 없었다. 혼란스러웠다. 만약 한 삶이 진정한 물질적 육화로 여겨지지 않는다면, 나는 대체 무엇을 다루고 있었던 것일까?

> D: 어떤 영혼들이 한 삶으로 들어왔을 때, 진정한 전생 경험을 하지 않고, 그들은…….
> S: 그들은 아카식 기록에서 정보를 빼낼 수 있고, 이 정보를 그들의 영혼에 각인해요. 그러면 그건 그들의 경험이 되는 거죠.

또 다른 연구자들은 이렇게 말한다. 아카식 기록은 시간에 대한 어떤 언급도 없고 단지 사건, 감정, 그리고 배운 교훈에 대한 기록만 포함되어 있다고.

> D: 음……, 이런 일을 할 때 그 차이를 어떻게 알 수 있는지 말해 줄 수 있나요?

S: 아니요, 나 역시 그 차이를 제대로 말할 수는 없어요. 내가 각인 속에 있다면 그 각인은 내가 실제로 경험한 것처럼 진짜가 돼요. 그 삶에 대한 모든 감정, 기억, 사실상 모든 것이 각인 속에 있어요. 내 관점에서는 그 경험에 완전히 빠져들기 때문에 객관적으로 말할 수 없을 것 같아요. 이게 각인에 대한 전반적인 생각이지요. 각인은 어느 행성에서 수천 년, 수십만 년을 살 수 있는 능력이고, 실제로는 그곳에 가본 적이 없는 것이죠.

D: 그 이유는 무엇이죠?

S: 누군가가 지구에서의 삶을 경험해본 적이 없거나 마지막 육화 이래 오랜 시간이 지났다면, 이후 삶을 시작할 때 참고할 아무 지점도, 기댈 것도, 관련된 것도 없을 거예요. 만약 이 행성에 각인의 도움 없이 온다면, 그는 완전히 길을 잃게 될 거예요. 사람들은 관습, 종교, 정치, 또는 사회적 환경에서 어떻게 행동해야 하는지 이해하지 못할 거예요. 잠재의식 속에 인간 존재로서의 지구적 경험이 없다면, 각인은 꼭 필요해요. 누군가 편안하고 느긋하게 느끼기 위해서는 그가 접하는 일상적 경험으로부터 끌어내고 비교할 수 있는 것들이 필요하지요. 만약 그렇지 않다면 조화가 전혀 안 되는 느낌을 거의 매일 받겠지요. 그 사람이 돌아보고 어떤 역사적 유사성을 볼 수 있는 시간이 될 때까지 계속 그럴 거예요. 그건 인생의 후반부에 있죠. 하지만 이것을 경험해야 하는 데서 오는

혼란과 부조화는 어떤 배움도 무력화해요. 왜냐하면 항상 배움에는 걸러 내야 할 부조화가 있기 때문이에요. 모든 배움은 이 부조화로 물들게 되고, 결국엔 아무것도 배우지 못하게 될 거예요. 그래서 이 운용체(인간의 육체-옮긴이)가 새로운 환경과 완전히 낯선 경험에서도 편안함을 느낄 수 있게 하려면 각인화가 있어야 해요. 그렇지 않으면 논쟁과 같은 간단한 일들조차도 운용체를 너무 두렵게 해서 그를 완전히 백지처럼 만들 거예요. 이 순수한 이들은 당신이 알고 있듯이 분노나 공포에 대한 아무런 경험이 없어요. 그건 그들을 무력하게 만들고 마비시킬 거예요. 그들은 완전히 충격에 빠질 테지요.

많은 사람들은 이 모든 것이 어쨌든 환경에 의해 좌우된다고 믿고 있다. 아기의 마음은 완전히 순수하며 모든 정보는 성장하고 살아가면서 학습되고 흡수된다는 것이다. 확실히 우리는 아는 것보다 잠재의식적 기억에 더 의존하는 것 같다. 이 새로운 아이디어에 따르면, 지구의 육체로 처음 들어와서 낯설고 새로운 문화를 마주하는 영체는 그들에게 기준점을 주고 관련된 정보를 제공할 그들의 과거 기억 속에 근간이 될 어떤 것을 가지고 있어야 한다. 이 모든 생각은 나를 놀라게 했고 완전히 새로운 관점을 열어주었다. 윤회에 대한 나의 전체 관점을 바꿀 수도 있었다.

D: 사람들과 일할 때 그들이 기억하고 보여주는 것이 실제 삶인 지, 아니면 각인인지 구분할 수 있는 방법이 있나요?

S: 당신이 왜 그게 알고 싶은지 우리는 물어보고 싶어요.

D: 음, 아마 내가 증명하려는 모든 것을 밝히는 데 도움이 되겠 지요.

나는 마음속으로 웃었다. 왜냐하면 그것이 '어쨌든 내가 뭘 증 명하려고 하는 거야?'라는 결론으로 끌고 갔으니까. 그는 내 마음 을 읽는 것 같았다.

S: 그리고 당신은 무엇을 증명하려고 하는 거죠?

나는 당황해서 고개를 가로저으며 웃었다.
"그거 좋은 질문이네요."

S: 당신의 질문에 당신이 답변할 거라는 걸 우리가 곧 보여줄 거 예요.

D: 음, 나는 윤회의 실제를 증명하려고 해요. 그 시대에 그 사람 이 존재했다는 것을 증명함으로써 이런 것들을 검증하려고 하는 거예요. 하지만 누군가가 각인된 기억을 갖고 있다면 우리가 그것을 검증할 수 있을까요?

S: 그럼요. 그 경험은 실제로 살았던 것이기 때문이죠. 비록 그

것이 당신과 이야기하고 있는 그 운용체의 경험이 아니라 할지라도. 그렇지만 모든 정보는 똑같을 거예요. 마치 당시에 그 운용체 속에 있었던 바로 그 영혼과 실제로 대화해왔던 것처럼. 각인은 현실에서 그 영혼의 일부가 되고, 그 영혼과 함께 운반되지요.

D: 그것이 때때로 한 명 이상의 사람이 동일한 전생을 살았던 것처럼 보인다는 이론에 대한 설명이 될까요? 예를 들면 세상에는 많은 클레오파트라들과 나폴레옹들이 있죠. 각인화는 이 점을 고려해야 할까요?

내 퇴행시술 중 이런 일이 일어난 적은 없지만, 그것은 회의론자들이 제시한 주장 중 하나다.

S: 물론이죠. 왜냐하면 누구도······ (그는 적절한 단어를 찾는 데 어려움을 겪었다) 이런 각인들에 대한 소유권이 없어요. 그것은 누구에게나 열려 있어요. 그래서 누가 진짜 그 경험을 겪은 사람인지 정확히 알아내려고 해도 소용없게 돼요. 그건 정말 무의미해요.

D: 이게 사람들이 윤회론에 반대하는 논쟁 중 하나예요. 그들은 우리가 똑같은 삶을 가진 사람들을 많이 발견하게 된다면 그건 사실이 아닌 거라고 말해요.

S: 그들은 지식의 범위를 넓히는 데 도전을 받고 있어요. 그들

은 근시안적인 믿음과 모순되는 사실을 제공받았고, 그것은 그들의 자각을 넓히는 데 도전이 되는 셈이지요.

D: 그럼 어떤 이가 진짜 클레오파트라였는지 상관없다는 거군요? 우리는 여전히 그들의 삶에 대한 정보에 접근할 수 있으니까요.

S: 그건 실제 영혼이나 동일한 각인을 경험하는 수백 명의 다른 사람 중 한 명에게 쉽게 확인될 수 있어요. 어떤 차이도 없어요.

D: 하지만 다른 사람들이 다른 방식으로 각인을 인식하면요? 실제 클레오파트라로 삶을 살았던 이와, 각인이 된 다른 사람이 질문을 받는다면 그들의 개념은 다를 수 있을까요?

S: 아주 좋은 질문이에요. 우리는 인간의 경험은 필터와 같고, 그것을 통과하는 이런 인식들에 색깔을 입힌다고 말할 수 있어요. 그래서 클레오파트라의 육화에 대한 경험에 대해 그것에 관여하는 사람의 의식에서 불쾌함을 발견하면, 그 실체의 붕괴를 초래하지 않는 방식으로 제시되기 위해 각인이 삭제되거나 변하게 될 거예요.

그의 말은 자기편집self-editing처럼 들렸다. 이것으로 때때로 발생하는 오류를 설명할 수 있을까? 사람들이 자신의 목적을 위해 다른 사람의 연구를 이용해 자신의 다양한 관점을 증명하는 것과 비슷하지 않을까?

D: 그럼에도 그것은 사실일 것이고, 단지 그것을 바라보는 다른 방식일 뿐이겠군요.

S: 맞아요. 가능한 한 정확한 초상화지만, 가장 편안한 초상화로도 표현되는 거죠.

D: 이것이 두 개의 삶이 동시에 발생하거나 서로 겹치는 평행적 삶들에 대한 질문 또한 설명해줄 수 있는 건가요?

S: 네. 이것이 평행적 삶들에 대한 역설과 모순이 발생하게 되는 과정이에요. 그건 단지 사회적 경험, 법률, 규제, 관습을 습득하는 것에 의해 자신의 육화를 효과적으로 실현해내기 위한 문제에 불과해요.

D: 그럼 증명될 수 있는지 없는지는 별로 중요하지 않군요?

S: 정확해요. 요점이 뭐죠? 수천 년 동안 '전생들'을 추적할 수 있는데, 이런 관점에서 그건 전혀 쓸모가 없는 거예요. 그러나 이러한 회상으로부터 배울 수 있는 게 많이 있지요. 개인적 관점뿐만 아니라, 이것을 읽고 듣는 사람들에게도 그래요. 많은 지식을 공유할 수 있어서 모두에게 많은 도움이 되지요.

D: 어떤 사람들은 전생들을 재생함으로써 다른 이들과 그들의 개인적 관계를 이해하게 되고, 개인적 삶에 많은 이익을 얻어요.

S: 그건 사실이에요.

D: 당신 혹은 다른 사람이 어떤 각인을 가질지는 어떻게 결정되

나요? 특정 각인들은 특정한 개인들에 의해 선택되나요?

S: 각인은 육화의 목적에 따라 결정됩니다. 어떤 사람이 지도자가 된다면, 예를 들어 다양한 수준의 지도자들로부터 부족 지도자들, 과거의 대통령들과 시장, 도둑 무리의 두목까지도 각인받을 수 있어요. 만약 강조점이 선도하는 것에 있다면, 선도하는 성격의 많은 각인들이 사용되어 그 실체가 선도하는 일의 측면이나 개념에 익숙해지게 하지요. 이차적인, 더 나아가 삼차적인 이점인 겸손함, 인내심, 즐거움과 유희 등의 배움도 있고요. 다양한 모든 경험들이 이런 각인 속에 포함돼요. 각인하는 방법은 내 능력 밖에 있어요. 그 효과는 여러 삶들을 동시에, 혹은 연속적으로 경험하는 거예요. 그리고 다른 사람들의 경험에서 교훈을 얻죠. 그 교훈들은 공유돼요. 우리 각자가 이 생애에서 가진 경험들은 이 생애의 끝에 그것들을 필요로 하게 될 누군가에 의해 각인될 수 있게 되어 유용해질 거예요. 각각의 삶을 하나의 책으로 간주한다면 이건 단순히 도서관에서 책을 빌리는 것이고, 그걸 읽고 즉시 이해하는 것이지요.

D: 그렇다면 한 사람의 삶의 에너지는 마치 책에 저장되고 도서관에 비치된 것처럼, 누군가 그 정보를 사용하고자 하면 그의 삶에 각인되는 것이 가능하다는 건가요?

S: 맞아요. 얼마나 많은 이가 특정 삶을 사용할 수 있는지에 대한 제한은 없어요. 수천 명의 사람들이 동일한 경험을 동시

에 각인 받을 수도 있어요.

D: 그래서 내가 두 사람 모두의 각인을 사용할 수 있게 된다면, 한 명 이상의 특정 삶으로 퇴행하는 것이 가능하겠군요.

S: 사실이에요. 각인은 육화 이전에 선택되지요. 그건 너무 복잡해서 쉽게 이해할 수 없는 방식이에요. 이전 사람들의 모든 삶들에 접근할 수 있는 컴퓨터, 일종의 마스터 컴퓨터 master computer가 있다고 말할 수 있겠네요. 그래서 이 삶에서 예상되는 것들의 정보가 입력되고, 적절한 각인이 선택되고 겹쳐져요. 이 일을 전문적으로 하는 직업을 가진 영체들에게는 위계질서가 있어요. 이들을 감독하는 위원회가 있고요. 그들은 그 일을 가진 영혼들을 돕지요. 이 컴퓨터나 위원회는 그 운용체의 과거 경험에 대한 모든 정보를 제공받아요. 그래서 기록에 남겨진 이전 생애와 그것이 가진 것과 곧 시작될 경험들 사이의 부합 간에 선택이 있지요. 모든 기억, 모든 생각, 모든 감각, 실제 존재하는 삶이 가질 모든 것은 온전하게 다 그곳에 있어요. 그건 홀로그램, 그 생애의 3차원적 총합three-dimensional summation이에요. 모든 경험과 기억, 감정은 그 영혼 속에 각인되어 영혼의 일부가 돼요. 이 정보는 육화가 끝난 후에 전달되며, 이 존재의 영역에서 살아왔음을 보여주는 선물이에요. 그렇게 해서 그 영혼의 영구적 기록의 일부가 되는 거지요.

D: 각인이 하나의 패턴 같다고 말하는 것이 적절하지 않을까

요? 그건 다른 단어인가요? 이런 패턴들을 골라서 이후에 당신 삶을 패턴화하기 위해 그것들을 사용하려고?

S: 그렇게 사용될 수 있어요.

D: 방금 재미있는 생각이 떠올랐어요. 그건 마치 도서관에서 연구를 하는 것 같지 않을까요, 그렇죠?

S: 네. 당신은 이를테면 많은 주제에 대한 책을 받고 그 지식을 손에 들고 실행하게 되지요.

D: 한 사람이 어느 삶을 살 때, 그들은 일상적 경험으로부터 많은 것을 얻게 돼요. 그들은 각인으로부터 같은 가치를 얻을 수 있을까요?

S: 당신은 까르마적 관점에서 말하는 것이고, 우리는 이것이 정확하지 않다고 말해야겠네요. 각인은 단순히 무엇을 이끌어낼지 참고사항만 제공하기 때문이지요. 그것은 어떤 까르마의 해결에도 도움이 되지 않아요. 단순히 까르마를 해결하기 위한 추가적 도구일 뿐이에요. 만약 모든 사람이 각인을 받는다면 아무도 진정한 삶을 경험하지 못하는 정지 상태가 되고 말겠지요. 그러면 아무것도 없게 되겠죠. 결국엔 이 기록물 도서관에 추가될 실제적 삶들이 존재해야만 해요.

D: 그렇게 되면 얼마 후에 영혼은 실제 경험보다 지름길을 선호하게 되겠죠.

S: 어떤 사람들에게는 지름길이 적절하지만, 다른 사람들에게는 그렇지 않아요. 이 운용체는 이제 적절한 생애를 살고 있

으니까요. 이 시간까지 누군가가 육화를 경험하길 기다렸다가 그 각인을 받았다고 말할 수도 있지 않을까요? 그렇지만 실제 경험은 배우지 못했던 거죠. 영혼의 자유의지는 여기에도 존재해요. 다른 사람의 자유의지가 아니라 그 영혼의 자유의지에 의해 각인이 만들어진다는 거예요. 모든 관련 정보는 이 컴퓨터에 입력돼요. 그러고 나서 적절한 육화의 내용이 각인화를 위해 제공되지요. 각인은 이 원천으로부터 얻을 수 있지만 최종결정은 개인이 내리지요. 영혼은 자신이 받아들일 수 없는 각인을 발견하면, 이유가 무엇이든 거부할 수 있는 힘이 있어요. 만약 그가 "나는 그걸 갖고 싶지 않다"고 말할 권한을 사용하기로 결정한다면, 그렇게 될 거예요.

D: 좀 헷갈리네요. 그럼 우리가 아는 윤회 같은 건 결국엔 없다고 말하는 건가요?

S: 몸에서 몸으로 진행되는 과정은 있어요. 각인도 있고요. 누군가는 실제로 다섯 번의 삶을 살았음에도 500번의 삶의 경험을 가지고 있어요. 효과의 조합이지요.

D: 다시 말해 그것은 탄생 시에 갖고 있는 정보이고 삶에서 활용되고 있군요.

S: 탄생의 시간에는 이미 각인이 끝나 있어요. 하지만 필요할 때마다 여분의 각인도 사용할 수 있어요. 여행을 위해 짐을 싸고 여행 중에 무언가를 잊어버린 걸 발견하는 것과 비슷해요. 그래서 중간에 가게들이 있어요. 혹시 합성 지도에 익숙

한가요? 예를 들면 미국의 주나 카운티 같은 아무런 정치적 경계가 없는 물리적 경계를 갖고 있을 수 있어요. 하지만 이 것들은 투명지에 있을 거예요. 각 투명도를 연속해서 배치 하면 전체 그림이 보이지요. 이게 각인에 대한 적절한 비유로 사용될 수 있겠군요. 그 각인들은 다른 많은 방법으로 겹쳐질 수 있는데, 꿈속 혹은 어떤 종류의 육체적 경험으로요. 가 족의 죽음, 실직이나 누군가에게 내재된 경험에 노출될 수 있는 어떤 시간 등의 외상적 경험이 될 수 있어요. 기쁨이든 슬픔이든 그 속에 내재된 어떤 것들이든, 받아들일 수 있게 자신의 내면을 여는 것이 관건이죠. 필수적인 각인은 어떠한 인식도 하지 못한 채 그 실체에 깔끔하게 맞아들어갈 거예요. 하지만 실제로는 각인을 갖지 않고 많은 삶을 살 수도 있 어요. 각인은 단순한 보조 도구일 뿐, 모두에게 필수적인 것 은 아니에요.

D: 방금 떠오른 생각인데요. 예수의 삶이 평범한 사람에게 각인 될 수 있을까요?

S: 그의 삶은 유용하며, 역사를 통해 사용되어 왔어요. 극도로 예외적인 삶이지요. 그 삶은 인류가 추구하는 모든 이상을 구현해요.

D: 이것들은 예수의 삶의 원칙이지요? 그게 당신이 말하는 건 가요?

S: 맞아요.

D: 그렇다면 예수의 삶이 각인되는 것은 너무나 부러워할 일이 겠군요.

S: 최고로 유용할 거예요. 그것은 이 생애에 내면의 차원에 있는 친구 대 친구로서 상관되어 있어요. 그 경험은 누구에게나 겹쳐질 수 있죠. 육화한 많은 이들이 지금 이 각인을 가지고 있어요. 예수는 이 행성의 치유를 위해, 특정한 삶을 각인시키기 위해 현재적 진화의 토대로서 온 존재예요. 그것이 바로 '그리스도의 의식Christ Consciousness'이라고 불리는 것이지요. 이 길을 걷는 모든 사람들은 친구 대 친구로서 혹은 예수가 그랬던 것처럼, 치유자로서 이 낙인을 갖고 있어요. 그리고 자신의 발달 과정에서 특정한 의식 상태에 도달했을 때, 이 각인을 불러올 수 있어요.

D: 내가 궁금한 건 이 경험이 기독교인들이 '다시 태어난다born again'고 말하는 것, 그리고 그 사람의 삶 전체를 바꾸는 것과 같은 의미가 아닐까 하는데요. 이것이 예수의 각인을 가진다면 일어나는 게 아닐까요?

S: 그건 이 각인에 대한 깨어남이고, '다시 태어난다'라고 인식되고 있어요. 많은 이들이 예수가 그들의 삶으로 들어가는 것을 묘사해요. 사실 그것 혹은 그는 항상 거기에 있어 왔어요.

D: 이런 식으로 그들이 깨어났을 때, 그들의 삶이 바뀌게 되나요?

S: 네, 그래요.

D: 진정한 변화가 일어났을 때, 그들의 의식 단계에서 변화가 일어나고 예수의 의식에서 활동하게 되나요?

S: 그들 내면의 차원을 통해 예수의 의식을 지니고 활동하고 있지요. 그 후 예수의 영체는 가슴속의 영원한 불꽃으로 변화되고 무조건적인 사랑으로 승화돼요.

D: 그럼 이건 진짜 경험인가요? 많은 종교인들이 경험하고 있는 것들요.

S: 맞아요. 그것은 어둠 속에서 불을 켜는 것 같은 가장 심오한 경험이에요.

D: 나는 항상 내가 하고 있는 일과 기독교인들이 해왔던 이런 경험들이 서로 연관되어 있고, 어떤 충돌도 없다는 것을 보여줄 수 있는 방법이 있을 거라고 생각해왔어요.

S: 단순히 관련된 용어들이 있지요. 이러한 경험을 무엇이라고 부를 것인가에 관한 논쟁에서 많은 충돌이 발생해요. 그건 단지 의미론이나 명칭 부여의 문제일 뿐이고, 사람들이 자신의 종교적 성향에 끌리는 방식일 뿐이지요. 각자가 경험하고 그것을 다른 무엇으로 부르면, 거기에서 그들 간의 논쟁이 일어나요. 사람들은 자신의 개념이나 인식을 더 옳은 것으로 여겨 집착하지요. 이 사람들에게 그들의 신념이 유효하다는 것을 확신시키기 위해서는 많은 작업이 이루어져야 해요. 그들의 명칭 부여가 없을 때조차도. 명칭을 부여하는 것이 버팀목이 되기 때문에 그들은 보이지 않는 그것에 매달릴 수

있는 거예요. 그러면 그 명칭 부여 자체가 명칭이 붙여진 것

보다 더 중요하게 되지요.

D: 이런 경험은 기독교에만 있는 독특한 것인가요?

S: 시초부터 전 인류에 걸쳐 비슷한 경험이 존재해요. 인류가 존

재하는 한 그 경험은 계속될 거예요. 그건 모든 종교적 측면

에 내재하고 모든 문화를 관통하는 진화지요. 말했듯이, 수

천 명의 사람들이 같은 경험을 동시에 각인 받을 수도 있어

요. 예수의 육화된 몸만이 이 행성에서 예수의 의식을 가진

유일한 육화는 아니었어요. 이 행성에는 고타마^{Gautama}(부처

Buddha), 모하메드^{Mohammed}, 모세^{Moses}, 엘리야^{Elijah}처럼 이런

개념을 구체화한 사람들이 많이 있어 왔어요.

D: 나는 우리가 뭐라고 부르든지 '진실은 진실이다^{truth is truth}'라

는 결론에 도달한다고 생각해요.

S: 맞아요.

D: 이건 사람들이 생각하는 것만큼 그 명칭이 무엇이든 서로간

에 큰 차이가 없다는 것을 설명하는 데 도움이 될 거예요.

S: 단지 명칭 부여와 그것에 따른 논란이 있을 뿐이지요. 이러한

사람들이 그 명칭 아래에 있는 근본을 볼 수 있도록, 그 명칭

이 무엇을 위한 것인지를 받아들일 수 있도록 지도해야 해요.

15장

즉석 방문(walk-in)

즉석 방문의 경험은 갑작스럽게 다가왔다. 어차피 이런 것들을 예측하는 건 불가능할 것이다. 대부분의 내 퇴행 대상자들은 출생 경험을 겪을 때 전통적인 방식을 통해 삶으로 들어오는 것을 표현한다. 따라서 나는 물질적 몸에 들어가는 이 완전히 다른 방법에 대해서는 전혀 이해할 준비가 되어 있지 않았다.

내 퇴행 대상자였던 한 젊은 여성은 현재의 삶 속으로 들어온 그녀의 출생 이야기를 들려주었다. 그녀는 가정 출산 중에 죽은 채로 태어났다고 말했다. 의사는 그녀를 위해 노력했지만 결국 아무것도 해줄 수 없었기 때문에, 산모를 돌보기 위해 축 늘어진 그녀의 몸을 옆으로 치워두었다. 그때, 그녀가 살아 있다고 생각한 그녀의 이모가 개입함으로써 어떤 일이 일어났던 것이다. 의사는 이모에게 노력해도 소용없다고 말했지만, 그녀는 마침내 가냘픈 울음소리가 들려올 때까지의 기나긴 몇 분 동안 생명이 떠난 것처럼 보이는 시신을 붙들고 살리기 위해 분주했다. 내 피험자는 평생 이 이야기를 들어왔다. 가족들은 만약 이모의 끈기가 없었다면 그녀는 오늘 이 자리에 없었을 거라고 굳게 믿고 있었다.

나는 실제로 무슨 일이 일어났는지 보기 위해 그녀를 출생 순간으로 데리고 갔다. 피험자들은 이와 같은 퇴행으로부터 대부분 많은 이익을 얻었다. 그들은 특히 가까운 가족 구성원의 감정과 태도에 대한 통찰력을 얻었다. 임신과 출산 전에 일어나는 모든 일을 완벽히 자각하게 되었기 때문이다.

나는 최면시술 중 많은 이들의 출생 경험을 들어왔기 때문에 이 젊은 여성이 출산 직후 아기의 몸속에 있지 않았다는 것을 알고 있었다. 그녀는 어떤 이유로 몸속으로의 진입이 늦어졌던 것이다. 아마도 그녀는 다른 차원의 학교에서 그녀의 선생님들, 지도자들과 대화가 길어지는 바람에 제시간에 거기에 도착하지 못할 뻔했을 수도 있다. 아마도 그녀는 이 삶에 들어가는 것에 대해 재고하고 있었고, 선생님들은 더 강하게 설득했을 것이다. 어떤 이들은 이 지구 교실에서 그들의 커리큘럼을 짜면서 너무 많은 까르마를 짊어지려고 노력한다. 동시에 가슴 한쪽에 너무 무거운 짐을 떠안고 있는 것은 아닌지 의심하기 시작한다. 대학 과정에 등록하는 것과 매우 유사한 상황이다. 종종 쉽고 여유로운 커리큘럼 과정보다 더 어려운 필수 과정들이 있다. 학생들은 문득 자신이 편안하게 다룰 수 있는 것보다 더 많은 것을 떠맡고 있다는 사실을 깨닫는다. 이런 부분은 영체가 한 인생에 들어오는 과정에서 벌어지는 일들과 유사하다. 계획 단계에서는 쉬워 보이지만 간혹 이미 마련된 까르마적 관계 등에서 그 계획은 지나치게 어려워진다. 하지만 철회하기에도 너무 늦게 된다.

나는 내 연구를 통해 적어도 두 가지 주요 방식으로 실체가 탄생하는 것을 발견했다. 만약 그들이 이것을 경험하고 싶다면, 엄마의 자궁 안에 있는 몸 안으로 들어가 실제 탄생 과정을 겪을지도 모른다. 또는 아기의 몸 밖에 있으면서도 엄마와 근접 거리에 있으면서 그저 지켜보기만 할지도 모른다. 아직 실체는 아기에게 완전히 얽매이지 않았기 때문에 이때까지는 여전히 영계를 왔다 갔다 할 자유를 갖고 있다. 그들이 어떤 방법을 선택하든 주요 요구 사항은 아기의 첫 호흡에 몸으로 들어가는 것이다. 그것에 실패하면 사산이 될 수 있다.

그녀의 출생 상황으로 인해, 나는 그녀가 태어난 시간 대신 이 육체에 처음 들어간 시간으로 갈 것을 요구했다. 아마도 이 말이 그 사건을 촉발시켰을 것이다. 나는 거기로 그녀를 숫자를 세어 보냈고, 그녀가 무엇을 하고 있는지 물었다.

S: 나는 보고 있어요.

나는 그녀가 아기의 몸 안에 없다는 것을 이미 알고 있었기 때문에 놀라지 않았다.

D: 어디 있어요?
S: 침대 발치에 있어요. (심호흡) 마지막으로 몸속에 들어갈 준비를 하고 있어요. 지금까지 그것을 위해…… 단지 짧은 시간이었지만.
D: 그 영아의 몸에 말이에요?

S: 아니요! 그 아기의 몸이 아니에요. 성인의 몸이에요.

충격적이었다! 지금 무슨 말을 하고 있는 거지?

D: 뭐라고요? 태어난 아기의 몸으로 들어가지 않았다는 말인가
   요?
S: 그래요.
D: 이건 일상적인 일은 아닌 거죠, 그렇죠?
S: 네. 하지만 이건 많은 사람들이 알고 있는 것보다 더 일상적
   인 것이 되고 있어요.
D: 지금까지 이 몸에 들어온 건 단기간뿐이라고 당신이 말했잖
   아요!
S: 영혼의 교환^{exchange of souls}이 있었어요. 일종의 시도 기간. 포
   기 여부를 결정하기 위해서. 그건 그랬죠, 그녀가 요구했던
   것을 받아들일 건지 말지에 대한.
D: 그녀가 이런 요구를 했다고요?
S: 네. 그게 바라왔던 것이고 다른 실체는 그녀의 시간이 끝났
   다고 느꼈어요.

이 말을 받아들이기는 힘들었다. 그것은 소위 '즉석 방문'이라
고 불리는 것과 매우 흡사하게 들렸다. 이것은 루스 몽고메리의 저
서에서 유래되어 널리 사용되고 있는 용어다. 아기로서 태어나는

대신, 살아 있는 몸으로 '걸어 들어가는walks-into' 영체를 의미한다. 나는 퇴행 최면 세션 중에 딱 한 번 이 현상에 대해 들을 기회가 있었다. 그때는 심각한 병에 걸린 어린아이의 몸에 들어간 한 실체가 관여했다. 그 육체를 점령한 영혼이 그만 빠져나오길 바랐을 때 영혼의 교류가 이루어졌다. 그 경험은 '즉석 방문'이라는 용어가 만들어지기 훨씬 전인 1960년대에 행해진 한 세션에서 일어났다(이 것은 나의 책《Five Lives Remembered(기억된 다섯 가지 삶-옮긴이)》에 보고되었다).

D: 왜요? 무슨 일이 있었어요? 어떤 이유가 있었나요?

S: 그 삶에 영향을 미친 결정들! 그녀는 자신이 떠맡은 문제를 스스로 해결할 수 있을 거라고 생각했지만, 그것들이 너무 힘들다는 것을 깨닫고, 집으로 돌려보내 달라고 부탁했어요.

D: 정확히 무슨 뜻이죠?

S: (깊은 숨) 그녀는 자신이 가지고 있다고 생각했던 힘을 실제로는 갖고 있지 않았고, 따라서 그 상황에서 벗어나고 싶다고 요구했던 거예요.

D: 몸의 죽음과 함께 이런 일이 일어날 수 있지 않나요?

S: 네. 하지만 다른 사람이 그 자리를 대신해서 좋은 일을 많이 할 수 있는데, 왜 멀쩡한 몸을 죽게 만들어요? 그녀가 겪기로 한 까르마를 감당하지 못하겠다고 몸을 떠나기로 결심한 것은 그 영혼이었어요. 그러나 몸은 아직 죽을 시간이 아니었

지요. 육체의 생존은 계속되어야 해요. 이런 경우에 그 몸은 다른 영혼이 들어올 수 있도록 작동 상태를 유지하지요.

D: 이런 일을 하면 눈살을 찌푸리게 되지 않나요?

S: 그녀가 아직 죽음이 준비되지 않은 육신의 삶을 빼앗는다면 눈살을 찌푸리게 될 거예요.

D: 자살 같은 것을 의미하나요?

S: 네. 하지만 좋은 일을 할 다른 사람에게 육신을 넘겨주는 것만으로는 아무 해로움도 없고, 이 실체를 나쁘게 생각할 것도 없어요. 이건 쌍방이 합의하여 이루어지는 거래니까요.

나를 혼란스럽게 했던 한 가지는 이것이 빙의처럼 들려서였다. 〈엑소시스트〉 같은 영화를 너무 많이 보아왔던 것일까.

S: 두 가지 개념 사이에는 어떤 유사성도 없어요. 빙의란 뒤틀린 영체warped spirit가 다른 이를 통제하려고 할 때를 말하는 거죠. 즉석 방문의 상황에서 통제는 없어요. 그 몸에는 단 하나의 실체가 있어요. 그 실체가 그 몸으로 들어갈 수 있는 유일한 방법은 몸 안에 있던 다른 이가 몸을 기꺼이 포기하는 것, 즉 완전한 허가 하에서만 이루어져요. 반면에 빙의는 권리가 없는 소유인 거죠.

D: 이 모든 것은 어디에서 결정되나요? 그것이 해결된 곳은 어디예요?

S: 영체 차원에서요. 우리는 지도자들과 상의해서 결정을 내리
　　지요.

나는 그 육체의 인격이 그것에 대해 어떤 말을 할 것인지 궁금했
다. 그녀는 그 엄청난 결정을 의식적으로 지각하지 못했다.

D: 그녀는 다른 때에 그것을 의논하러 어떤 곳에 가나요?
S: 네, 다른 사람들에게는 자는 것으로 보이는 상태에 있을 때,
　　그녀는 여행을 할 거예요.

이 생각은 나를 불편하게 만들었다. 의식적인 존재로서의 인간
이 자신의 삶에 일어나고 있는 것에 대해 말할 것이 거의 없다는
것. 마치 우리의 의식은 극도로 복잡한 내부를 덮고 있는 얇은 합
판에 지나지 않는 것만 같았다.

D: 그 논의는 오랫동안 진행되었나요?
S: 약 두 달 정도요.
D: 당신이 들어가려는 육신은 몇 살이지요?
S: 스물한 살.

스물한 살이라니! 이건 또 다른 충격이었다. 나는 그녀의 스물
두 번째 생일 직후에 그녀와 만났었다. 그러니까 내가 그녀를 다시

만나기 직전에 이러한 교류가 일어났다는 것을 의미한다. 하지만 그녀는 내가 매일 접하는 사람들과 별다를 게 없어 보였다.

D: 그녀는 그 몸과 오랫동안 함께 머물렀군요.

S: 네. 많은 것들이 정리됐어요. 받아들이기에는 너무 많은 까르마였던 거죠. 도저히 수행할 수 없을 정도로.

이것이 그녀가 태어날 때 제때 육체에 들어가는 순간이 늦어진 이유였을까? 그녀는 자신에게 주어진 모든 과제를 수행할 능력에 대해 재고하고 있었던 것일까? 그녀는 젊은 시절에 이미 많은 문제들을 갖고 있었고, 겉으로 보기에는 그것들을 회피하지 않고 훌륭하게 해결했다. 그런데 실은 그녀가 마지못해 살아왔고 모든 것을 참아가며 겨우겨우 스물한 살에 도달했던 걸까?

그건 우리가 한 사람에 대해 결코 진정으로 알 수는 없다는 것을 의미하는 걸까? 우리가 자신을 결코 진정으로 알 수 없음을 의미할까? 이 상황은 내게 인간 존재의 다른 부분들의 분리성과 우리가 이 부분들에 대한 진정한 통제력이 얼마나 없는지에 대해 처음으로 자각하게 된 계기가 됐다.

D: 누가 그 몸에 들어갈지에 대한 결정은 누가 했나요?

S: 변화가 크게 눈에 띄지 않을 정도로 본래 자아와 충분한 유사성을 가졌는지 고려해서 지도자들이 결정했어요.

D: 당신은 다른 실체를 알고 있었나요?

S: 높이 있는 이들higher(돌로레스가 지도자들에 대해 묻는다고 생각하고 있다-옮긴이). 네. 우리는 다른 삶들도 함께했어요.

D: 이런 경우가 점점 잦아지고 있다고 했는데, 그건 왜죠? 지구에서의 삶의 압박이 너무 커지고 있다는 의미인가요?

S: 네. 게다가 즉석 방문하는 이들은 어린 시절과 출생의 트라우마를 겪지 않아서 이쪽 면this side의(영계의-옮긴이) 영향에 더 열려 있어요. 현재와 미래에는 이런 개방성에 대해 점점 더 요구가 커질 거예요. 이들은 다른 이들을 미래로 안내하게 될 사람들이지요. 즉석 방문의 이유 중 하나는 시간의 짧은 연대와 운용체의 부족에 있어요. 다른 차원에서 늘 그랬던 것처럼 한쪽 귀를 열고 있는 사람이 있어야 해요. 그리고 만약 그들이 탄생의 순간과 어린 시절을 겪지 않고, 이전의 모든 기억을 잊어버릴 필요가 없다면 이보다 더 좋은 방법이 있나요? 우리는 워크 인 방식을 통해 좋은 일을 많이 할 수 있어요. 이때 그들이 가지고 오는 에너지는 우리를 둘러싼 이들에게 영향을 미치지요. 표면적으로 항상 눈에 띄는 것은 아니지만 여러 가지 방식으로요. 그렇게 많은 중요한 일이 진행되고 있어요.

나는 퇴행 작업을 통해 아이들과 전생에 대한 기억들에 관한 한 가지 이론을 개발했다. 영혼이 몸에 들어갈 때, 그 기억들은 여전히 표면과 매우 가까이 있다. 의사소통을 할 수 없는 아기의 몸에 갇힌 자신은 매우 강렬한 불안함에 휩싸이게 된다. 아기들이 그렇게 많이 우는 것은 당연한 일이다. 그들은 우리가 상상할 수 있는 것보다 더 많은 것을 알고 있는 정말로 지적인 늙은 영혼이다. 새로운 육체에 들어간 첫 2년 동안 영체는 이 새로운 몸을 작동시키는 것을 배우고 다시 소통하는 것을 배우는 데 너무 집중해서, 이전의 목적에 대한 기억들은 희미해지고 뒷전으로 밀려난다. 여전히 그것을 기억하고 사람들에게 말하려고 노력하는 몇 안 되는 아이들은 결국 그들 스스로가 평범해지는 것을 지켜보며 체념할 때까지 주위 사람들에게 비난받거나 조롱당한다. 그런 아이들이 충분히 격려를 받는다면, 그들만이 갖는 장점에 더해 이런 능력들을 사용하는 법을 배울 거라고 믿는다. 반면에 즉석 방문자는 출생에 대한 트라우마 없이, 그리고 몸이 충분한 기능을 발휘하도록 노력하는 데 필요한 수년을 낭비하지 않고 곧바로 몸에 들어간다. 그러한 그들은 매우 초능력적이다. 다른 차원에서 갓 옮겨온 기억과 능력은 매우 뛰어난 것이며 생기로 넘친다.

D: 교환이 이루어졌을 때 몸은 어떤 변화를 알아차릴 수 있나요?
S: 아니요. 심박수와 호흡은 편안하게 유지돼요. 많은 경우에 이 교환은 사람이 죽은 것처럼 보이는 죽음의 시점에서 이루어지고 다시 시작되지요. 하지만 언제나 그런 건 아니에요. 단지 잠을 청했을 뿐인데 잠에서 깨어났을 때, 그들은…… 당

신이 그 사람이고 다른 한 명은 사라진 상태죠. 하지만 모든 기억이 흡수되었으니, 이미 당신은 그 사람이지요.

D: 그럼 다른 실체의 까르마는 어떻게 되죠? 당신은 그를 위해 그 까르마를 겪어야 하나요?

S: 네. 합의 속에서 다른 사람이 설정한 것을 끝내야 하는 의무들은 내가 완료해야 해요.

D: 당신이 다른 사람의 까르마를 해결하는 거군요.

S: 그렇게 많은 까르마는 아니지요. 원조가 그 몸이 시작될 때 가진 만큼이에요. 다른 영혼들과의 교류가 많기 때문에 어떤 의무들이 완수되지 않으면 너무 많은 이들의 삶에 영향을 미칠 거예요. 따라서 이러한 의무들을 차질 없이 이행할 수 있도록 거래가 이루어져야 해요.

D: 새롭게 들어온 영혼은 그 몸의 이전 소유자가 가졌던 모든 의무를 알고 있다는 뜻인가요? 그리고 그들이 가진 몸으로 들어오기 전에 완벽하게 인지하고…….

S: (방해하며) 그들이 해야 할 일이 무엇인지를 말한다면, 네.

D: 당신 자신의 기억은 따로 갖고 있고, 그녀의 기억을 흡수해서 가지고 있는 건가요?

S: 그녀에 대한 기억은 있지만, 이전 생에 대한 것은 아니에요.

D: 그녀에 대한 다른 육화의 기록을 갖고 있지는 않는 거군요?

S: 네. 단지 내 자신의 것만.

대화 중에 또 다른 흥미로운 생각이 떠올랐다. 그의 말은 몇 년만 더 일찍 그녀를 만나 퇴행 작업을 했더라면, 지금 그녀와 함께 작업했던 일 년 동안 그녀가 내게 말해준 것과는 전혀 다른 삶의 기억을 얻었을 거라는 뜻인가? 이것에 대한 내용은 다른 연구자들에게도 파악되었고, 그것은 종종 정신과 의사들과 회의론자들에 의해 윤회를 부인하기 위해 이용되는 부분이다.

D: 왜 그 사람, 육체적 실체는 이런 일이 일어났다는 것을 알아채지 못하는 거죠?

S: 때론 그 시간을 감당하기엔 너무 충격적일 거예요. 어떤 즉석 방문들은 끝까지 자신도 인지하지 못한 채 나머지 삶을 보내지요. 그들은 다른 사람들을 위해 많은 선행을 하면서 이전보다 더 나은 삶을 살아요. 기억이 항상 중요한 것은 아니에요. 그들이 하는 좋은 일이 중요해요.

D: 신체적 몸이 어떤 일이 일어났는지조차 모른다면, 몸은 별개의 실체라는 것을 의미하지 않나요?

S: 그렇지 않나요? 만약 당신이 몸으로 태어난다면, 그 몸은 그 속에 영혼이 없는 상태로 한동안 유지될 거예요. 따라서 그건 분리성을 가지고 있어요.

D: 그 영체가 왔다 갔다 할 때, 몸이 아기일 때 말이죠?

S: 네.

이 점은 많은 퇴행 사례들에서 발견되었다. 아기가 어릴 때 영혼이 오랜 기간 계속해서 아기의 몸을 떠나는 것. 이것은 아기가 잠들어 있는 동안에 가장 자주 발생한다. 우리 모두가 아기들이 많이 잔다는 것을 알고 있지 않은가. 그것은 아이가 2세 전후가 될 때까지 계속된다. 영혼은 보통 이 시간 동안 학교의 지도자들과 대화하며 마지막 순간의 결정을 하고 있다. 이것은 영아 돌연사에 대해 가능한 설명이기도 하다. 이때 영혼은 몸과 너무 오래 떨어져 있거나 계약을 어기기로 결정한다. 이렇게 해서 몸은 분리되고 그 안에 생명력 없이 일정 기간 동안 존재한다. 나는 이것이 혼수상태에 있는 사람들에게도 일어나는 일이라고 믿고 있다. 육체는 계속 살지만 영혼은 다른 차원으로 가는 것이다. 이것이 임상적으로 죽은 몸을 살린 채로 두는 것은 잘못이라고 생각하는 이유다. 몸이 너무 오래 비워지면 영혼이 다시 들어갈 가능성은 거의 없다. 그 몸은 원래의 소유자 또는 다른 영혼의 재입장이 불가능할 정도로 손상될 수도 있다.

말하는 동안 그녀의 목소리는 피곤한 듯 들렸고, 반응은 둔해지기 시작했다. 그녀는 더 이상 대답에 관심이 없거나 질문에 대한 답을 기억할 수 없었다. 나는 실체가 아기의 몸에 들어갔을 때 가끔씩 이런 일을 목격한 적이 있다. 그들이 다른 차원과 단절되었을 때, 그 지식 또한 단절되었다. 그들은 더 이상 영적인 상태로는 생각할 수 없게 되었고, 육체적 상태에 관여하게 되었다.

D: 몸에 들어가면 흡수를 시작하기 때문에 피곤하다는 것을 알고 있어요. 몸 안으로 들어갔나요?

S: 네.

D: 그리고 그 일이 일어날 때 신체적 몸은 밤에 잠들어 있나요?

S: 네.

D: 다른 영혼은 떠났나요?

S: 네.

그녀는 잠에 빠진 듯 대답이 점점 더 느려지고 있었다.

S: (부드럽게) 이렇게 심장을 다시 느끼는 게 이상해요. 몸을 느끼는 것.

D: 이렇게 빨리 돌아올 생각이었나요? 아니면 다른 차원에 머물려고 했었나요?

S: 곧 돌아올 예정이었어요. 이런 방식이 훨씬 더 좋아요. 나는 성장하면서 다뤄야 할 문제가 많지 않아요. 그리고 지금 당장 해야 할 일이 많아요. 그러니 이런 식이 내겐 훨씬 쉬워요.

D: 음, 그럼 쉴 수 있게 해줄게요. 그런 일을 하는 것은 꽤 힘드니까요.

이 젊은 여인은 깨어나면서 자신이 퇴행 속에서 한 말을 들었을 때 깜짝 놀랐다. 그녀는 계속해서 아니라고 말했다. 믿을 수 없다고. 그녀는 어떤 차이도 느끼지 못했고, 자신은 여전히 같은 사람이라고 알고 있었다. 그녀의 의식적인 마음은 그 생각에 반기를 들었고, 그녀는 내가 이런 강도의 어떤 것을 받아들이는 데 가졌던 것과 동일한 어려움을 겪었다. 나는 그녀가 그 생각을 받아들이지 않으려 한다면 그럴 필요가 없다고 말했다. 그녀는 그 정보를 흥미로운 호기심으로 취급할 수 있다. 그녀의 부모님은 어느 순간부터 그녀에게 다른 사람인 것 같다고 말했고, 그녀가 작년 즈음부터 변했다고 말했다. 어쩌면 그것은 단지 자연적인 성숙 과정의 일부였을 수도 있다. 우리 중 누구도 예전과 같지 않다. 우리는 끊임없이 성장하고 있다.

그녀의 출생 이야기는 잘 알려진 사실이었고, 가족들 사이에서 여러 번 되풀이해서 이야기되었기에, 즉석 방문의 존재에 대한 정보가 퇴행 중에 나올 거라고는 전혀 예상하지 못했다.

나중에 나는 다른 대상자들로부터 이 주제와 매우 유사한 정보를 받았다.

D: '즉석 방문'이라는 말을 들어본 적이 있나요?

S: 그럼요.

D: 설명해줄 수 있어요?

S: 앞서 말했듯이, 그들을 수용할 수 있는 몸들보다 더 많은 영혼들이 육화를 기다리고 있어요. 때때로 더 이상 육체 속에 있기를 진심으로 원치 않는다는 것을 발견할 때가 있어요.

그는 육신의 무게와 보살핌이 영혼을 스스로 지탱할 수 없는 단계로 끌고 가는 지경에 이르렀어요. 그래서 그 개인에게는 다른 차원으로 넘어갈 수 있는 선택권이 주어졌어요. 그러면 영체 차원에 있는 다른 개인이 와서 그 몸에 거주할 유용한 기회가 만들어지지요. 장소의 중재적 교환이 있는 거죠. 이것은 양쪽 모두에게 매우 유익해요. 원래의 영혼이 그의 진짜 집으로 풀려나는 것을 볼 수 있기 때문이지요. 그리고 영계에 있는 개인에게는 까르마를 해결할 수 있는 운용체가 허용되는 거죠.

D: 그 영체가 돌아가고 싶었다면, 왜 육체는 그냥 죽을 수 없었나요?

S: 운용체, 즉 신체적 몸의 손실이 있겠지요. 그리고 종종 고려되어야 할 시간대가 있어요. 예를 들어 원래의 거주 실체 또는 영혼이 그의 부인과 함께 처리해 나가야 하는 관계를 가졌다고 가정해봐요. 상황이 악화되어 남편은 더 이상 그런 상태를 지속할 수 없다는 걸 발견하고 영계로 풀려났어요. 이제 그 몸으로 들어가는 실체는 그 부인과 까르마를 처리할 의무를 지게 되는 거죠. 그러면 미리 합의된 다양한 임무들을 완성한 후에, 들어온 실체는 자신의 임무와 까르마를 위해 살아가는 것이 허용되지요.

D: 그럼 최초의 운용체가 시작했던 것이 무엇이든 이어받아 끝내기로 합의가 된 거군요?

S: 맞아요. 쌍방의 동의 없는 교환은 없어요. 한쪽은 까르마를 포기하고 다른 한쪽은 까르마를 재개하는 거죠.

D: 아직 살아 있어야 하는 몸에 누가 들어갈지는 어떻게 결정되는 거죠?

S: 애초에 누가 들어갈지를 결정하는 것과 같은 방식으로 결정돼요. 이 사람들과 함께 해결해야 하는 까르마를 누가 가지고 있느냐에 달려 있어요. 그들이 해야 할 일을 다룰 수 있다고 느끼는지의 여부에 따라서요. 그리고 그 사람이 어린 시절과 출생 과정에 대한 수업을 필요로 하지 않고 풍부한 기억을 가지고 어떤 실체에 들어갈 수 있을 만큼 충분히 진보했는지의 여부에도.

D: 출생 시의 그런 기억들을 잃지 않는 게 더 어려운 거죠?

S: (강조하듯) 우리는 태어날 때 기억을 잃지 않아요. 아이들은 기억을 아직 가지고 있어요. 그건 부모와 어른들이 '상상'이라고 부르는 게임을 할 때, 그 게임의 일부에서 볼 수 있어요. 우리는 성인으로서 의도된 것이든 아니든 여러 가지 방식으로 아이들을 침묵시키지요. 나이가 들수록 그 기억들은 더 줄어들어요. 이러한 외부 영향 때문에, 무엇보다도 그 실체 속에서도 그렇게 되지요.

D: 탄생과 성장의 트라우마, 몸을 사용하는 법을 배우는 것이 어쩌면 그 기억들을 뒤로 밀어 넣을지도 모른다고 생각했어요.

S: 일부는 그래요. 그러나 전부는 아니에요.

D: 나이가 들면서 이 기억을 발휘하지 않으면 잊어버릴 거라고 짐작하고 있어요. 이제 조금 더 잘 이해하기 시작했지만, 지금껏 이 주제에 대해 항상 신경 쓰였던 이유는 이것이 빙의와 너무 유사하게 들렸기 때문이라고 생각해요.

S: 말했듯이 두 영혼의 동의에 의한 계약 없이는 어떤 교환도 없어요. 그것은 사전에 합의되어 있고 둘 사이에 일정이 잡혀 있어요. 그 과정이 완성될 질서정연한 스케줄. 그래서 그것은 전혀 내키지 않고 알려지지 않은 행동이 아니에요. 그건 파트너십에 의한 의견의 일치지요.

D: 그럼 그 의식적 운용체는 어때요? 그 사람은 어떤 변화를 인지하고 있나요?

S: 그 운용체는 가끔 소유권 교환에 대해 알지 못할 거예요. 새로운 영체가 주입되면, 운용체의 삶에 대한 과거 모든 기억의 소유가 있기 때문이지요. 그래서 육체적 관점에서 볼 때는 명백한 소유권이나 양육권의 변동이 없어요.

D: 그렇다면 의식적 운용체는 그것에 대해 할 말이 없겠군요. 달리 말하면 그건 논의되지 않았네요.

S: 의식은 결코 방해받지 않아요. 잠재의식이 손을 바꾼 것이죠. 이에 대한 불편함이나 간섭은 없어요. 때로는 필요하거나 원할 때 실제적 교환에 대한 인식과 기억이 있을 거예요. 그리고 시간이 지날수록 점차적인 인식과 정확한 교환 시기의 기억 역시 가능할 거예요.

D: 그게 나를 괴롭히는 것 같아요. 당신은 그것에 대해 할 말이
　　거의 없는 것 같군요.

S: 우리는 단순히 듣게 되는 것보다 말할 수 있는 게 더 많아요.

그는 분명히 내 말을 이해하지 못했다. 나는 그러한 현상에 대해 말할 수 있는 어떤 권리도 갖지 못한 그 육체적 존재에 대해 거론하고 있었다. 그는 내가 통신자로서 충분한 정보를 제공하지 않는다고 말하고 있다고 생각했다. 이것은 잠재의식이 퇴행 상태에 있을 때 하는 발언을 문자 그대로 어떻게 해석하는지 보여준다.

S: 당신이 질문하기 전에는 그것이 무엇인지 알지 못해요.

D: 그건 사실이에요. 하지만 당신이 이전에 질문도 대답만큼 중
　　요하다고 말했잖아요.

S: 맞아요. 공백을 메우기 전에는 공백이 있어야 하지요.

D: 그렇다면 영혼이 육체를 나가고 싶거나, 거래를 어기고 싶을
　　때마다 이것이 눈살을 찌푸리게 하지는 않는 건가요?

S: 그것은 어기는 것이 아니라 영혼이 자신을 발견한 상황이에
　　요. 모든 것이 계획대로 되지 않는다는 것이 이쪽 차원에서
　　는 흔히 관찰되고 잘 알려져 있기 때문이지요. 그래서 이것
　　은 단순히 이상적인 해결책이 있는 상황이에요. 우리는 이
　　환승을 선호하는데, 꽤 존경스럽고 고귀한 방식이니까요. 그
　　몸으로는 더 이상의 선함 또는 작업을 수행할 수 없는 상태

에서, 운용체가 사망하도록 허용하는 것보다는 훨씬 더 유용하고 효과적인 방법이에요.

D: 즉석 방문과 자살의 차이점을 알고 싶어요. 그건 자살이 몸을 파괴하기 때문인가요?

S: 맞아요.

D: 그게 눈살을 찌푸리게 하는 건가요?

S: 그렇지요. 이것으로 인해 영혼의 조화가 망가지게 되거든요. 용납할 수 없는 행동이에요.

D: 그 몸은 성취해야 할 것이 있고, 자살은 여러 가지 일의 임무를 망치는 일이라는 거죠?

S: 그래요.

D: 일반적 상황에서 인간의 신체적 발달 과정의 어느 지점, 어느 시간에 영혼이나 영체가 그 몸에 거주하게 되나요?

S: 영혼이 거주하기를 선택하는 지점이요. 수정이나 잉태의 정확한 순간일 수도 있고, 출생의 트라우마에 관한 경험을 갖지 않기 위해 출산 경험에서 잠시 떨어져 있을 수도 있어요. 그건 전적으로 개인 영체의 선택에 달려 있어요. 또한 그 영체가 배울 교훈이 무엇이냐에 따라서도 결정되지요.

D: 그래서 당신이 말하는 것은 한 사람이 영체 혹은 영혼도 없이 일정 기간 동안 삶을 살 수 있다는 건가요?

S: 그렇지는 않아요. 생명력은 주어져 있어야 하기 때문이지요. 하지만 거주가 생명력 개념의 요구 조건은 아니지요. 그 속의

생명력이 아마도 모체에게서 나올 것이라는 점에서는. 그러
나 형체 속에 있는 영체의 거주는 그 영체가 언제 그 삶의 형
태의 양육권을 떠맡고, 그것을 자신의 현실로 통합하고, 자
신의 생명력으로 키우기 시작할지에 대해서는 선택적이거나
개별적 영체에게 달려 있어요.

D: 그러니까 당신은 우리의 삶이 어떤 지점에서 진정으로 시작
되는지 정의할 수 없다는 건가요?

S: 맞아요. 그래서 낙태가 한 영혼을 죽인다는 의미로 비난받아
서는 안 되지요. 왜냐하면 육체적 생명체가 어떤 지점에서 실
제로 영혼을 가졌는지 가늠하기란 불가능하기 때문이에요.

D: 당신의 말을 제대로 이해했다면, 모든 가능성에서 낙태는 실
제로 생명을 앗아가지는 않는 거군요. 제 말이 맞나요?

S: 낙태를 실행할지의 여부를 결정할 때, 이 책임이 모체뿐만 아
니라 낙태될 운용체에 거주할 생명력과 공유된다는 것을 아
는 것이 최고의 이해가 될 것 같네요. 그것은 잠재의식보다
다소 깊은 자각 단계에서 이루어지지만, 완전히 내적인 차원
에서 이루어지지는 않아요. 이 의사 결정 과정에는 내재된
의식적인 의사소통이 있어요. 그것은 동시에 혹은 동시적으
로 어느 정도는 내적이고 다소 외적인 단계의 것이지요.

육체에 들어오는 영혼은 태아에게 들어가기 전의 계획 단계에
서 부모와 환경을 선택했다는 것을 우리는 이미 알게 됐다. 그 영체

는 자유로운 상태에 익숙하기에 발육 중인 아기의 몸 안에 갇히는 것을 좋아하지 않아서, 전체 임신 기간 동안 내내 아기의 몸에 남아 있지는 않는다. 마음만 먹으면 영계를 오갈 수 있다. 이 시간 동안 아기는 엄마의 생명력에 의지해서 살아 있다. 그래서 이때는 아기의 몸속에 들어오는 영혼이 반드시 존재할 필요는 없다. 낙태나 유산으로 인해 임신이 중단되어도 그 영혼을 해칠 수는 없다. 영혼은 영원하고 해치는 것이 가능하지 않기 때문이다. 들어오는 영혼이 여전히 그 가족과 연결되기를 원하면 단순히 다음 기회를 기다릴 것이다. 어쩌면 다음 번에 엄마가 임신을 하게 되면 그 아이에 대한 책임을 더 잘 감당할 수 있을 것이다. 반면에 배워야 할 많은 교훈들이 제시된다. 그래서 낙태의 경우, 들어오는 영혼은 단지 "괜찮아. 다음에 보자"라고 말한다. 유산의 경우라면 아기의 몸이 제대로 발달하지 않아 영혼이 이루고자 하는 계획을 실행할 적절한 운용체가 아니었을 것이다. 그래서 같은 일이 일어나면, 영혼은 같은 가족 환경으로 들어올 수 있는 다음의 적절한 기회가 올 때까지 기다린다.

한 고객은 "당신이 내 어머니에게 그 말을 할 수 있었더라면 좋았을 텐데요. 어머니는 나보다 먼저 잉태한 아이를 유산했고, 그녀는 평생 그 아이를 위해 슬퍼하며 살았어요"라고 말했다. 나는 그 어머니께 잃은 게 없으니 슬퍼할 이유가 없다고 말했다. 그 첫 번째 아이는 나의 고객으로, 두 번째 아이로서 돌아왔다. 우리 가족에게도 이런 일이 있었다. 내 딸 중 하나가 사산된 남자아이를 낳았고, 거의 일 년 후에 둘째 아들을 낳았다. 우리는 첫 번째 아이에 대해 슬퍼한 적이 없었다. 두 번째 아이로 돌아왔다는 걸 알고 있었기 때문이다. 그는 첫 번째엔 이 혼돈의 세상으로 뛰어들 준비가 제대로 안 되어 있었다. 이후 그는 "당신은 계약서에 서명했어요. 당신은 거래를 했고, 이제 당신은 거래를 성사시켜야 합니다"라고 설득당했을 것이다.

> D: 같은 맥락에서 또 다른 질문이 있어요. 삶의 끝에서 우리가 기능할 능력을 잃은 몸으로 생명을 유지하려고 노력하는 것은 정당할까요?
>
> S: 이 결정은 다시 공유될 거예요. 의사 결정 과정에 있는 사람들은 자신의 의식 속으로 들어가서 그들 스스로를 조율해야 해요. 이 선택을 하는 개인에게 맞게 조정하지요. 이 의사결정 과정, 즉 내면의 전환은 이 결정에 관여할 생명 에너지의 조율이지요.
>
> D: 생명체를 넘겨받는 그 영체로 돌아가서, 한 영체가 어떤 이유로 특정한 생명체를 거부하는 것도 가능한가요?
>
> S: 가능합니다.
>
> D: 그 운용체나 몸은 어떻게 되나요?
>
> S: 당신의 표현으로는 '요람의 죽음'이라고 할 수 있어요. 그것은 생명력이 운용체를 비우고 생명 에너지를 가져간 것이지요.
>
> D: 이 죽음의 주된 이유는 뭘까요?

S: 반대 결정이 있거나 철회할 필요가 있었어요. 아마도 물질적 단계나 영적 차원에서 어떤 일들이 에너지 철수를 필요로 했을 거예요. 아마도 그 영아의 까르마적 연결이 끊겼을 겁니다. 또는 그 영아가 미래의 삶에서 언젠가 만나자고 협상하고 계약했던 사람이 사고나 질병으로 인해 죽거나 육화하지 않기로 결정했을 수도 있어요. 그런 상황이라면 생명력은 육화하지 않는 것을 선택했을 거예요. 계획했던 계약을 이행할 수 없기 때문이지요.

D: 영체들이 단순히 그들의 마음을 바꾸는 경우도 있나요?

S: 있지요.

D: 계획된 영체가 그 운용체를 넘겨받지 않으면…….

S: (끼어들며) 그러면 운용체는 그 형태에 거주할 다른 이에게 유용해질 거예요. 다른 영체가 자리를 바꾸는 것도 가능해요. 그런 경우, 그 아기는 기적적인 방법으로 되살아날 거예요. 그건 전적으로 관련된 모든 개인들에게 달려 있어요. 또한 당신의 이해 능력을 넘어서는 매우 복잡한 까르마를 포함할 수도 있어요.

분명히 우리는 의식이 있는 인간 존재로서, 지구 전체의 시나리오에서 가장 최소한의 정보를 가진 참여자들이다.

16장

돌아오는 여행

물질적 삶으로 돌아오는 여행을 시작하기 전에 영체는 지도자들이나 스승들과 계획 세션을 거치고, 까르마를 위해 함께 일하려는 다른 사람들과 상담한다. 또한 그들과 함께 태어나려고 계획하고 있는 가족들을 확인한다. 내게 이 말을 들었던 한 여성은 그 아이디어가 매우 섬뜩하다고 생각했다. 그녀는 "임신 기간 내내 내 아기가 나를 지켜봤다는 뜻인가요?"라고 눈이 휘둥그레지며 물었다. 그 생각은 약간 섬뜩하지만 분명히 그것은 모두 계획의 일부이며, 그 영체가 그의 출생 환경을 완전히 통제하고 있다는 것을 보여준다. 다음은 한 영체가 한 가족으로 다시 태어나기 전의 일들을 확인하는 몇 가지 예다.

D: 당신은 뭘 하고 있나요?

S: 내가 태어나게 될 가족을 보고 있어요.

D: 아직 지구로 돌아오지 않은 거지요?

S: 네. 그들에 대해 공부하고 배우고 있어요. 어떻게 그들을 다루어야 할지 알게 될 거예요.

D: 어디에서 그들을 보고 있어요?

S: 나는 여기 있어요.

그녀는 그 가족이 살던 곳을 묘사했다. 그녀는 중국에서 평민의 삶으로 막 태어나려던 참이었다.

D: 당신이 왜 이 가족을 선택했는지 알아요?

S: 우리는 전에 서로 알고 지냈고, 내가 성취해야 할 일들이 있어요. 이들은 나와 함께 해결해야 할 일이 있는 사람들이고, 그 과정에서 내가 많은 것을 이룰 수 있도록 도와줄 거예요.

D: 당신은 무슨 일을 해요? 태어나게 될 시간까지 그냥 여기서 기다려요?

S: 아니요. 우리는 보고 배우고 때로는 지도자들과 함께하기도 해요. 그들은 우리에게 무언가를 가르쳐요.

D: 그러면 가족과 함께 있을 필요가 없겠네요. 음, 언제 새 몸으로 들어가나요?

S: 때로는 태어나기 전에, 때로는 태어날 때, 때로는 조금 지난 후에.

D: 그럼 아기가 태어나기 전에 굳이 몸 안에 있을 필요가 없는 건가요?

S: 네. 일부는 아기가 태어난 며칠 후에도 들어가지 않아요. 그건 배워야 할 교훈에 달려 있어요. 이번에는 태어나기 전에 들어갈 선택을 할 거예요.

D: 당신 말은 그 영체가 아기 주변에 머문다는 뜻인가요?

S: 네. 혹은 몸으로 들어갔던 사람들 중 일부는 잠깐 동안 떠나

게 될 거예요. 아마도 그들은 머물고 싶어 하지 않고, 논쟁을 하고 있어요. 대부분의 경우에 그 사람이 남아야 하는지, 아니면 어떤 이유로든 떠나기로 결심하는 것에 대해 처음 잠깐 동안은 항상 선택의 여지가 있어요.

D: 그들이 마음을 바꿀 이유가 있나요?

S: 네. 그들이 신체에 들어가기로 결정한 이후에 변화가 있을 수 있어요. 부모가 준비가 안 됐든지 혹은 필요한 것을 줄 준비가 안 됐든지…… 아마 그들이 결정했을 거예요. 아니면 그들 스스로가 준비가 안 되어 있을 수도 있죠.

D: 그렇다면 완벽한 시스템은 아니군요. 당신은 그들이 때로는 잠깐 동안 떠날 수 있고, 왔다 갔다 할 수도 있다고 말했어요. 그런 것은 몸에 안전한가요?

S: 그런 일은 보통 몸이 잘 때 이루어져요. 너무 오래 떠나 있지 않는 한 큰 해는 없어요. 하지만 너무 오래 떠나 있을 때는 해를 끼칠 수 있고, 육체가 죽을 수도 있어요.

D: 하지만 대부분의 경우에는 떠났다가 돌아올 수 있는 거죠?

S: 그건 새로운 경험이에요. 그들이 전에 이런 일을 해본 적이 없다는 의미에서 새롭다는 뜻이 아니라, 아마도 오래전이라 잊혀졌을 거예요. 특히 그들이 영적 존재로 어느 정도 긴 시간 동안 지냈다면요. 그들은 이제 덫에 걸린 기분이 들죠.

D: 왜 그럴지는 알겠어요. 아기가 아주 어릴 때, 그들은 잠시 동안 육체를 떠나는 것이 허용되고 그렇게 해도 아무런 해가 없

겠군요. 이걸 멈추고 아기 안에 있어야 할 특정한 나이가 있나요? 그것에 대한 규정이 있나요?

S: 한 살 정도에 멈추는 것이 좋아요. 하지만 그것을 3살, 심지어 5살까지 한 경우도 있었죠. 그래서 이쪽 차원(영계-옮긴이)이 어땠는지 남들보다 더 오래 기억하는 이들이 있어요.

D: 하지만 몸은 무슨 일이 일어나고 있는지 알지 못하는 거죠, 그렇죠?

S: 그래요. 그 기간 동안 자신의 존재와 그 속에 계속 있지요.

D: 앞으로 다가올 인생에서 무엇을 배워야 하는지 알고 있어요?

S: 나는 너무 많은 걸 바라지 않는 것에 대한 의미를 배워야 해요. 하나의 책one book에서 말하는 것처럼, 탐내지 않고 사람대 사람을 기초로 해서 어떻게 사람을 대하는지에 대한 배움이요.

D: 하나의 책? 그게 무슨 말이죠?

S: 우리가 배우는 것 중 하나, 그것은 일종의 안내라고 할 수 있어요. 나는 이런 것들을 마스터할 수 있기를 절실히 바라고 있어요.

D: 과거에 당신은 너무 많은 것을 원했나요?

S: 경우에 따라서는 그랬지요. 그게 아마도 다른 것들보다 약간 더 배우기 어려운 것들 중 하나일 거예요. 왜냐하면 당신은 아무것도 가진 게 없고, 주위 사람들이 가진 것들을 보면 그

걸 갈망하게 되거든요. "왜 저 사람은 나보다 낫고, 그들은 저렇게 더 많은 것을 가지고 있지?"라고 생각하기 때문이에요. 이것은 반드시 배우고 해결해야만 하는 것이지요.

D: 매우 인간적이네요. 우리가 필요하지는 않지만, 원하게 되는 것 말이에요.

S: 우리는 필요한 것과 원하는 것의 차이를 배워야 하고, 그 사이에서 적절한 타협점을 찾아야 해요.

D: 그것이 당신이 인생에서 배우기를 바라는 것 중의 하나인 거죠?

S: 그러려고 노력할 거예요.

D: 당신은 이 가족이 당신을 도울 수 있다고 생각하는군요.

S: 네.

D: 잘 알겠어요. 지금 당신은 그저 그들을 살펴보고 있을 뿐이고, 당신이 돌아올 그 시간을 위해 준비하고 있어요. 당신은 그 가족에 배정되어 있는 건가요?

S: 네, 선택은 이루어졌어요.

D: 이 모든 것을 함께 종합하고 이 모든 다른 요소들이 작동하려면 시간이 좀 걸리겠네요, 그렇죠?

S: 네, 그리고 탄생 시간도 맞아야 하고요.

D: 모든 게 복잡하게 들리네요. 책임지고 있는 사람들에게는 그렇지 않을 거라는 생각이 들지만요.

S: 적어도 그건 잘되고 있는 것 같아요.

그의 삶이 실체가 몸에 들어가기 전에 짜놓았던 방식대로 되지 않은 것은 아이러니했다. 그의 주된 교훈은 탐내지 않는 것이었지만 그 삶을 사는 동안 육체의 끌어당기는 힘이 너무 강했고, 그는 영혼이 다른 차원에서 작업했던 세심하게 만든 패턴에 대한 기억을 상실했다. 그렇게 해서 그는 매우 약삭빠른 중국 무역업자가 되었다. 나는 그가 도둑이거나 적어도 화려한 말솜씨를 가진 사기꾼이라고 생각했다. 그 스스로는 자신이 똑똑한 사업가라고 생각했지만. 그가 흑진주를 탐하고 그것을 얻는 데 성공했을 때 몰락이 찾아왔다. 결국 그는 체포와 채찍질에 의해 죽음을 맞이했다. 다른 실체가 말했듯이 영체 차원에서는 모든 것이 매우 단순해 보이지만, 물질적 몸속에 있을 때는 모든 것이 좀 더 복잡해지고, 목표에 대한 통찰력을 잃는다.

출산 전의 또 다른 예는 다음과 같다.

S: 내 엄마가 될 여자를 지켜보고 있어요. 이런 식으로 나는 무슨 일이 일어날지 알게 될 거예요.

그녀는 가족과 집을 묘사했다.

D: 가족에 대해 어떻게 생각해요?
S: 확신할 수 없어요. 그들은 매우 고지식해요. 그들은 하고 싶은 일에 대한 명확한 생각을 가지고 있어요. 음……, 최종 결

정은 아직 내려지지 않았어요.

D: 언제 결정될까요?

S: 곧. 나는 선택권이 있어요. 내가 배울 필요가 있다고 느끼는 교훈들을 이 특정한 존재들 속에서 배울 수 있는지 결정해야 해요.

D: 결정이 날 때까지 얼마나 오랫동안 그들을 지켜보나요?

S: 며칠 정도요. 때로는 더 길기도 해요.

D: 당신이 거기서 태어나길 원치 않는다고 결정하면, 다른 영체가 오게 되나요?

S: 네. 하지만 이 상황에는 내게 필요한 것이 있어요. 여기에서 많은 것을 배울 수 있을 거예요.

D: 이 삶에서 무엇을 배우고 싶어요?

S: 겸손. 그리고 일상적 단계에서 사람들과의 관계를 다루는 것과 타인에 대한 관용을 배우는 것. 좀 더 자유롭게 베푸는 법을 배워야 해요. 움켜쥐고 있지 않기 위해, 너무 자기만족만 추구하는 대신 다른 사람들과 일하고 좋은 유대감을 갖는 것.

D: 그게 당신이 과거에 갖지 못했던 일인가요?

S: 네. 그리고 나의 이 오류를 수정하는 법을 배워야 해요.

D: 이 인생에서 까르마를 함께할 사람이 있나요?

S: 네. 제 어머니가 될 영혼과의 관계에 문제가 있었어요. 우리는 이것들을 해결하고 결점이 있음에도 사랑하는 법을 배워

야 해요.

D: 이 인생에 이미 합의된 다른 사람이 있나요?

S: 네. 나와 함께 거기에 있어 줄 사람들이 있어요. 나를 지도해 줄 사람들과 내가 주려고 노력해야 하는 것들을 봐요. 실패가 있었고 이것을 보상할 필요가 있지요.

D: 당신은 이 삶에서 무엇이 될지 알고 있나요?

S: 나는 성직자가 될 거예요. 내가 진 빚을 갚기 위해서는 그 길을 따르는 것이 필요해요.

D: 그것이 당신이 전생에서부터 짊어져 왔던 빚이라고 생각되는군요. 그 삶은 이미 계획되었나요?

S: 계획된 범위 내에서 정해졌어요. 거기에도 여전히 내 자유의지는 있지요.

D: 어떤 일들은 일어나야 한다고 들었어요. 그것들을 바꿀 수 있는 방법이 없다는 말이겠지요?

S: 성장을 강화하기 위해 그게 필요하다면, 그 어떤 욕구에도 불구하고 이것은 일어날 거예요.

D: 하지만 그들은 '가장 잘 짜인 계획들은 종종 빗나가곤 한다 the best laid plans often go awry'고 말해요. 그런 일이 일어나죠? 내 말이 무슨 뜻인지 아시겠어요?

S: 《생쥐와 인간Of mice and men》(잘 짜여진 계획이 작은 일로 어긋나는 삶을 묘사한 소설-옮긴이)이라는 소설처럼? 누군가는 그런 말을 하겠지요. 하지만 이것은 어떤 인간이 만든 계획이 아

니에요. 따라서 계획된 모든 것이 바뀔 수 있는 것은 아니에요. 다만, 반드시 필요하다면 바뀔 수 있을 거예요.

D: 빠져나갈 길이 없을 정도로 완벽하게 만들 수는 없을 거잖아요. 그건 당신에게 어떤 자유의지도 주어지지 않는다는 의미니까요. 그래서 당신이 매우 신중하게 일을 계획한다고 해도, 항상 당신이 원하는 대로 해결될 수는 없는 거죠. 그렇지 않아요?

S: 때로는 그렇지요.

D: 하지만 우리가 희망을 가질 수는 있다고, 나는 생각해요.

S: 희망hope해서는 안 돼요. 믿어야believe 해요. 희망은 아무런 힘이나 강함이 없지만, 믿는 것에는 그런 힘이 있어요. 믿음으로 우리는 궁극적 운명을 향해 나아갈 수 있어요.

이 삶을 위한 계획이 이론보다 실제에서 더 복잡해졌다는 것은 참으로 아이러니하다. 그는 정말로 성직자가 되었지만, 자신이 선택한 것은 아니었다. 그가 살던 시절에는 아이가 많은 집에서 종종 입을 덜기 위해 아들 하나 정도는 성직자로 만들려고 수도원으로 보냈다. 이는 당시 교회 내 많은 이들의 숙명이었다. 그들은 인류를 돕고자 하는 의지를 갖고 종교에 입문하지 않았기에, 윗사람들은 종종 그들에게 잔혹했고 잔혹 행위에 이르는 권력을 무자비하게 휘둘렀다. 그래서 그 실체는 성직자가 되었지만, 그렇다고 도움을 주는 능력을 가진 것은 아니었다. 그는 심장마비로 그곳을 빠져나올 때까지 궁핍하고, 외롭고, 불행한 삶을 살았다. 다시 한 번《생쥐와 인간》의 소설처럼, 가장 잘 짜인 계획은 다시 틀어지고 말았다.

　나는 많은 퇴행 대상자들을 그들의 탄생 순간으로 데려갔다. 그 결과는 이미 여러 자료에서 설명되어 있는 것을 증명하는데, 태어나려는 영체는 항상 어머니의 출산을 관찰하고 아기가 태어난 후에 몸에 들어가는 것을 선택했다는 것이다. 어머니의 몸 안에 있는 아기에게 들어가 신체적인 출산을 직접 경험하기로 결정할 수도 있지만 그들은 발육 중인 태아 안에 있는 것을 좋아하지 않는다. 비좁고 불편한 느낌 때문이다. 또, 따뜻하지만 어둠 속에 있는 것 같은 느낌을 갖게 된다. 그리고 그들은 뱃속에서 어머니가 경험하는 모든 감정을 느끼고 묘사할 수 있다. 한번은 어머니가 아기를 원하지 않았고, 아기의 영체도 이것을 매우 잘 알고 있었던 슬픈 퇴행을 한 적도 있다. 하지만 그는 물러설 수 없다고 느꼈다. 그가 태어나면 아마도 상황을 바로잡을 수 있을 것으로 생각했다. 그는 까르마적인 어떤 이유로 여전히 그 가정에서 태어나야 할 필요성을 느꼈다.

　실제로 출산 과정을 보는 것은 매우 이상한 경험이다. 아기는 머리와 어깨에 강한 압박을 경험한다. 때때로 호흡 곤란을 경험하는 것처럼 숨이 차기도 한다. 내가 피험자의 어떤 신체적 불편이라도 최소화하도록 노력해야 할 때가 바로 이런 시간들이다. 그들은 밝은 빛으로 나올 때까지 아무것도 보지 못한다. 세상에 나오고 나면 그들은 심한 추위와 혼란을 겪는다. 한 대상자는 흰 옷을 입은 사람들을 보았지만, 흰 옷을 입고 있는 '집home'에 있는 사람들과는 다르게 입었다고 말했다. 그들은 모든 사람들의 생각을 인식하고 엄마로부터 분리되는 것을 좋아하지 않는다. 아기가 탄생하면서 내는 첫 울음소리는 새로운 환경에서 이런 이상한 존재들과 의사소통이 불가능하게 된 것에 대한 좌절감의 표시다. 이후 반응이 둔해지고 다른 차원, 다른 존재들에 대한 기억이 사라지면서 망각의 파도가 그들을 휩쓸고 가는 것처럼 보인다.

많은 사람들이 증가하는 인구에 대해 궁금해했다. 그들은 현재 지구상에는 지금까지 이곳에서 살았던 총 누적 인구보다 더 많은 사람들이 살고 있지만, 여전히 인구가 계속 증가하고 있다고 말한다. 만약 똑같은 영혼들이 계속해서 다시 돌아온다면, 인구의 증가를 어떻게 설명할 수 있을까? 이 질문을 하는 사람들은 분명히 좁은 관점을 가지고 있다. 그들은 육화해온 영혼들만이 그곳에 있는 영혼들의 전부라고 생각한다.

S: 당신의 질문을 이해해요. 이 모든 새로운 영혼들은 어디서 오느냐구요? 이용할 수 있는 운용체들보다 더 많은 영혼들이 있다는 것을 당신이 이해하면 좋겠네요. 그 반대가 사실이었다면, 영혼 없이 돌아다니는 몸들을 상상할 수 있어요? 그건 꽤 흥미로운 상황일 거예요. 그러나 우리가 말했듯이, 육화할 몸들보다 육화할 수 있는 유용한 영혼들이 더 많아

요. 따라서 알맞은 운용체가 나올 때까지 기다리는 영혼들이 있어요.

D: 사람들의 논쟁은 지금까지 지구에 존재했던 인구보다 현재 더 많은 인구를 가지고 있는 것이라고 생각해요. 그리고 이게 지금까지 살아왔던 사람들 전부라면…….

S: 그렇지 않아요. 모두가 육화한다면, 영계에는 그곳을 돌봐줄 사람이 아무도 남아 있지 않겠지요. 항상 이 차원에서 보조하고 안내하고 지시하는 이들이 있어야 해요. 당신의 행성(지구-옮긴이)에서처럼 확실히 관료적 또는 정부적 의미에서 그곳에서도 해야 할 일이 있기 때문이지요.

D: 그게 내가 그들에게 말하려고 했던 거예요. 창조된 모든 영혼들이 육화해오지는 않았다는 것.

S: 맞아요. 이 행성에 모든 영혼들이 전부 다 유입된 적은 없었으니까요. 만약 그렇게 됐다면, 당신은 분명히 지구 전체 위로 어깨를 나란히 한 사람들 속에 몇 미터 높이로 서 있을 거예요.

D: 우리는 그걸 원하지 않아요.

S: 우리도 마찬가지예요. 그래서 우리는 영혼들이 이용 가능한 운용체의 양에 알맞은 비율로 현재 육화되고 있다고 말하지요.

지구에는 얻게 될 많은 교훈들이 있다. 어떤 것들을 배우게 되면 다른 것들은 더 쉬워진다.

> S: 이제 '무조건적인 사랑'에 대해 이야기할 거예요. 이 개념을
> 경험하기 위해서는 사람들이 '무조건적인 사랑'이라고 부르
> 는 에너지에 대한 결핍이 필수적으로 요구될 거라고 우리는
> 말할 거예요. 만물의 구성이라는 거대한 설계에서 사람은 어
> 둠 및 사랑에 대한 이해 부족으로부터 빠져나와 돌아오는 자
> 신을 발견하지요. 그리고 이 차원에서 다시 빛 속으로, 무조
> 건적인 사랑을 주는 그들에게 둘러싸이죠. 그러면 그는 무조
> 건적인 사랑을 쉽게 기억할 수 있고, 그것의 풍만함을 향해
> 가장 조화로운 방식으로 연결될 수 있어요. 이것이 이 행성
> 전체가 지금 배우고 있는 교훈이지요. 이 행성에 전제된 혼란
> 과 부조화는 이 사랑을 거의 알아채지 못하게 만들 정도로
> 흐리게 하고 왜곡시켰어요. 조건적인 사랑에서 무조건적인
> 사랑으로의 전환은 이제 후반부 단계에 있어요.
>
> D: 무조건적인 사랑에 대한 정의가 무엇인지 말해줄 수 있나요?
>
> S: 당신의 개념과 단어 체계에서 그것을 정확하게 정의하는 것
> 은 불가능할 거예요. 이것에 대한 정의가 가능한 개념이 없
> 기 때문이지요. 설명할 수는 있지만 정의할 수는 없어요.
>
> D: 그것을 설명하거나 유추해줄 수는 있어요?
>
> S: 당신 행성에서 이것에 대한 가장 정확한 묘사나 예는 '자녀
> 에 대한 어머니의 사랑'이라고 할 수 있어요. 왜냐하면 자녀

가 사회적 규범으로 겪게 되는 안팎의 방황에 관계없이 그녀는 자식을 사랑하기 때문이지요. 자녀가 사회적 법규를 어기고 속죄해야 한다는 것을 알게 되면, 어머니는 오히려 더 많은 사랑을 주지요. 더 많은 이해심을 쏟아 붓고요. 그리고 이 사랑은 그래야 하는 것처럼 정확하게, 자녀의 관점에서 보면 사랑과 이해에 대한 더 큰 필요가 있는 것이죠. 그래서 이 사랑은 잘못된 상황들에서도 무조건적으로 주어져요. 이 사랑은 두 사람의 유대적 본능이에요. 이것이 무조건적인 사랑의 한 예가 될 거예요.

D: 이게 우리가 서로에게 배워야 하는 건가요?

S: 맞아요.

D: 하지만 사람들이 어떤지 알잖아요. 어떤 사람들에게 사랑은 너무 어려워요. 조건 없는 사랑은 말할 것도 없고요. 그것은 어떤 사람들에게는 매우 이해하기 어려운 개념이지요.

S: 정확히 그래요. 배우기가 그렇게 어려운 것이기 때문에, 이를 교훈으로 삼아 알게 되는 것이 바로 지혜지요.

D: 이것이 예수가 지구에 왔을 때 진정으로 가르치려고 했던 것이 아니었던가요?

S: 그건 논쟁의 여지가 없는 사실이에요! 그의 육화는 무조건적인 사랑의 인격화였어요. 많은 사람들이 현재 이 사실에 동조하고 있고, 그리스도의 가르침 속에 있는 미묘한 점들을 인식해가고 있지요. 문자 속에서 기대할 수 있는 것보다 좀

더 미묘한 차원에서는 더 많은 교훈들이 있어요.

D: 당신이 표현하려고 하는 또 다른 교훈이 있나요?

S: 우리는 관용과 인내가 쌍둥이와 같다고 말할 거예요. 그 각각에는 다른 것에 대한 찬사가 있지요. 하나 없이는 다른 하나가 있을 수 없기 때문이죠.

D: 이것들이 우리가 지구로 올 때 배워야 할 교훈들의 일부인가요?

S: 정확히 그래요. 균형 잡힌 건강한 인격은 이러한 자질의 결여가 발견되지 않을 거예요.

S: 우리는 그들이 경험해왔던 것보다 더 많은 것들이 삶에 포함되어야 한다고 느끼는 사람들에게 말할 거예요. 사람들은 더 많은 것을 원하지만 아직 그것을 경험하기 위해 통과해야 하는 그 문을 찾지 못하는 것으로 보여요. 당신의 문은 당신 자신의 마음일 뿐 그 이상은 아니에요. 물질적 차원의 궁극적인 목표는 자신을 아는 거예요. 많은 교훈들이 제공될 것이고 그것은 당신이 자신을 알 수 있도록 도전해올 거예요. 이것들은 무척 고통스러울 거예요. 우리는 당신이 장미꽃을 살펴보기를 요구하고, 그런 아름다움에는 항상 상처의 요소가 있다는 것을 알게 될 거예요. 진정으로 장미를 즐기려면 줄기에서 꺾어야 하기 때문이에요. 장미 가시에 손가락을 찔릴 위험이 있지요. 이것이 물질적 차원에서의 삶에 대한 비유가 될 수 있어요. 그러나 압박과 긴박함의 시기에 당신의 경험

은 자신이 선택한 것임을 항상 기억했으면 해요. 당신 스스로 경험해야 할 것을 선택해야 필요한 교훈들을 얻을 수 있을 거예요. 고통스러운 경험들을 통해서 진정한 자기 자신을 알기 시작할 거예요. 그리고 당신이 이러한 경험들로부터 무언가를 배운다면, 그것들은 헛되지 않을 거예요. 당신은 자신의 필연과 운명의 주인이지요. 스스로 '내 인생'이라고 부르는 것을 완전히 통제하고 있어요. 인생에서 '언제, 어디서, 어떻게'에 관한 결정을 내리는 사람은 바로 당신이에요. 우리의 관점에서는 모든 선택들이 당신 앞에 펼쳐져 있는 것을 볼 수 있어요. 하지만 최종 결정을 내려야 하는 건 역시 당신 자신이죠. 그리고 당신은 이 행성에 사는 동안 다른 사람들에게 영향을 주지 않을 수 없어요. 사람들에게 지속적으로 영향을 미치지요.

D: 나는 우리가 다른 사람에게 영향을 미쳐서는 안 된다고 생각했어요.

S: 그건 지배하려는 것에 관한 생각이지만, 영향을 미치는 것은 상당히 다르지요. 만약 당신이 영향을 미칠 수 없다면, 가르치는 것이 가능할까요? 영향은 나쁘지 않아요. 사람은 누구나 좋은 것과 그렇지 않은 것을 구별할 능력이 있어요. 당신은 당신의 것들을 벽에 걸어 놓고 다른 사람들이 그들의 선택을 결정하도록 하는 것뿐이지요. 지구에는 항상 너무 많은 어려움이 있어요. 이건 이 행성에서 일어나게 되어 있는

사건의 순환적 성격상 꽤 자연스러워요. 그러나 당신의 관점에서 보면, 이것은 몹시 부자연스러운 것이죠. 당신들은 모든 것이 주위에 그대로 있어야 하는 그런 것들을 선호하는 것으로 보이기 때문이지요. 하지만 모든 것이 있어야 하는 그대로 유지된다면, 아무것도 변하지 않을 거예요. 영원히 그대로 있을 거예요. 그것은 지구의 목적이 아니에요. 지구에는 시험장, 전쟁터, 놀이터, 그리고 더 많은 개념들이 있기 때문이지요. 그래서 이러한 많은 다양한 경험적 표현을 수용하기 위한 더 나은 용어가 없기에, 어떤 한 사람에는 강조점이 덜 있고 다른 이에게는 더 있도록 현실의 변화가 때때로 필수적이지요. 아마도 그것은 놀이터보다는 전쟁터에 더 가까울 거예요. 우선순위는 필요에 따라서 간단하게 변경돼요. 그리고 당신이 격변이라고 인식하는 것은 사실 우선순위에 대한 재편의 물질적 표현에 불과하지요. 우리는 당신이 지구에 있는 동안 직관적인 안내에 따라야 한다고 말할 거예요. 이게 가장 적절할 거예요. 한 사람에게 바람직하지 않은 것이 다른 사람에게는 바람직할 수 있기 때문이에요. 정해진 것도, 견고한 현실도 없어요. 사실은 모든 것이 상대적이기에 절대적인 진실은 없어요. 그래서 진실과 현실을 구분하는 데 신중해야 해요. 그런 현실과 진실이 다른 사람의 것을 침해하지 않는다는 것을 알기 위해서는.

D: 여기 지구에서 우리가 다른 사람들의 고민, 가슴앓이, 고통

을 보면서 그것이 진화의 과정이라는 걸 알아채는 것은 매우 어려운 일이에요.

S: 유한적 존재의 경험에 비추어 볼 때, 사실이에요. 우리는 이 것이 아마도 당신의 행성에서 살아가는 많은 사람들이 이해 하지 못하는 한 지점이라고 생각해요. 진화 중인 지구에서 당신의 시각으로 그것을 묘사하는 것은 유익하지 않을 거예 요. 그것이 시작이고, 가슴속에 거대한 무게가 있을 거라고 말할 수 있을 거예요. 그리고 그것의 마지막 지점에 있다고. 그래서 우리가 이 격변과 혼란의 어느 지점에 처해 있든지 그 대로 받아들이는 것이 가장 적절할 거예요. 우리가 현재 처 한 이 시점에서 일하고, 그 순환이 지속될 수 있도록 허용하 는 것. 일을 지속하는 데 가장 중요한 시점은 현재지요. 그리 고 만약 당신의 현실이 현재 세탁 사이클wash cycle 혹은 회전 사이클spin cycle에 있다면, 그건 상관없어요. 세탁 과정은 반 드시 끝날 거니까요.

D: (웃음) 그런데 우리가 어떤 사이클 안에 있는지 우리는 몰라요.

S: 내려가서 당신의 시대에 다른 삶의 순환을 살기로 결심한 영 혼들은, 그들의 관점에 따라 무모하거나 용감해요. 그들 중 몇몇은 단지 의무감에서 그런 일을 해요. 그들은 어느 지점 까지 발전하려면, 일정 수의 삶을 겪어야 한다는 것을 알기 때문에 그래요. 이런 이들의 대부분은 무미건조하고 느리게, 당신의 세상에서 틀에 박힌 삶을 살고 있어요. 더 진보한 다

른 영혼들은 두 눈을 뜨고, 어려울 거라는 것을 충분히 잘 알고도 기꺼이 그 삶을 살지요. 하지만 그들은 이미 진보된 삶으로 가고 있기에 그것이 그들의 까르마를 진보시킨다는 것을 알고 있고, 그들은 한 생에 두세 번 생애의 가치 있는 진보를 이룰 수 있을 거라는 걸 알고 있지요. 이것은 물질주의로 가득한 당신의 세상에서 영적으로 진보하기 어려운 이 특정한 시기에 내려감으로써 가능해요. 더 진보된 이런 영혼들은 연락을 주고받고 톤을 유지하고, 열정을 쏟아야 하는 그 일 덕분에 많은 영적 진보를 하고 있지요. 일반적인 세상의 흐름에 대한 저항으로 그들은 그만큼 더 강해지지요. 두세 번의 생애에 해당하는 성장에 상응하는 곳을 향해서. 그들이 다시 이 차원(영계-옮긴이)으로 건너올 때 그들은 극도로 발달되어 있고, 보통 우리들 중 돌아가고자 하는 사람들의 준비를 돕기 위해 잠시 동안 이 차원에 머무르도록 요구받게 되지요. 그리고 잠시 후에 그들은 "음, 저런. 나도 역시 돌아가고 싶고, 더 진보하는 생을 살고 싶어요"라고 말하고 그렇게 하지요. 그게 모든 것의 패턴 속에서 흘러가는 방식이에요. 지금 이 방에 모인 여러분들에게(돌로레스는 생전에 자주 여러 사람들이 모인 상태에서 공개적인 최면시술을 시도하기도 했으며, 이 문장은 그러한 과정에서 나온 표현으로 사료된다-옮긴이), 각자가 할 수 있다면 자신만의 특별한 방식으로, 어떤 형태 속에 혹은 여러분 앞에 놓인 다른 여정을 볼 수 있다고 말하고 싶어요.

사실 매우 단순한 용어로 말하자면, 지구상의 모든 사람은 같은 여정을 걷고 있어요. 많은 사람들이 그것을 잘 자각하고 있지요.

D: 우리는 모두 같은 길 위에 있고, 단지 다른 방향으로 가고 있을 뿐이군요.

S: 정확해요. 단, 모든 길은 결국에는 모여 하나의 장소에서 만나게 되지요.

D: 그것은 단지 그 길을 따라 더 많은 우여곡절을 만들 뿐이고요.

S: 정확해요.

이 책에 수록된 모든 정보가 서로를 모르는 많은 다양한 사람들로부터 얻어졌다는 것은 놀라운 일이다. 그들은 다양한 종교와 직업을 갖고 있었다. 그러나 그들의 다름에도 불구하고, 깊은 퇴행 상태에서 그들이 제공한 정보는 모순되지 않고 오히려 서로를 잘 보완한다. 많은 곳에서 그것을 결합하면 너무 잘 맞아서 마치 여러 사람이 아닌 한 사람에게서 제공된 것처럼 들린다. 이것은 그 자체로도 놀라운 현상이다. 나에게 이것은 소위 '죽은^{dead}' 상태로 퇴행했을 때, 그들은 비슷한 장면을 목격하고 보고했다는 증거가 된다. 만약 그들이 모두 동일한 것들을 보았다면, 내세는 확실한 규칙과 규정이 있고 모든 것을 질서 있게 유지하는 위계질서가 있는 매우 현실적이고 식별 가능한 장소임이 틀림없다고 믿게 된다.

내가 모든 해답을 가지고 있다고 주장하는 것은 아니다. '죽음 이후의 삶'과 같은 주제에 대한 질문은 너무나 심오하고 복잡하다. 독자들은 아마 내가 생각조차 하지 못했던 많은 의문들에 대해 생각하고 있을 것이다. 그런 의문은 당신이 그에 대한 지식을 찾고, 대부분의 사람들이 그 존재성조차도 인식하기를 거부하는 그 질문에 대한 해답을 찾고자 마음의 문을 열 때 존재한다. 내 작업 속에서 받은 정보는 아마도 겉핥기 수준일 것이다. 깊은 퇴행 중에 있는 수많은 대상자들부터 유사한 정보가 나온 것은 결코 우연이 아닐 것이다. 서로가 말한 것이 이렇게 근접한 유사성을 가진 진술이 되기 위해서는 그들이 같은 장소와 상황을 진실로 상상하고 있어야 한다. 어린 시절부터 우리에게 주어진 패턴을 부분적으로 혹은 완전히 깨버리는 또 다른 사고방식을 받아들이는 것이 쉽지는 않다. 하지만 그것이 진실의 고리를 담고 있다면, 고려하고 탐구할 가치가 있다. 이 정보들은 단지 전해들은 것일 뿐이고, 우리가 직접 그 여정을 경험할 때까지는 결코 진실을 알 수 없을 것이다. 하지만 우리가 이미 그 오지 탐험을 다녀온 그들 영혼의 기억들 속에서 많은 지식을 발견할 수 있다면, 우리는 미지의 두려운 차원을 이해하는 데 적어도 한 발자국 더 다가가 있을 것이다. 우리 모두는 각자 이러한 기억들을 지니고 있고, 아마도 그것들을 가장 필요로 하는 시간에 깨어나게 될 거라고 믿는다.

나는 내 연구가 바다 건너에 있는 낯설고 이국적인 나라에 대한 지리책을 읽는 것과 유사할 거라고 생각한다. 그것은 그 책이 묘사하고 우리에게 사진을 보여주며, 그 속에 거주하는 이들의 활동을 알려주기 때문에 그 존재를 알고 있는 어느 실제 장소다. 하지만 실제로 그곳에 가서 우리 스스로 보기 전까지, 그 정보는 어느 책 속에 글자와 그림으로만 남아 있다. 저자가 과장했을 수도 있고, 최소화했을 수도 있고, 어쩌면 자신의 관점에서만 보고했을 수도 있는 반면, 또 다른 지리책은 그 사실을 다르게 보고했을 수도 있다. 우리가 타국을 여행할 때마다 우리의 눈으로 보고, 다른 사람들의 눈에는 전혀 띄지 않는 어떤 것을 알아차릴지도 모른다. 우리에게 일어나는 모든 일은 우리 자신의 생각과 경험에 의해 각색된다.

그러므로 우리의 몸을 떠나 이 세계와 그 다음 사이의 장벽을 표시하는 눈부신 빛을 향한 여정을 시작할 때까지, 우리는 결코 실제를 알지 못할 것이다. 나는 아직 여기 이 차원에서 성취할 많은 것이 있다고 느낀다. 죽음에 대한 나의 연구에서 삶의 축복을 발견했기에.

하지만 때가 되면 그 여정은 예전만큼 큰 두려움을 갖게 하지는 않을 거라고 생각한다. 낯설고 어둡고, 금지된 미지의 세계로 가지 않을 것을 알고 있기 때문이다. 난 단지 집으로 돌아갈 뿐이고 이곳에서 그런 것처럼, 그 차원에도 많은 익숙한 사람들과 풍경들이 있을 것이다. 어쩌면 내가 발견한 정보는 베일을 약간 들어 올려서 밖을 내다볼 수 있게 허용하고, 우리가 그 유리를 통해 어둠 속을 엿

보게 했을 것이다. 우리가 보는 것은 오랫동안 묻어둔 기억들의 깨어남이다. 그 기억들은 정말로 굉장하다. 우리가 보는 것은 바라보기만 해도 아름다운 광경이기 때문이다.

내가 영체들과 이런 대화를 가질 수 있게 허락된 것에 대해 감사할 따름이다. 그들이 내게 들려준 것은 두려움과 의구심을 벗어버릴 것을 격려하고, 장벽 너머에 놓여 있는 것은 단지 즐거운 귀향일 뿐이라는 깨달음을 준다.

저자에 대해서

돌로레스 캐논
Dolores Cannon, 1931~2014

    퇴행적 최면요법가이자 잃어버린 지식을 기록하는 심령 연구원인 그녀는 1931년 미국의 미주리(Missouri)주의 세인트루이스(St. Louis)에서 태어났다. 그녀는 1951년에 해군 장교와 결혼하기 전까지 세인트루이스에서 살아왔다. 이후 20년 동안 전형적인 해군 아내로서 전 세계를 여행하며 가족을 돌보았다. 1970년에 그녀의 남편은 상이군인으로 제대했고, 그들은 은퇴해서 아칸소의 언덕 지대로 이사했다. 이후 그녀는 작가 생활을 시작했고, 다양한 잡지와 신문에 글을 싣기 시작했다. 그녀는 1968년부터 최면요법에 관여하기 시작했고, 1979년 이래로 전생 치료와 퇴행 연구에만 관여해 왔다. 돌로레스가 쓴 첫 번째 책《기억된 다섯 삶들(2009)》에 나와 있는 내용을 보면 1968년에 이루어진 최면퇴행 중 처음 환생에 대한 피험자의 증언을 접했으며, 이 세션은 서구에 전생 회귀라는 개념이 거의 알려지지 않은 시기에 이루어졌다. 그때는 아직 뉴에이지 운동이 없었고, 형이상학은 수십 년 후에나 등장했을 때였다. 그렇기에 전생에 대한 책도, 안내할 지침과 자료가 전혀 없었다. 이런 환경 속에서 수많은 환생 체험 자료를 얻게 된 돌로레스 부부는 자신만의 최면퇴행 기술을 개발할 수 있는 기반이 되었다. 그녀는 이후 다양한 최면 방법을 연구하여 고객들로부터 가장 효율적인 정보의 공개를 가능하게 하는 자신만의 독특한 기술을 개발했다. 돌로레스는 전 세계적으로 그녀의 독특한 최면 기술을 가르쳤다.

1986년에 그녀는 UFO 분야로 그녀의 조사를 확대했다. 그녀는 UFO 착륙으로 의심되는 현장 연구를 해왔고, 영국의 크롭 서클(Crop Circles)을 조사했다. 이 분야에 대한 그녀의 대부분의 작업은 최면을 통해 억류자로 추정되는 사람들로부터 증거를 축적한 것이었다.

돌로레스는 세계의 모든 대륙에서 강의해온 국제적인 연설가로, 그녀가 쓴 17권의 책은 20개 이상의 언어로 번역되었다. 그녀는 전 세계의 라디오와 텔레비전 시청자들과 함께 이야기를 나누었다. 돌로레스에 관한, 혹은 그녀가 쓴 기사는 미국과 국제적 잡지 및 신문에 여러 차례 실렸다. 돌로레스는 불가리아에서 '오르페우

스상(Orpheus Award)'을 받은 최초의 미국인이자 외국인이다. 또한 여러 최면요법 기관으로부터 탁월한 공헌을 인정받아 평생 공로상을 받았다.

돌로레스는 그녀 가족들의 '진짜' 세상과 그녀가 일하는 '보이지 않는' 세계 사이에서 그녀의 견고한 균형을 유지하게 하는 대가족 속에 살았다. 돌로레스 캐논은 대체치유, 최면, 형이상학, 전생회귀 분야에서 놀라운 성취를 남기고 2014년 10월 18일에 평생 탐구해오던 죽음 이후의 삶으로 귀환했다.

주요 약력

* 돌로레스 캐논, 1931년에 미국 미주리주의 세인트루이스에서 태어났다.

* 그녀가 환생을 처음 접한 것은 1968년으로, 그녀의 남편이 개인(사람들)
  에게 최면 거는 것을 돕던 때였다.

* 아칸소주의 북서부로 이주하고, 돌로레스는 아이들을 모두 졸업시켜 독립
  시킨 뒤, 1980년대 초부터 최면에 대해 더 깊이 배우고 연구했다.

* 그녀는 최면 세션을 시작해 최면에 관한 자신만의 기술을 확립하고 사용
  했으며, 이후에는 다른 사람들에게도 가르치기 시작했다. 이것이 바로 양
  자치유최면(QHHT)이라고 널리 알려진 돌로레스의 독자적인 기술이다.
  이 기술은 어떤 질문에 대한 답을 얻기 위해 모든 개인의 잠재의식과 직접
  접촉하고 의사소통할 수 있게 하며 즉각적인 치유의 기초를 제공할 수도
  있다.

* 1992년, 남편과 함께 오작 마운틴 출판사를 설립했다.

* 2012년, 양자치유최면 아카데미인 'LLC'를 설립하여 대중에게 최면 기술
  을 가르쳤다.

* 2014년 그녀는 세상을 떠났다. 그녀가 사망했을 무렵, 여러 책을 작업하
  던 중이었고 그중 두 권은 사후에 출판되었다.

사진 제공 – 오작 마운틴 출판사

돌로레스 캐논
죽음과 삶 사이의 세계

초판 1쇄 발행 2024년 8월 20일

지은이 돌로레스 캐논
옮긴이 정순임 윤나진
디자인 김형균

펴낸이 김현숙 김현정
펴낸곳 공명
출판등록 2011년 10월 4일 제25100-2012-000039호
주소 02057 서울시 중랑구 용마산로636, 베네스트로프트 102동 601호
전화 02-432-5333 | **팩스** 02-3153-1377
이메일 gongmyoung@hanmail.net
블로그 http://blog.naver.com/gongmyoung1
ISBN 978-89-97870-82-0 (03110)